黑龙江省精品工程专项资金资助出版

船舶舾装技术丛书（第三分册）

船舶舱室设备和内装

主　编　叶邦全

副主编　桑　巍　黄　维　施海涛

主　审　梁启康

哈尔滨工程大学出版社

Harbin Engineering University Press

内容简介

本分册包括两大部分,即船舶舱室设备和内装。

船舶舱室设备包括船用家具、厨房和餐饮设备、卫生和盥洗设备、洗衣烘衣设备及船用电梯等内容。本书对这些设备做了全面的介绍,包括设备的形式和功能、有关规范规则的要求,并附有大量的图表。

船舶舱室内装包括对国际和国内航行船舶结构防火的要求、舱室内装的材料及其构造、舱室隔热、舱室甲板铺材与敷料、舱室隔声与吸声等内容。本书对船舶舱室内装做了全面的论述,包括有关规范规则的要求、材料和结构形式、设计方法等。

图书在版编目(CIP)数据

船舶舱室设备和内装 / 叶邦全主编. — 哈尔滨:哈尔滨工程大学出版社,2022.12
(船舶舾装技术丛书)
ISBN 978-7-5661-3346-5

Ⅰ. ①船… Ⅱ. ①叶… Ⅲ. ①船舱—环境工程 Ⅳ. ①U663.8

中国版本图书馆 CIP 数据核字(2021)第 249317 号

船舶舱室设备和内装

CHUANBO CANGSHI SHEBEI HE NEIZHUANG

选题策划 史大伟 薛 力 **责任编辑** 雷 霞 唐欢欢 **封面设计** 李海波

出版发行:哈尔滨工程大学出版社
地 址:哈尔滨市南岗区南通大街 145 号
邮政编码:150001
发行电话:0451-82519328
经 销:新华书店
印 刷:武汉精一佳印刷有限公司
开 本:787 mm×960 mm 1/16
印 张:19.5
字 数:375 千字
版 次:2022 年 12 月第 1 版
印 次:2022 年 12 月第 1 次印刷
定 价:165.00 元
http://www.hrbeupress.com
E-mail:heupress@hrbeu.edu.cn

出 品:船海书局 www.ship-press.com
告 读 者:如发现本书有印装质量问题,请与船海书局发行部联系
服务热线:4008670886

"船舶舾装技术丛书"编写组成员

主　编

叶邦全

主　审

梁启康

副主编

桑　巍　黄　维　施海涛

组　员

王　健　李　坤　刘　刚　刘　琰　吴　彬

孟繁涛　杨　奕　杨春云　周晓葵　俞　赟

施海涛　唐　凡　桑　巍　黄　果　黄　维

黄晓雷　眭国忠　韩立维　瞿晓文

前　　言

　　船舶舾装专业内容丰富,涉及的知识范围广,许多内容直接关系到船舶的安全性、适用性、居住性和经济性。"船舶舾装技术丛书"共四个分册,即《船体设备》《船舶舱面属具》《船舶舱室设备和内装》和《钢质海船的防腐蚀及安全营运》。每一分册包括若干章节,对于舾装专业各种系统进行了全面的论述,包括各种舾装设备的型式、组成及其配置方式,有关的国际公约、法规和船级社规范的要求,以及甲板和舱室机械的型式介绍等,并附有大量图表。

　　本丛书旨在传播船舶舾装的技术知识,对于从事船舶舾装设计的技术人员是一本很好的参考书,对于从事船舶建造和设备配套工作的人员来说也是一本有用的工具书。

　　"船舶舾装技术丛书"各分册的主要修订人员如下:

　　一分册《船体设备》:第1章舵设备由吴彬负责修订;第2章锚设备由施海涛负责修订;第3章系泊设备由黄维负责修订;第4章拖曳设备由施海涛负责修订;第5章救生设备由黄维和睦国忠负责修订;第6章起重设备由 秦云根 提供;第7章货物舱舱口盖与滚装设备,其中7.1节货物舱舱口盖由刘刚负责修订,7.2节滚装通道设备由黄果和黄晓雷编写;第8章货物装载和系固由刘刚负责修订;第9章船舶减摇装置由杨奕和杨春云编写。

　　二分册《船舶舱面属具》:第1章人孔盖和小舱口盖由桑巍负责修订;第2章船用门和窗中的2.1节～2.4节,除2.3节第2.3.3条外,均由桑巍负责修订;2.3节第2.3.3条以及2.5节～2.21节由刘琰和周晓葵负责修订;第3章船用梯、第4章栏杆和风暴扶手、第5章船上专用通道、第6章天幕和第7章自然通风筒均由桑巍负责修订。

　　三分册《船舶舱室设备和内装》:第1章舱室设备,除1.6节外,由周晓葵负责修订,1.6节船用电梯由唐凡编写;第2章船舶结构防火由刘琰负责修订;第3章舱室内装材料及其构造由刘琰负责修订;第 4 章舱室隔热由李坤负责修订;第 5 章舱室甲板铺材与敷料由刘琰负责修订;第 6 章舱室隔声与吸声由刘琰负责修订。

四分册《钢质海船的防腐蚀及安全营运》:第 1 章钢质海船的防腐蚀保护,除 1.5 节外,由黄维、王健和韩立维负责修订,1.5 节钢质海船的外加电流阴极保护由瞿晓文负责修订;第 2 章航行设备由施海涛负责修订;第 3 章桅樯及信号设备由桑巍负责修订;第 4 章船用消防器材由施海涛负责修订;第 5 章失事堵漏器材由施海涛负责修订;第 6 章船舶外部和内部标志由俞赟负责修订;第 7 章直升机甲板设施由孟繁涛负责修订。

"船舶舾装技术丛书"在编辑过程中得到了业内同人的大力支持,多位专家提供了详细、准确的资料,确保编辑工作的顺利进行,在此表示诚挚的感谢!

由于本次编辑出版工作历时两年,其中收录的技术数据、规则和规范可能有些变动,希望专业读者能够谅解并多提宝贵意见,我们将在修订或再版的时候改正过来。

希望本丛书能给广大读者带来帮助!

编者

2022 年 12 月

目　　录

第1章 舱室设备

1.1 与船员舱室设备有关的公约、法规和规范

船舶舱室设备的配置同船舶的类型、用途、人员数量及舱室布置情况有密切关系。船舶舱室设备的配置需要满足相关公约、法规和规范的要求。

1.1.1 2006年海事劳工公约

《2006年海事劳工公约》的内容包括正文、规则和守则以及附录。其中,规则和守则部分以五大标题列出,其内容包括:海员上船工作的最低要求,海员就业权利,对船上居住条件的要求,海员健康、医疗、福利、社会保障以及为达到这些要求的责任分工等。其中,与船舶设计直接相关的主要是标题三(起居舱室、娱乐设施、食品和膳食服务)所列出的各项规则,对于船舶的居住舱室、餐厅、娱乐、卫生设施、工作处所、医疗处所等提出了详细要求。

1.1.2 中国海事局相关法规

中国海事局《国际航行海船法定检验技术规则(2014)》及其2016年修改通报第6篇船员舱室设备中,以卧室、餐厅、娱乐场所与办公处所、卫生设备、照明设备、医务处所、取暖、通风与噪声、舱室、通道和出入口的布置与结构、饮用水与淡水以及特殊规定为标题,对国际航行海船的舱室设备配置提出了具体要求。

中国海事局《国内航行海船法定检验技术规则(2020)》及其修改通报第7篇船员舱室设备中,以卧室、餐厅、休息处所与办公处所、卫生设备、照明设备、医务处所、取暖、通风与噪声、舱室、通道和出入口的布置与结构、饮用水与淡水为标题,对国内航行海船的舱室设备配置提出了具体要求。

1.1.3 相关船级符号或附加标志

为了进一步提高船舶的居住舒适度，相关船级社提出了船舶舒适性的概念，并发布了船舶舒适性附加船级符号或附加标志。

船舶舒适性是指根据现有对人体动作和舒适度的研究及标准，船舶的整体振动、噪声、室内环境和照明条件、物理和空间特性的可接受性。

船舶舒适性附加船级符号或附加标志包括：

(1) 中国船级社(China Classification Society，CCS)

COMF(NOISE N)和 COMF(VIB N)为 CCS 可选性附加标志，不属于必需附加标志。

COMF(NOISE N)：船舶相关处所内噪声满足规范中有关船员和乘客舒适性的要求，可授予该标志。$N=1$ 或 2 或 3，表示噪声舒适性等级，1 表示最舒适。

COMF(VIB N)：船舶相关处所振动参数满足规范中有关船员和乘客舒适性的要求，可授予该标志。$N=1$ 或 2 或 3，表示振动舒适性等级，1 表示最舒适。

(2) 美国船级社(American Bureau of Shipping，ABS)

HAB、HAB＋、HAB＋＋ 及系列符号是 ABS 的可选性附加标志，该附加标志为可选标志，不属于必需附加标志。要取得该附加标志，居住区设施、全船振动、噪声、室内环境和照明的设计需要满足 ABS *Guide for Crew Habitability*(《舒适性指南》——编者译)的相关要求，该指南包括以下四个文件：

Guide for Crew Habitability on Ships

Guide for Crew Habitability on Offshore Installations

Guide for Crew Habitability on Drilling Units

Guide for Crew Habitability on Workboats

每个文件适用于不同的船型，若生活区设计满足相应文件的要求，将取得相应的附加标志。ABS 舒适性附加标志及适用船型列于表 1-1。

表 1-1　ABS 舒适性附加标志及适用船型

名称	附加标志	适用船型
Guide for Crew Habitability on Ships	HAB HAB＋ HAB＋＋	油船或化学品船； 散货船或通用性货船； 集装箱船；多用途货船；客船

表 1-1　(续)

名称	附加标志	适用船型
Guide for Crew Habitability on Offshore Installations	HAB(OS) HAB+(OS) HAB++(OS)	张力腿平台; 浮式生产储油装置; 浮式储油装置; Spar 平台;固定平台; 其他浮式平台;坐底平台
Guide for Crew Habitability on Drilling Units	HAB(MODU) HAB+(MODU) HAB++(MODU)	钻井船;钻井驳船; 自升式钻井装置; 柱稳式钻井装置; 其他用于钻井目的的船舶
Guide for Crew Habitability on Workboats	HAB(WB) HAB+(WB) HAB++(WB)	海工支持船;拖船;挖泥船; 科考船;抛锚船; 为海上油气勘探和生产服务的 其他船舶

　　HAB 附加标志的要求最低,HAB++附加标志的要求最高,HAB+附加标志的要求介于前两者之间。

　　(3) 挪威船级社(Det Norske Veritas,DNV)

　　COMF-C(crn)和 COMF-V(crn)为 DNV 可选性附加标志,不属于必需附加标志。

　　COMF-C(crn):船舶相关处所内舱室环境(包括舱室温度、湿度等)满足规范中有关船员和乘客舒适性的要求,可授予该标志。$crn=1$ 或 2 或 3,表示室内环境舒适性等级,1 表示最舒适。

　　COMF-V(crn):船舶相关处所内振动和噪声满足规范中有关船员和乘客舒适性的要求,可授予该标志。$crn=1$ 或 2 或 3,表示振动噪声舒适性等级,1 表示最舒适。

1.2　船用家具

1.2.1　人体工程与家具尺度的关系

　　人体工程学是运用现代科学的测试手段,对人体的尺寸、姿态、动作、运动能力、生理机能、心理效应等进行精密的测定分析,使制造的产品、生活设施、工作环境和起居条件与人体功能相适应的一门学科。

(1) 人体工程基本要素

人体的尺度与动作域为人体功能的基本要素,与周围的环境和设施有直接的关系。图 1-1 所示为人体活动所需空间尺寸,图 1-2 所示为人体基本动作域尺度(本书所有图中表示长度的数字的单位除了特别标注外均为 mm),基本反映了人体在日常生活中基本动作的空间范围。

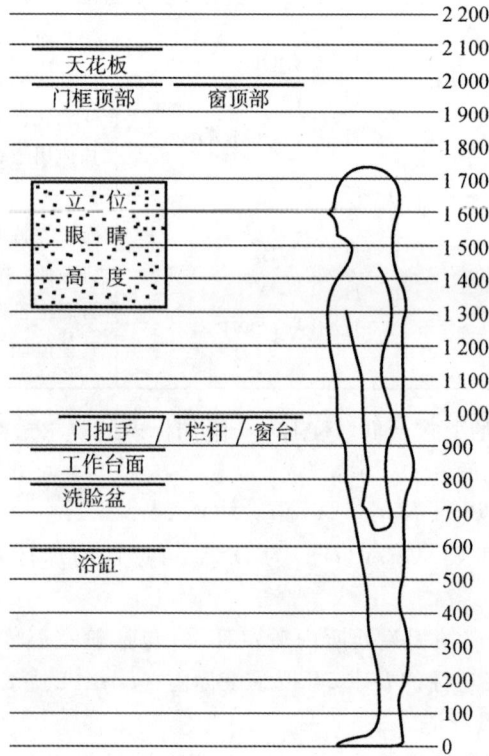

图 1-1　人体活动所需空间尺寸

(2) 人体基本要素与家具尺度的关系

家具尺度主要取决于人体尺度以及人在使用家具时的动作域及其舒适度,同时还取决于船舶舱室空间的大小及舱室功能。因此,家具在满足使用功能的同时,应与舱室空间组成协调统一的整体。

图 1-3 所示为人在日常生活中对几、桌、台以及床头柜等家具高度的基本要求。

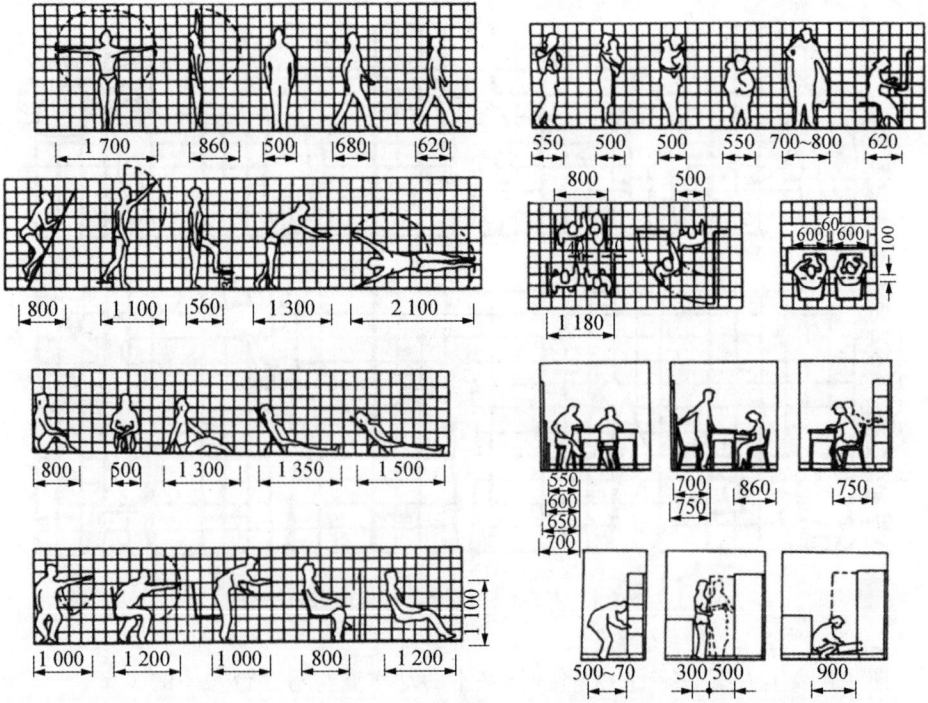

图 1-2　人体基本动作域尺度

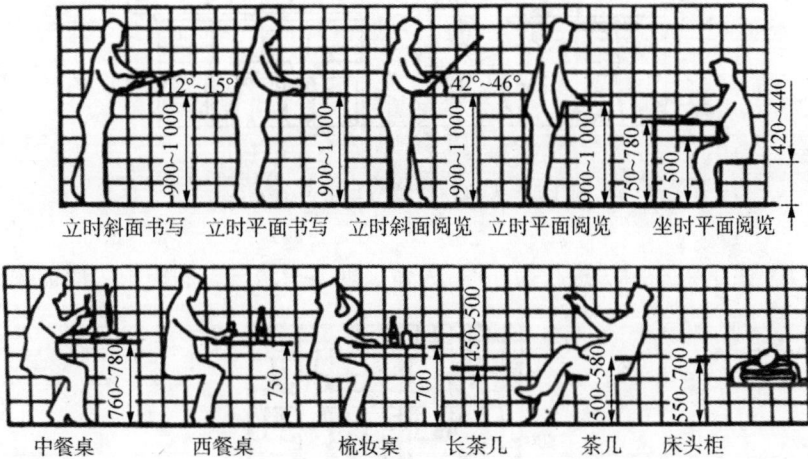

图 1-3　人体活动与几、桌、台面的关系

　　图 1-4 表示人体尺度与家具搁板之间的关系,为搁板的设置与尺度的确定提供参考的依据。

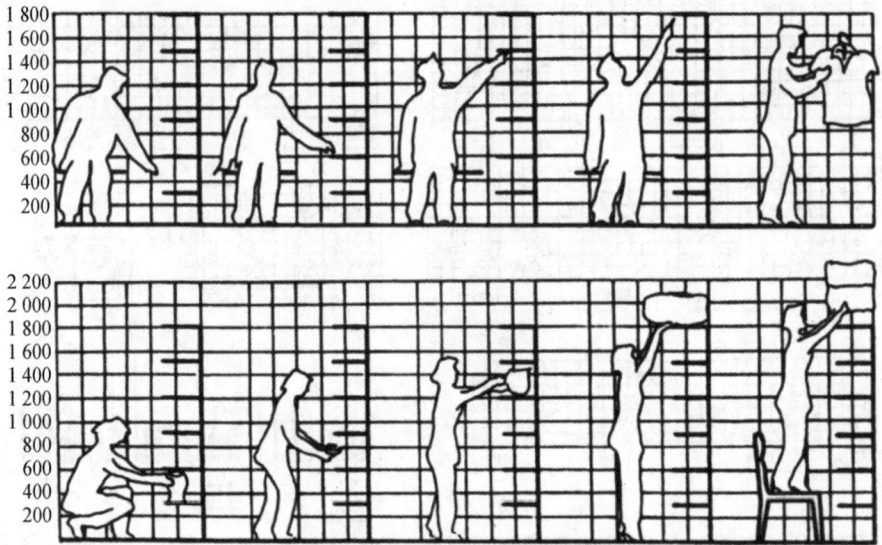

图 1-4　人体尺度与家具搁板的关系

图 1-5 表示人在写字台上工作时,基本的动作域与写字台之间的关系。

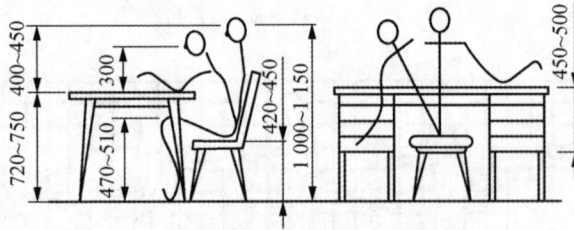

图 1-5　人体动作域与写字台的关系

图 1-6 表示人在厨房进行操作时,人体尺度与厨房案台和碗柜之间的关系。

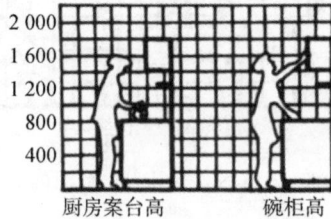

图 1-6　人体尺度与厨房案台和碗柜之间的关系

图 1-7 表示人在工作和休息时，不同的坐姿与凳、椅、沙发之间的关系。

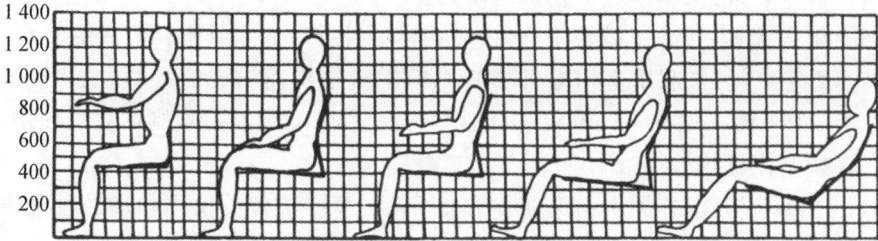

图 1-7　人体坐姿与凳、椅、沙发之间的关系

图 1-8 表示人体尺度对沙发、座椅尺度的要求。

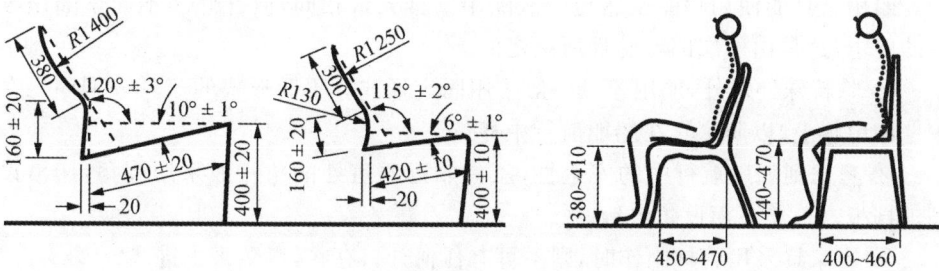

图 1-8　人体尺度对沙发、座椅尺度的要求

1.2.2　船用家具的分类与特点

（1）船用家具的分类

船用家具可按其使用功能、构造方式及组成形式分类。

① 按使用功能分类

a. 坐卧类家具：如凳、椅、沙发、床等。

b. 凭倚类家具：如各种几、桌、台等。

c. 储存类家具：如橱、柜、架等。

② 按构造方式分类

a. 框架式家具：以框架为支撑构件的家具，其典型形式为榫卯连接的家具。

b. 板式家具：用板架制作的家具。

c. 可拆装式家具：组成家具的各部件的连接面可拆装的家具。这种家具特别适合船舶上通道较窄的处所使用。

③ 按组成形式分类

a. 单体家具：指单体造型完整的家具。

b. 组合家具：按一定模数系列，由一些标准件或单元家具组合而成的家具。

c. 固定家具：指利用室内局部不规则的围壁结构而构成的家具，从而使家具与结构混为一体。这种家具特别适合船舶舱室空间小、形状不规则的位置使用。

④ 按制作材料分类

a. 木质家具：以各类木材为主制作的家具，多用于各类民用船舶的住舱和工作室。

b. 金属家具：以钢材或铝合金为主制作的家具，多用于一般船舶的潮湿处所、海工装置，以及军用船舶的住舱和工作室。

（2）船用家具的特点

船用家具的使用功能虽然与一般陆用家具大致相同，但有许多不同于陆用家具的要求，这是由船舶的特殊性所决定的。

① 除特殊要求外，船用家具一般采用固定形式。不同形式的家具分别固定在围壁和甲板上，以防家具在船舶航行中移位。

② 考虑到船舶航行中的安全性，家具靠近通道处的角一般采用圆角，床沿设防浪挡板，椅、凳下面设防浪钩。

③ 当家具采用管材制作时，则不可有任何开口存在，以防害虫进入。

④ 当设有上、下铺时，应在上铺的下方设防尘板。

⑤ 除特殊要求外，家具底脚一般采用围槛式，以防垃圾进入不易清除。

⑥ 由于船舶舱室一般面积不大，高度较低，因此应十分注意家具尺寸的选择，以使家具的构成与整体空间协调一致。

1.2.3 船用家具的类型与规格

船用家具的规格、种类很多，因船舶的吨位和类型不同，以及舱室使用功能不同，对其要求也不同。对有特殊要求的船用家具，还需特别设计。下面介绍几种常用船用家具的类型与规格。

（1）床

船用床按形式可分为单人床及双层床。按规范要求，床内缘的最小尺寸为 1 980 mm×800 mm。

单人木床如图 1-9 所示，其长度 L 通常为 2 000 mm 和 2 025 mm；其宽度 B 可按需要确定，常用的有 750 mm、800 mm、900 mm、1 000 mm、1 200 mm、1 400 mm 等。双层木床如图 1-10 所示，常用的规格（$L \times B$，单位：mm）为 2 050×900 及 2 000×800 等。

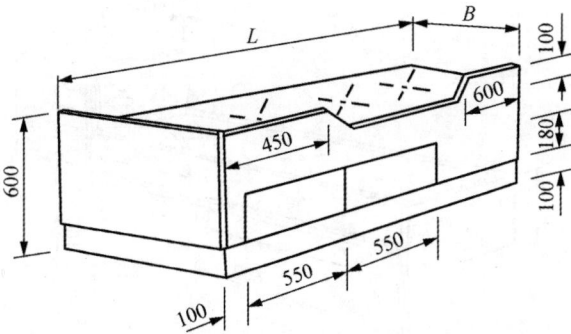

图 1-9 单人木床

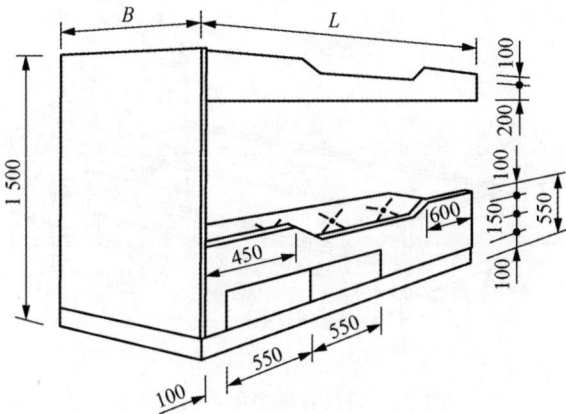

图 1-10 双层木床

  小型船舶床的设置经常受到船体型线的影响,为了顺应船体型线的变化,床的形状可能是平行四边形,甚至是梯形;双层床的上、下层不必对齐,可错开布置。但床的基本尺寸仍可参照上述木床的尺寸。

  普通的单人金属床如图 1-11 所示,其基本尺寸 $L \times B$(单位:mm) 为 $2\,000 \times 750$。图 1-12 所示为带有靠背软垫的单人金属床,其长度 L 为 $2\,000$ mm,宽度 B 为 800 mm 或 900 mm。普通的双层金属床的形式如图 1-13 所示,其长度 L 为 $2\,000$ mm,宽度 B 为 750 mm 或 800 mm 等。

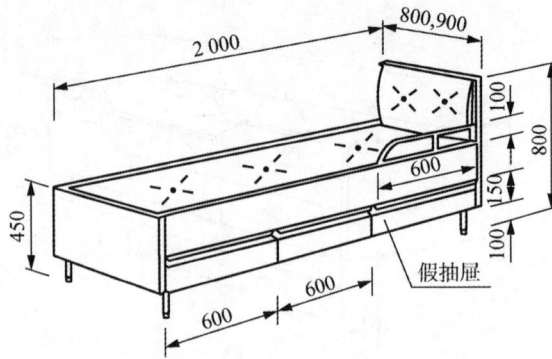

图 1-11 普通单人金属床

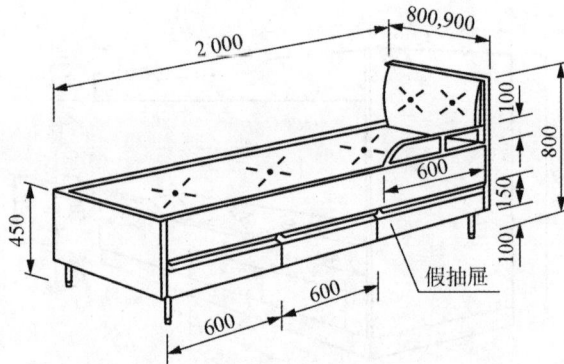

图 1-12 带靠背软垫的单人金属床

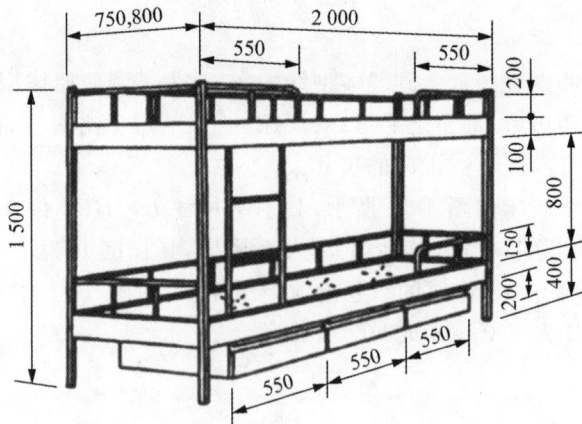

图 1-13 普通双层金属床

（2）几、桌、台

船用的茶几、餐桌、书桌和海图桌的形式很多，图 1-14～图 1-26 所示为典型的形式，表 1-2 所列为常用的规格及基本尺寸。船舶可根据需要确定这些家具的类型和尺寸。

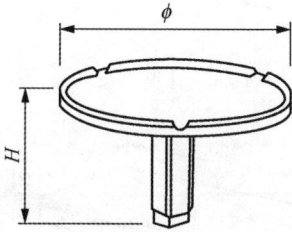

图 1-14　木质圆茶几或圆餐桌

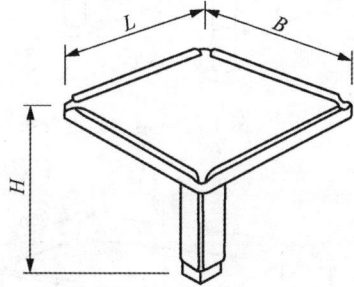

图 1-15　木质方茶几或方餐桌

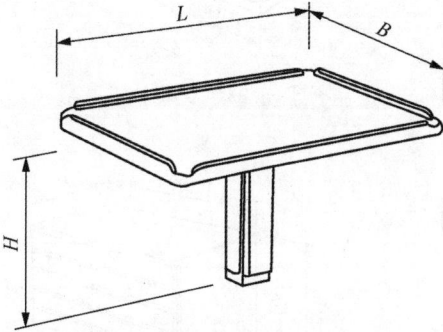

图 1-16　木质单柱矩形茶几

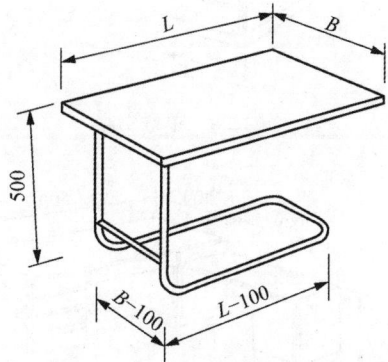

图 1-17　钢质矩形茶几（1）

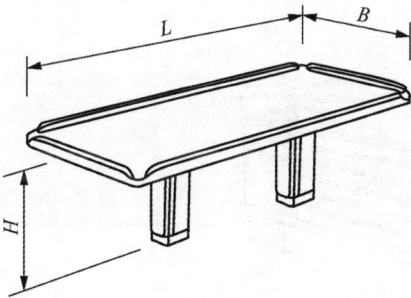

图 1-18　木质双柱矩形茶几或餐桌

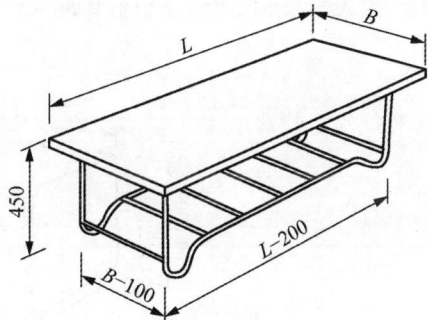

图 1-19　钢质矩形茶几（2）

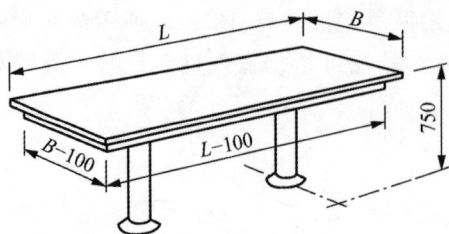

图 1-20　钢质矩形餐桌

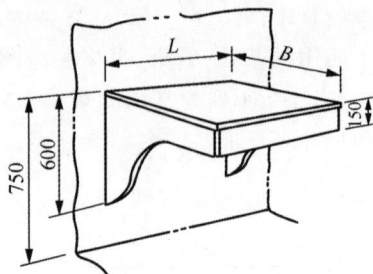

图 1-21　挂壁书桌

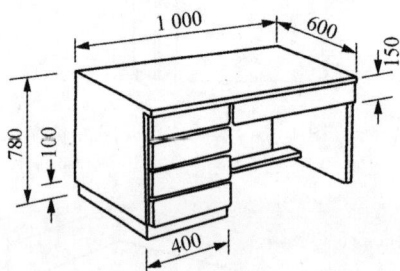

图 1-22　单墩书桌

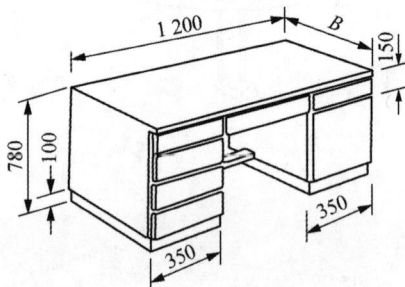

图 1-23　双墩书桌

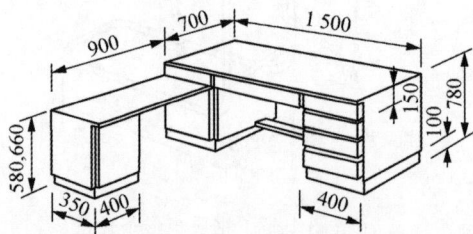

图 1-24　带边柜书桌

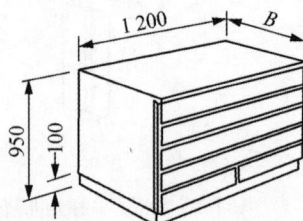

图 1-25　海图桌(1)

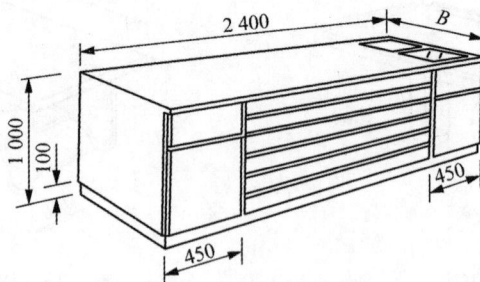

图 1-26　海图桌(2)

表 1-2　船用茶几、书桌、餐桌及海图桌的类型和基本尺寸

名称		基本尺寸/mm			材料	附注
		L	B	H		
圆茶几		$\phi550$		450	木	见图 1-14
		$\phi600$				
方茶几		550	550	450	木	见图 1-15
		600	600			
矩形茶几		600	400	500	木、钢	见图 1-16 及图 1-17
		650	450			
		1 000	450	450	木、钢	见图 1-18 及图 1-19
		1 200	500			
圆餐桌		$\phi800$		750	木	见图 1-14
方餐桌		700	700	750	木	见图 1-15
		800	800			
		1 000	1 000			
矩形餐桌		1 600	700	750	木、钢	见图 1-18 及图 1-20
		2 200	800			
挂壁书桌		500	450	750	木、钢	见图 1-21
		700	500			
单墩书桌		1 000	600	780	木、钢	见图 1-22
双墩书桌		1 200	600	780	木、钢	见图 1-23
			700			
带边柜书桌	主桌	1 500	700	780	木、钢	见图 1-24
	边柜	900	350～400	580～660		
海图桌		1 200	900	950	木、钢	见图 1-25
			1 000			
		2 400	1 100	1 000	木、钢	见图 1-26
			1 200			

（3）橱、柜、架

船用的衣橱、床头柜、物品柜、医药柜、文件柜、书架、旗箱、污衣柜等家具的形式多样，图 1-27～图 1-41 所示为典型的形式，其常用类型及基本尺寸列于表 1-3。

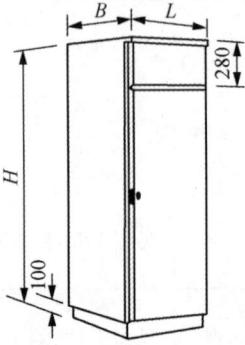

图 1-27　单门衣橱

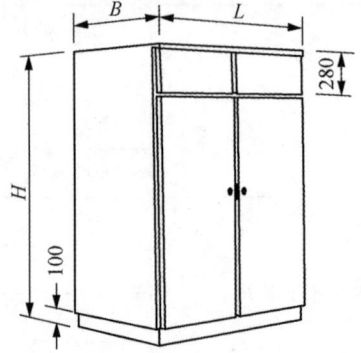

图 1-28　双门衣橱

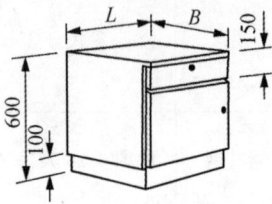

图 1-29　床头柜

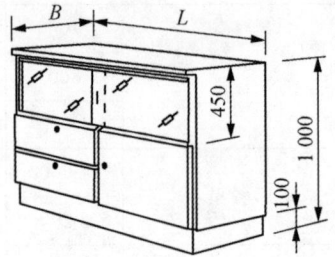

图 1-30　矮柜

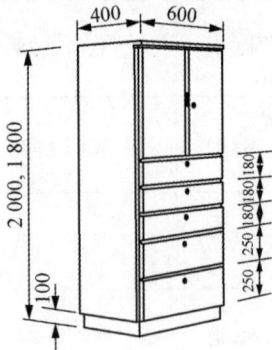

图 1-31　物品柜

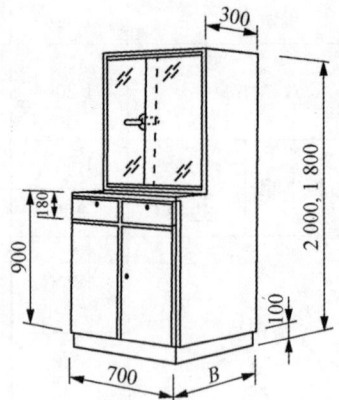

图 1-32　医药柜

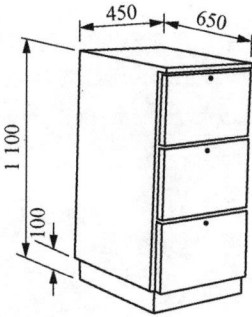

图 1-33　三格文件柜

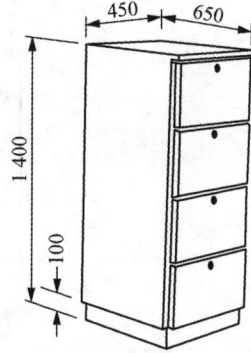

图 1-34　四格文件柜

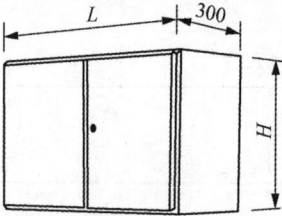

图 1-35　吊柜

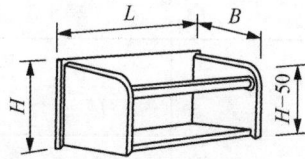

图 1-36　木质书架

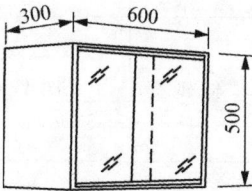

图 1-37　书架

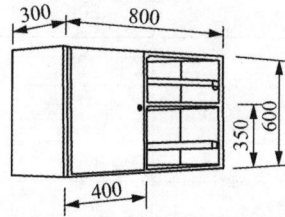

图 1-38　书架

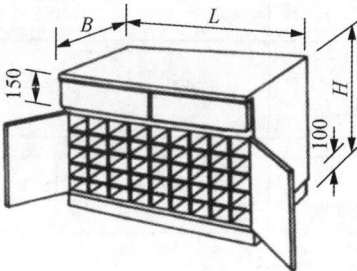

图 1-39　木质旗箱

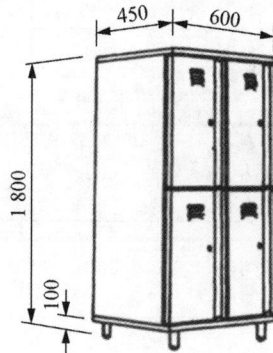

图 1-40　钢质四门污衣柜

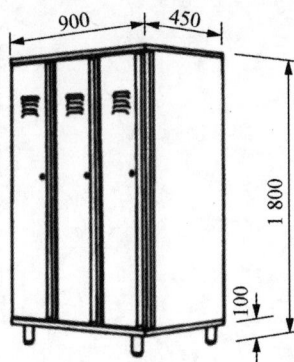

图 1-41　钢质三联污衣柜

表 1-3　船用橱、柜、架的类型及基本尺寸

名称	基本尺寸/mm			材料	附注
	L	B	H		
单门衣橱	500	550,600	1 800	木、钢	见图 1-27
	550		1 900		
	600		2 000		
双门衣橱	900	550	1 800	木、钢	见图 1-28
	1 200	550,600	1 900		
			2 000		
床头柜	400	400	600	木、钢	见图 1-29
	500	500			
	600				
矮柜	800	500	1 000	木、钢	见图 1-30
	1 000	600			
物品柜	600	400	1 800	木、钢	见图 1-31
			2 000		
医药柜	700	600	1 800	木、钢	见图 1-32
			2 000		

表 1-3 （续）

名称	基本尺寸/mm			材料	附注
	L	B	H		
文件柜	450	650	1 100	木、钢	见图 1-33
	450	650	1 400		见图 1-34
吊柜	600	300	500	木、钢	见图 1-35
	700		600		
书架	500	200	220	木	见图 1-36
	600	250	280		
	600	300	500	木、钢	见图 1-37
	800	300	600		见图 1-38
旗箱	1 000	400	900	木	见图 1-39
	1 500	450	1 050		
污衣柜	600	450	1 800	钢	见图 1-40
	900	450	1 800		见图 1-41

（4）凳、椅、沙发

船用凳、椅的种类和形式很多,按其安装方式可分为固定式和移动式。实际上,在当今的民用船舶上,除了固定的凳、椅以及某些特殊用途的椅子(如驾驶室高脚扶手椅)外,大量使用陆用的各类椅子。图 1-42～图 1-45 所示为典型的船用凳、椅的形式,其常用类型及基本尺寸列于表 1-4。

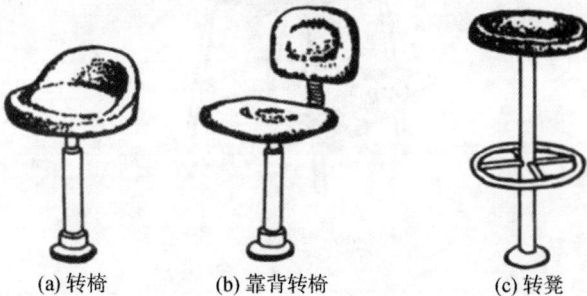

(a) 转椅　　　　(b) 靠背转椅　　　　(c) 转凳

图 1-42　固定式凳、椅

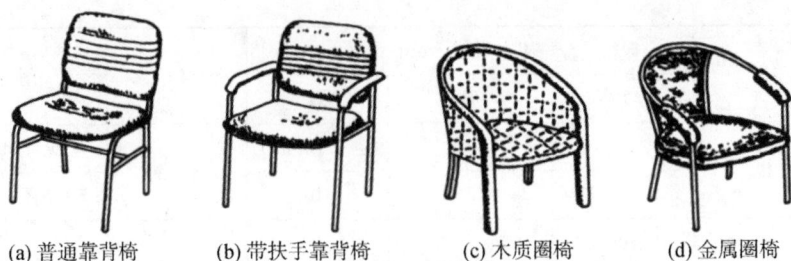

(a) 普通靠背椅　　(b) 带扶手靠背椅　　(c) 木质圈椅　　(d) 金属圈椅

图 1-43　靠背椅

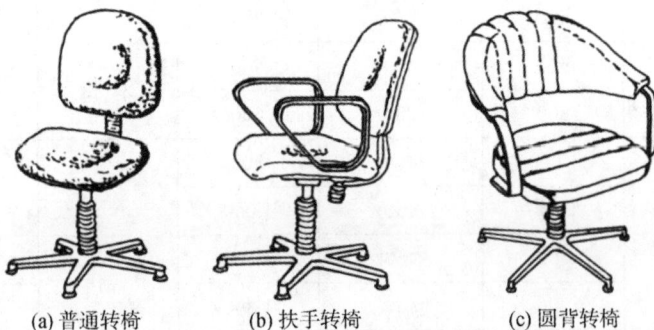

(a) 普通转椅　　　(b) 扶手转椅　　　(c) 圆背转椅

图 1-44　转椅

图 1-45　高脚扶手椅

　　船上的沙发主要用于居住室、报务室、休息室、娱乐室等处所。大多数情况下采用固定沙发,其形式和尺寸依据布置情况确定。常用的有长沙发和转角沙发。一般情况下,沙发的长度应不小于 1 800 mm,宽度为 500～700 mm。图 1-46 所示为典型的靠壁转角沙发。

表 1-4　船用凳、椅的类型及基本尺寸

名称	基本尺寸/mm			适用处所	附注
	L	B	H		
固定式转椅	$\phi350$		450	餐厅	见图 1-42(a)
固定式靠背转椅	380	420	720	餐厅	见图 1-42(b)
固定式转凳	$\phi320$		750	酒吧	见图 1-42(c)
靠背椅	480	520	860	普通船员室	见图 1-43(a)
扶手椅	580	600	860	高级船员室、会议室	见图 1-43(b)
木质圈椅	540	600	800	休息室、娱乐室	见图 1-43(c)
金属圈椅	540	600	800	休息室、娱乐室	见图 1-43(d)
普通转椅	450	540	830	办公室、仪器室	见图 1-44(a)
扶手转椅	560	540	830	报务员室	见图 1-44(b)
圆背转椅	640	630	720	船长室	见图 1-44(c)
高脚扶手椅	610	620	1 300	驾驶室	见图 1-45

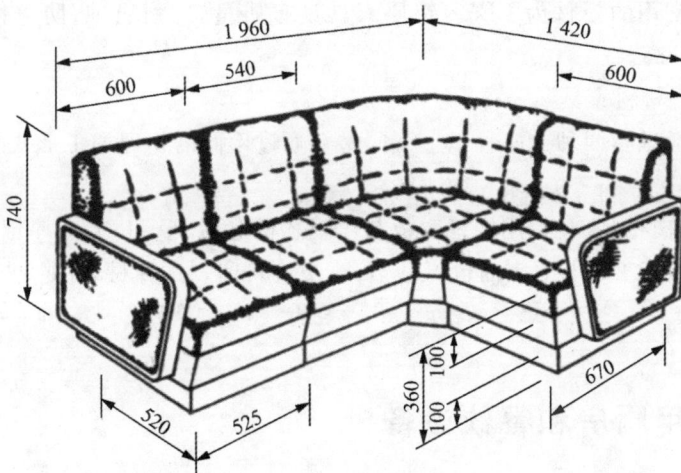

图 1-46　靠壁转角沙发

1.2.4 船用家具的材料

船用家具材料包括木质、金属以及复合材料。一般民用船舶的家具以木质及复合材料为主,油船、液化气体船、海工装置及军用船舶的家具以金属和复合材料为主。

(1)木质家具

用于船用家具的木材可分为同质木材和非同质木材。

作为同质木材的木料有樟木、柚木、南柳、水曲柳等。这些木料用来制造家具具有质地好、强度高、纹理自然清新、装饰性好等特点,但价格较高,加工工艺复杂。

非同质木材通常指那些用一般性木材或者碎木通过机械加工制成的板材,即机制板,如胶合板、刨花板、中密度板、细木工板等。通常在这些机制板表面贴实木贴片或者三聚氰胺板,既可对防火板进行装饰,也可贴塑或喷塑。这些木材用来制造家具具有成型好、变形小、制作方便、价格低等特点,但使用寿命不长。

(2)金属家具

用于家具的金属材料主要有钢材和铝合金。常用的钢材为 Q235-A 和 304 不锈钢,一般在制作家具的钢板上贴塑或喷塑,也可用油漆,不锈钢一般用本色。金属家具具有防火性能好、结构强度高、不易损坏等特点。厨房、洗衣间等舱室家具一般采用不锈钢制作。

铝合金常用的板材为 LF5。铝质家具具有质量轻、耐腐蚀、防火性能好等特点,但价格较高。

(3)复合材料家具

复合材料是指两种或两种以上不同材料通过不同的物理加工形式复合在一起的材料。

船用复合材料家具常用铝蜂窝板制作。芯材选用 15～45 mm 厚铝蜂窝板,面板采用机制板或金属板,表面也可贴塑、喷塑或转印。这种材料的特点是质量轻,但价格较高。

1.3 船用厨房和餐饮设备

1.3.1 船用厨房和餐饮设备的基本要求

船用厨房设备系用于食品或餐具的洗涤、加工、烹饪、分配、储存、输送、消毒及废弃物处理设备的总称。这些设备通常设在厨房内或邻近厨房的工作室内。餐饮设备是指散置于厨房以外各处所(如餐厅、休息室等)的冷、热饮水器,保温桌,制冰机等。

在现代船舶上,厨房作业采用各种机械代替手工操作,大大减轻了船员的劳动强度,提高了工作效率。需要指出的是,厨房设备的配置与船上人员的饮食习惯有密切关系,此外还涉及民族习惯(如有的船舶为此而设置了专用的清真厨房)和船舶功能(如医院船上设有营养厨房)等。

对于厨房及餐饮设备的基本要求如下:

(1)满足有关公约、法规的规定,有些设备要提供相关船级社证书。

(2)船舶是全球性移动的交通运输工具,各地温度、湿度相差很大,船舶在海上航行时经常会遇到风浪,海洋上的大气含盐分对船用设备具有腐蚀性等。船用厨房和餐饮设备应考虑在海上温度、湿度及船舶摇摆的环境里设备的安全和操作人员的安全。

(3)电热设备的结构应保证有液体溢出时,不会产生短路现象。

(4)设备应带底座和支架,且与甲板和围壁牢固地连接,小型台上设备应带吸盘。

1.3.2　食品原料加工设备

这类设备中最常用的有厨房多用机、切菜机、土豆去皮机、切片机、绞肉机、锯骨机、和面机等。对于人员较多、自持力要求较高的船舶还可配置淘米机、果蔬清洗机、豆芽机,以及制作面条、饺子、馒头、肠粉等食品的专用设备。

(1)厨房多用机

厨房多用机是一种可进行多种食品加工操作的厨房电器。食品加工机分为动力部和工作部两大部分。动力部是食品加工机的台座,台座中装有电动机和变速机构,面板上装有调速按钮,可以按加工操作的需要,使工作部处于不同的工作位置。工作部用于食品加工,可以利用工作部上的快速装卡机构与台座方便而迅速地装卸。较常用的工作部类型有:搅拌器(和面、打蛋)、绞刀(绞肉)、片切刀(切片)、孔切刀(擦丝)、十字刀(水果搅打出汁)、挤汁头(挤柠檬汁等水果汁)、面片辊子(压面片)、面条轧刀(轧面条)等,可根据用户使用需求选配。

厨房多用机规格和主要参数列于表 1-5 其实物如图 1-47 所示。

表 1-5　船用厨房多用机规格及主要参数

容量/L	电机功率/kW	电源电压/V	外形尺寸($W \times D \times H$)/mm	功能	质量/kg
10	0.5	220	$505 \times 475 \times 710$		36
20	1.1	220	$630 \times 590 \times 890$		112
30	1.5	380	$710 \times 670 \times 1\,270$	和面、绞肉、打蛋、切菜	180
40	2.2	380	$660 \times 710 \times 1\,200$		190
60	3	380	$882 \times 976 \times 1\,525$		472

(2)切菜机

切菜机可切叶菜及根茎类蔬菜,通过选用不同规格的刀具,完成切片、丝、条、丁、段、碎等操作,方便快捷。图 1-48 所示为船用切菜机。

图 1-47　厨房多用机

图 1-48　切菜机

(3)果蔬清洗机

果蔬清洗机可降解蔬菜、水果中残留的农药等有毒物质,可延长蔬菜和水果的保鲜期。

果蔬清洗机有多种形式,图 1-49 所示为小型船用果蔬清洗机,图 1-50 所示为大型船用果蔬清洗机。

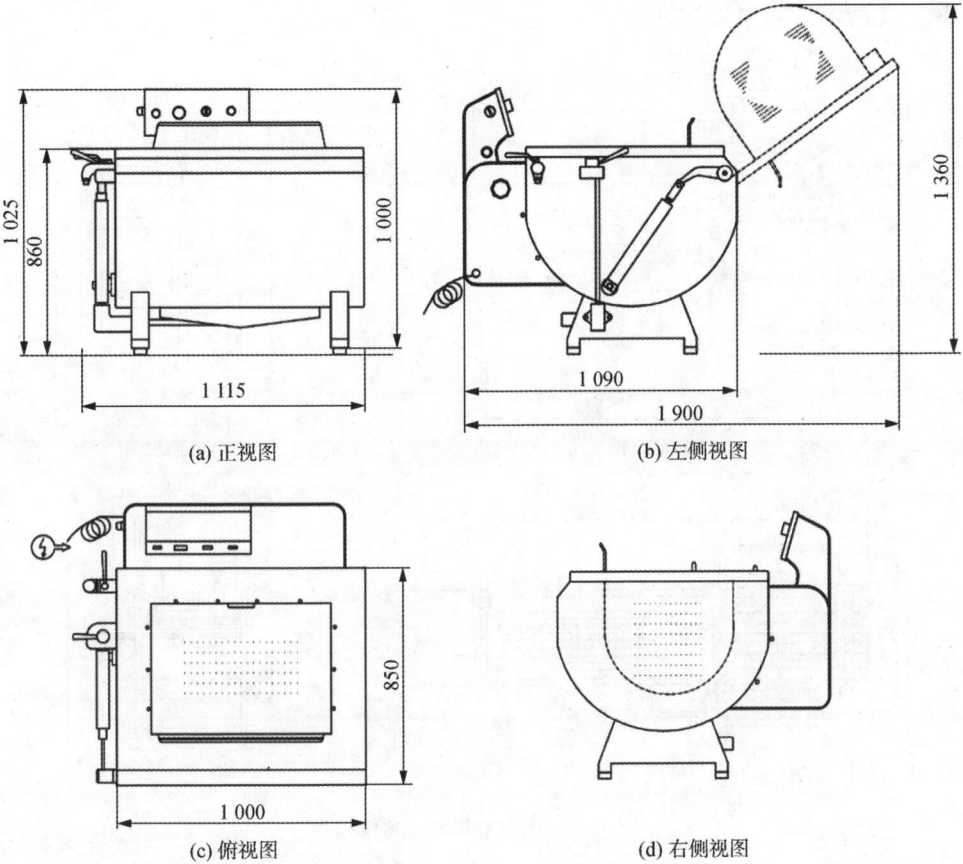

(a) 正视图　　　　　　　　(b) 左侧视图

(c) 俯视图　　　　　　　　(d) 右侧视图

图 1-49　小型船用果蔬清洗机

（4）土豆去皮机

土豆去皮机适用于马铃薯、红薯、紫薯、萝卜、芋头、山药、土豆等根茎类蔬菜，去皮效率高、效果好。图 1-51 所示为土豆去皮机。

（5）切片机

切片机主要用于冷冻牛、羊肉切片。切片机操作简便、效率高、耗电小、清洁保养容易、安全卫生、切肉效果均匀并可自动成卷状。图 1-52 所示为切片机。

（6）绞肉机

绞肉机可以将原料肉按不同要求加工成规格不等的颗粒状肉馅。图 1-53 所示为绞肉机。

（7）锯骨机

锯骨机适用于各类中、小型动物骨头、冷冻肉、带鱼骨的冷冻鱼、冰块的加工。

图 1-54 所示为船用锯骨机。

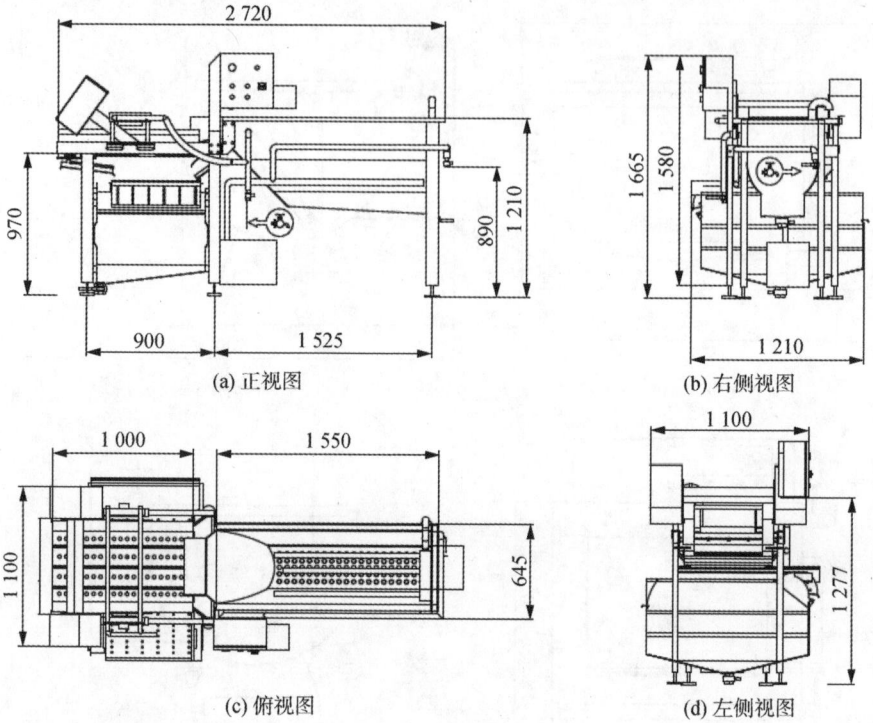

(a) 正视图

(b) 右侧视图

(c) 俯视图

(d) 左侧视图

图 1-50　大型船用果蔬清洗机

图 1-51　土豆去皮机

图 1-52　切片机

图 1-53　绞肉机

图 1-54　锯骨机

（8）豆芽机

豆芽机是通过控制箱体温度、水分来生产豆芽的智能设备。其生产出的豆芽可在航程较长且补给困难时作为新鲜蔬菜的补充。图 1-55 所示为豆芽机。

（9）和面机

和面机可完成和面团，搅拌鸡蛋、奶酪、黄油、鲜奶，拌果酱、冰沙等操作。

和面机有多种形式，按设备外观形式分为立式和卧式。图 1-56 所示为立式和面机，其规格和主要参数列于表 1-6。

图 1-55　豆芽机

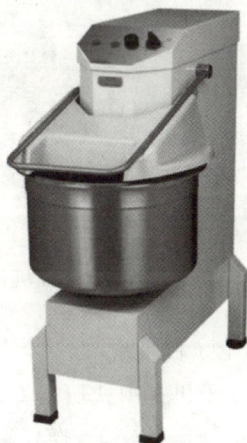

图 1-56　立式和面机

表 1-6　船用立式和面机规格及主要参数

容量/L	电机功率/kW	电源电压/V	外形尺寸(W×D×H)/mm	质量/kg
20	0.75	380	505×475×710	91
35	1.1	380	630×590×890	105
45	2.2	380	710×670×1 270	182
75	3.3	380	660×710×1 200	250

（10）压面机

压面机是把面粉跟水搅拌均匀之后代替传统手工揉面的食品机械,可用于压制面条、饺子皮、馄饨皮等多种面食。压制出的面条韧性强度大,不易断且耐煮。图 1-57 所示为立式压面机。

（11）馒头机

馒头机主要用于制作各种馒头,具有生产效率高、操作简单、清理方便、清洁卫生等特点。图 1-58 所示为馒头机。

图 1-57　立式压面机

图 1-58　馒头机

（12）饺子机

饺子机是中式厨房专用设备,制作时只需将面团与馅料放入指定入口,开机即可自动制作出饺子,操作简便,省时省力。制作的饺子馅量及面皮厚度可随时调整。图 1-59 所示为饺子机。

除以上设备外,厨房还可根据用户的使用需求配置肠粉机、豆腐压榨机、面条机、面包切片机等专用厨房加工设备。

1.3.3　烹饪设备

烹饪设备的种类较多,包括炉灶、炒锅、煎锅、汤锅、蒸饭箱、烤箱、万能蒸烤箱、电饼铛和豆浆机等。

（1）炉灶

炉灶是船舶必备的烹饪设备,现代船舶上使用的炉灶按其能源分类主要有燃油灶、电灶和电磁灶。

① 燃油灶

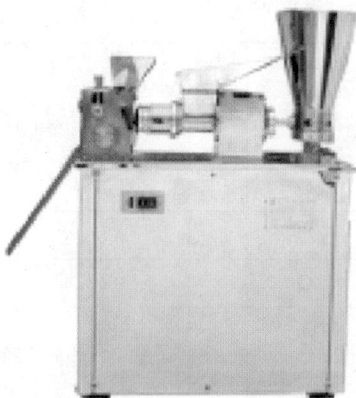

图 1-59　饺子机

燃油灶是除油船、液化气运输船、钻井和生产平台以外的船舶使用较多的炉灶。目前,船上使用较多的燃油灶是汽化油灶,燃料是轻柴油,其特点是燃烧充分、污染少,并具有热效高、无烟尘、火力强、可调节等特点,符合中国人烹饪习惯。

国产的汽化油灶形式较多,YZQ 型汽化油灶如图 1-60 所示,其规格及主要参数列于表 1-7。这种燃油灶需提供高压空气或配置专用空压机。YZC 型汽化油灶如图 1-61 所示,其规格及主要参数列于表 1-8,这种燃油灶自身配置风机,不需额外配置供气源。这两种燃油灶均需配置烟囱。

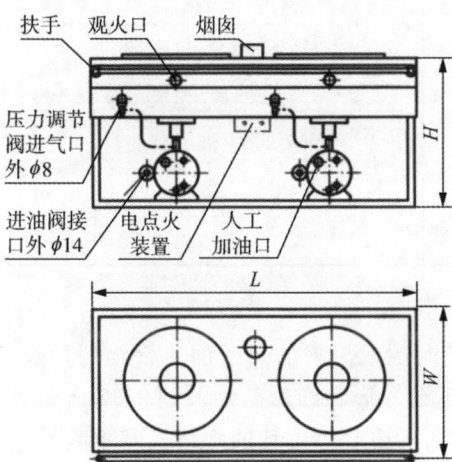

图 1-60　YZQ 型汽化油灶

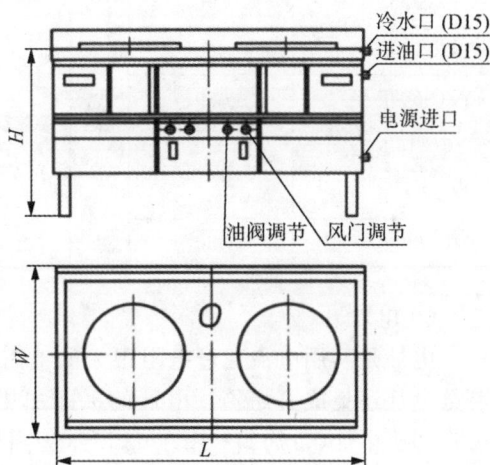

图 1-61　YZC 型汽化油灶

表 1-7 YZQ 型汽化油灶规格及基本参数

型号	灶眼数	灶口直径 ϕ/mm	燃料	工作压力/MPa	单眼耗油/(kg/h)	单眼耗气/(m³/h)	外形尺寸 $(L \times W \times H)$/mm	质量/kg
YZQ-10	1	250	轻柴油	0.35	1.0	1.0	460×455×750	50
YZQ-25	2	300					850×440×750	65
YZQ-50	2	380					960×600×800	100
YZQ₂-50	2	380					1 200×600×800	120
YZQ-75	2	500			2.0	2.0	1 600×750×800	180
YZQ-100	2	550					1 800×800×800	200
YZQ₂-100	3	550(2 个)300					1 940×800×800	240
YZQ-150	2	630					1 800×900×800	220
YZQ₂-150	3	630(2 个)300					2 200×900×800	280
YZQ-200	2	630					2 700×900×800	350

表 1-8 YZC 型汽化油灶规格及基本参数

型号	灶眼数	灶口直径 ϕ/mm	燃料	风机电源	单眼耗油/(kg/h)	外形尺寸 $(L \times W \times H)$/mm	质量/kg
YZC-25	1	300	轻柴油	AC220 V	1.0	500×600×850	50
YZC-25Ⅱ	2	300				1 000×600×850	80
YZC-50Ⅱ	2	400			1.2	1 200×720×850	160
YZC-100	1	520			1.8	900×850×850	180
YZC-100Ⅱ	2	520				1 600×850×850	240
YZC-200Ⅱ	2	620			2.0	1 800×920×850	270

② 电灶

电灶是利用电流通过电阻很大的电阻丝时散发出来的热量加热食物的炉灶。部分电灶还集成有烤箱。电灶的平面加热板有方形和圆形两种。图 1-62 所示为方形四头电灶(带烤箱),图 1-63 所示为圆形六头电灶。电灶的规格及基本参数列于表 1-9。

图 1-62　方形四头电灶(带烤箱)

图 1-63　圆形六头电灶

表 1-9　电灶的规格及基本参数

设备名称	功率/kW	电制/(AC)	外形尺寸 ($W \times D \times H$)/mm	质量/kg
船用方四头电灶	16	380 V/3/50 Hz	800×900×850	100
船用方四头电灶(带烤箱)	20.8	380 V/3/50 Hz	800×900×850	148
船用方六头电灶	24	380 V/3/50 Hz	1 200×900×850	130
船用方六头电灶(带烤箱)	28.8	380 V/3/50 Hz	1 200×900×850	180
船用圆四头电灶	10.4	380 V/3/50 Hz	700×800×850	55
船用圆四头电灶(带烤箱)	15.2	380 V/3/50 Hz	700×800×850	99
船用圆六头电灶	15.6	380 V/3/50 Hz	1 050×800×850	80
船用圆六头电灶(带烤箱)	20.4	380 V/3/50 Hz	1 050×800×850	120

③ 电磁灶

电磁灶应用电磁感应原理,使铁磁锅体在电磁感应作用下,直接产生热量来加工食品。电磁灶具有升温速度快、节能环保、容易清洁、安全性高、使用方便等优点,可以实现煎、炒、炸、煮、蒸、炖、焖、扒、煲等各类烹调功能。

电磁灶的加热板有球面加热板和平面加热板两种。西餐仅使用平面加热板,并配合使用平底锅。中餐以球面加热板为主,并配合使用圆底锅。锅具的尺寸需要与加热板匹配。

国产中餐电磁灶分为电磁大锅灶和电磁炒灶。单头电磁大锅灶如图 1-64 所示,双头电磁炒灶如图 1-65 所示。电磁大锅灶规格及基本参数列于表 1-10,电磁炒灶规格及基本参数列于表 1-11。

图 1-64　单头电磁大锅灶

图 1-65　双头电磁炒灶

表 1-10　电磁大锅灶规格及基本参数

设备名称	功率/kW	电制/（AC）	外形尺寸 (W×D×H)/mm	质量/kg
单头电磁大锅灶	12	380 V/3/50 Hz	900×900×850	100
	15	380 V/3/50 Hz	900×900×850	100
	20	380 V/3/50 Hz	1 100×1 150×850	120
双头电磁大锅灶	12×2	380 V/3/50 Hz	1 600×900×850	210
	15×2	380 V/3/50 Hz	1 600×900×850	210
	20×2	380 V/3/50 Hz	2 000×1 150×850	260

表 1-11　电磁炒灶规格及基本参数

设备名称	功率/kW	电制/A.C.	外形尺寸 (W×D×H)/mm	质量/kg
单头电磁炒灶	5	380 V/3/50 Hz	700×700×850	80
	8	380 V/3/50 Hz	800×900×850	90
	12	380 V/3/50 Hz	800×900×850	90
双头电磁炒灶	5×2	380 V/3/50 Hz	1 500×700×850	135
	8×2	380 V/3/50 Hz	1 800×900×850	150
	12×2	380 V/3/50 Hz	1 800×900×850	150

（2）电炒锅

船上普遍配置可倾式电炒锅。可倾式电炒锅按传动方式可分为手动式和电动式两种。图 1-66 所示为容量 40 L 的手动可倾式电炒锅。可倾式电炒锅规格及基本参数列于表 1-12。

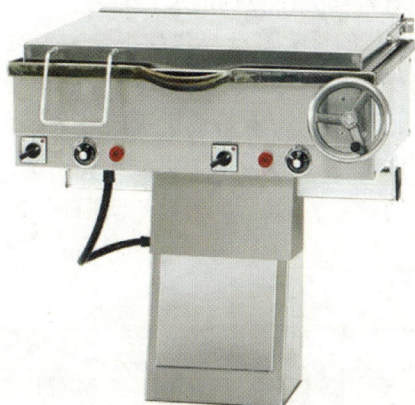

图 1-66　可倾式电炒锅

表 1-12　可倾式电炒锅规格及基本参数

设备名称	容量/L	功率/kW	电制/(AC)	外形尺寸 $(W \times D \times H)$/mm	质量/kg
手动可倾式电炒锅	40	9	380 V/3/50 Hz	700×700×850	120
	60	10.5	380 V/3/50 Hz	800×800×850	140
	80	12	380 V/3/50 Hz	800×900×850	150
电动可倾式电炒锅	40	9	380 V/3/50 Hz	700×700×850	91
	60	12	380 V/3/50 Hz	800×850×850	123
	80	15	380 V/3/50 Hz	1 100×800×850	150

（3）深煎锅

深煎锅又称电炸炉，主要用于制作薯条、炸鸡、炸鱼等油炸食品。深煎锅按照炸缸数量可分为单缸深煎锅和双缸深煎锅，单缸容量一般为 10 L 或 20 L，双缸为 2×10 L 或 2×20 L。

根据《国际海上人命安全公约》(*International Convention for Safety of Life at Sea*，简称《SOLAS 公约》)的要求，深油烹饪设备应装有下列装置：

① 按国际海事组织所接受的国际标准（ISO 15371：2009《保护厨房烹饪设备的灭火系统》）试验过的自动或手动灭火系统；

② 1 个主恒温器和 1 个后备恒温器，以及 1 个在任一恒温器出现故障时引起

操作人员警觉的报警装置；

③ 在灭火系统启动后自动关闭电源的装置；

④ 1个表明厨房内安装的灭火系统操作的报警装置；

⑤ 灭火系统的手动操作控制器，为便于船员使用，其上应有清晰的标示。

船用深煎锅分为两种：一种为带有集成灭火系统的深煎锅，如图1-67所示，其规格及基本参数列于表1-13；另一种为不带集成灭火系统的深煎锅，需另外配置满足《SOLAS公约》要求的灭火系统，如图1-68所示，其规格及基本参数列于表1-14。

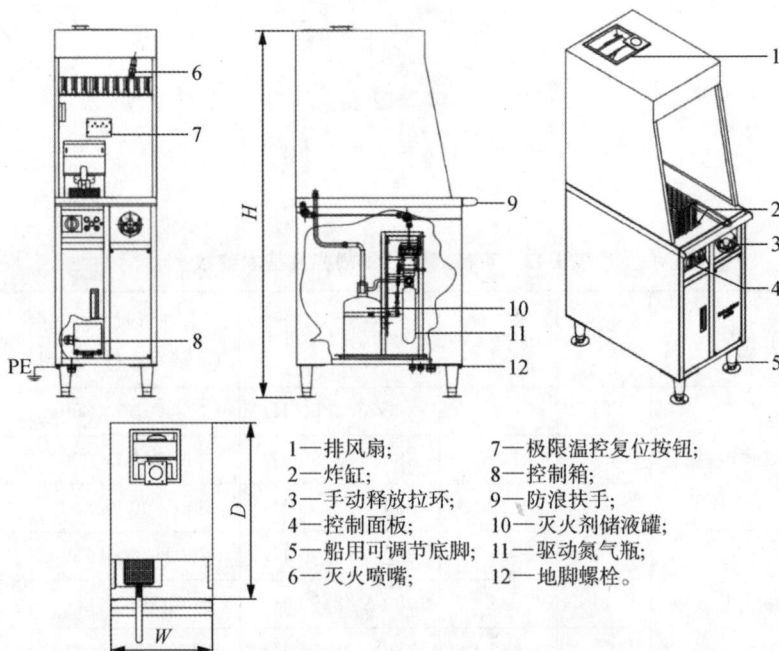

1—排风扇；   7—极限温控复位按钮；
2—炸缸；   8—控制箱；
3—手动释放拉环；   9—防浪扶手；
4—控制面板；   10—灭火剂储液罐；
5—船用可调节底脚； 11—驱动氮气瓶；
6—灭火喷嘴；   12—地脚螺栓。

图 1-67　带有集成灭火系统的深煎锅

表 1-13　带有集成灭火系统的深煎锅规格及基本参数

设备名称	容量/L	功率/kW	电制/(AC)	外形尺寸 ($W \times D \times H$)/mm	质量/kg
集成灭火系统的深煎锅	10	7.1	380 V/3/50 Hz	500×800×1 750	125
	20	7.1	380 V/3/50 Hz	650×800×1 750	145
	10×2	14.2	380 V/3/50 Hz	650×800×1 750	145

图 1-68　不带集成灭火系统的深煎锅

表 1-14　不带集成灭火系统的深煎锅规格及基本参数

设备名称	容量/L	功率/kW	电制/(AC)	外形尺寸 $(W \times D \times H)$/mm	质量/kg
不带集成灭火系统的深煎锅	10	7.1	380 V/3/50 Hz	$200 \times 800 \times 850$	35
	20	7.1	380 V/3/50 Hz	$400 \times 800 \times 850$	55
	10×2	14.2	380 V/3/50 Hz	$400 \times 800 \times 850$	60
	20×2	14.2	380 V/3/50 Hz	$770 \times 800 \times 850$	100

（4）汤锅

船用汤锅分为可倾式电汤锅和固定式电汤锅两种。

可倾式电汤锅按照传动方式分为手动和电动两种。图 1-69 所示为可倾式电汤锅,其规格及基本参数列于表 1-15。

固定式电汤锅如图 1-70 所示,其规格及基本参数列于表 1-16。

图 1-69　可倾式电汤锅

表 1-15　可倾式电汤锅规格及基本参数

设备名称	容量/L	功率/kW	电制/(AC)	外形尺寸 (W×D×H)/mm	质量/kg
可倾式电汤锅	40	9	380 V/3/50 Hz	1 020×570×1 000	130
	60	9	380 V/3/50 Hz	1 020×570×1 000	135
	80	12	380 V/3/50 Hz	1 120×670×1 000	152
	100	15	380 V/3/50 Hz	1 120×670×1 000	166

图 1-70　固定式电汤锅

表 1-16　固定式电汤锅规格及基本参数

设备名称	容量/L	功率/kW	电制/(AC)	外形尺寸 (W×D×H)/mm	质量/kg
固定式电汤锅	40	9	380 V/3/50 Hz	700×700×850	65
	60	9	380 V/3/50 Hz	800×900×850	100
	80	12	380 V/3/50 Hz	800×900×850	120
	100	15	380 V/3/50 Hz	800×900×850	150

（5）蒸饭箱

蒸饭箱除了可以用来蒸米饭、馒头、包子以外，也可以用来蒸猪肉、鸡肉、鸭肉等肉食,以及鱼、虾、蟹等海鲜,还可以炖汤。

船用蒸饭箱按热源分为蒸汽加热蒸饭箱、电加热蒸饭箱和电-蒸汽加热两用蒸饭箱。蒸汽压力通常为 0.2～0.3 MPa,电源为三相交流电,电压为 380 V 或 440 V,功率为 6～12 kW。蒸饭箱内部使用不锈钢蒸盘作为容器,可通过控制面板定时、定温,并具备自动补水和防干烧功能。图 1-71 所示为电热蒸饭箱。

(6) 电烤箱

电烤箱是利用电热元件所发出的辐射热来烘烤食品的电热器具,可用于制作烤鸡、烤鸭、面包、糕点等。根据烘烤食品的不同需要,电烤箱的温度一般可在 50～250 ℃范围内调节。图 1-72 所示为船用电烤箱。

图 1-71　电热蒸饭箱

图 1-72　电烤箱

(7) 万能蒸烤箱

万能蒸烤箱为蒸烤一体化的智能设备,具有使用方便、安全高效、节省空间和人力的特点。操作人员只要按照菜谱配好原料,万能蒸烤箱便可根据预设程序自动完成烹饪过程,制作出的菜品味美、健康。图 1-73 所示为万能蒸烤箱。

(8) 电饼铛

电饼铛也称烤饼机,是一种中式烹饪设备,可以进行烤、烙、煎等烹饪操作。电饼铛具有简单易用、升温快速、清洗方便等特点。图 1-74 所示为电饼铛。

图 1-73 万能蒸烤箱

图 1-74 电饼铛

（9）豆浆、豆腐机

船用豆浆、豆腐机采用了磨浆、煮浆一体化设计，操作简单方便。磨浆时，浆、渣自动分离。图 1-75 所示为豆浆豆腐机。

豆浆机可用于加工豆浆。图 1-76 所示为豆浆机。

图 1-75 豆浆豆腐机

图 1-76 豆浆机

1.3.4　餐饮设备

餐饮设备种类较多,包括保温台、开水器、饮水机、果汁机、咖啡机、土司炉、制冰机、冷餐台、冰激凌机、电冰箱等。船用餐饮设备大多由陆用设备改装而成。

（1）电热保温台

电热保温台用于存放已制作好的主、副食品,温度由温控器控制,可根据需要使其保持在设定的温度。一般厨房和以自助餐方式供餐的餐厅内应设置电热保温台。图 1-77 所示为电热保温台。

图 1-77　电热保温台

（2）开水器

开水器通常布置在厨房、餐厅和专用的茶水间内,分壁挂式和座架式两种。船用开水器采用电加热方式。开水器水箱内设浮球阀,可实现自动补水。同时,开水器设有断水保护装置,当供水中断或水箱水位低于保护水位时,自动切断电源。图 1-78 所示为壁挂式开水器（圆筒型）,图 1-79 所示为壁挂式开水器,图 1-80 所示为座架式开水器。开水器规格及基本参数列于表 1-17。

图 1-78　壁挂式开水器（圆筒型）

图 1-79　壁挂式开水器

图 1-80　座架式开水器

表 1-17　开水器规格及基本参数

设备名称	容量/L	功率/kW	电制/（AC）	外形尺寸 （$W \times D \times H$）/mm	质量/kg
壁挂式开水器（圆筒型）	10	3	220 V/1/50 Hz	$\phi 255 \times 430$	5.5
	20	3	220 V/1/50 Hz	$\phi 350 \times 540$	6
壁挂式开水器	24	3	380 V/3/50 Hz	$360 \times 260 \times 820$	20
	36	6	380 V/3/50 Hz	$455 \times 275 \times 975$	20
座架式开水器	24	3	380 V/3/50 Hz	$510 \times 510 \times 1\,615$	45
	45	6	380 V/3/50 Hz	$510 \times 510 \times 1\,740$	60
	65	9	380 V/3/50 Hz	$610 \times 510 \times 1\,725$	66

（3）饮水机

船用饮水机分为冷、热饮水机和冷饮水机两种，设内置式过滤器，滤芯可定期更换。图 1-81 所示为冷、热饮水机，图 1-82 所示为冷饮水机。饮水机规格及基本参数列于表 1-18。

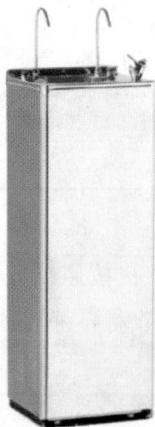

图 1-81　冷、热饮水机

图 1-82　冷饮水机

表 1-18　饮水机规格及基本参数

设备名称	容量/(L/h)	功率/kW	电制/(AC)	外形尺寸($W \times D \times H$)/mm	质量/kg
冷饮水机	25	0.18	220 V/1/50 Hz	360×270×990	26
	50	0.38	220 V/1/50 Hz	360×270×990	28
冷、热饮水机	25	1.18	220 V/1/50 Hz	430×305×995	32

（4）电饭锅

相对于家用电饭锅,船用电饭锅的容量较大,其规格及基本参数列于表 1-19。

表 1-19　船用电饭锅规格及基本参数

设备名称	容量/L	功率/kW	电制/(AC)	外形尺寸($W \times D \times H$)/mm	质量/kg
船用电饭锅	10	1.6	220 V/1/50 Hz	445×375×310	6
	13	2	220 V/1/50 Hz	460×390×330	8
	19	2.7	220 V/1/50 Hz	530×450×365	10

（5）微波炉

微波炉具有功能多样、智能化程度高、使用方便等特点,一般配置在船上厨房、餐厅、茶水间等处所。船用微波炉规格及基本参数列于表 1-20。

表 1-20　船用微波炉规格及基本参数

设备名称	容量/L	功率/kW	电制/(AC)	外形尺寸 ($W \times D \times H$)/mm	质量/kg
船用微波炉	25	1.3	220 V/1/50 Hz	485×400×300	13.7
	30	1.45	220 V/1/50 Hz	550×450×350	15

(6) 果汁机

果汁机是用机械方法将水果压榨成果汁的设备。船用果汁机按照缸数分为单缸、双缸、三缸及多缸。图 1-83 所示为果汁机。果汁机规格及基本参数列于表 1-21。

图 1-83　果汁机

表 1-21　果汁机规格及基本参数

设备名称	容量/L	功率/kW	电制/(AC)	外形尺寸 ($W \times D \times H$)/mm	质量/kg
果汁机	18	0.42	220 V/1/50 Hz	250×390×730	24
	18×2	0.82	220 V/1/50 Hz	500×390×730	33
	18×3	0.88	220 V/1/50 Hz	725×390×730	48

(7) 咖啡机

咖啡机的种类很多,按控制方式分为半自动咖啡机和全自动咖啡机两种。

全自动咖啡机如图 1-84 所示,不仅实现了预热、清洗、磨粉、压粉、冲泡、泄粉等酿制咖啡全过程的自动控制,而且可以根据用户需求设置磨豆粗细调节、制作

ESPRESSO 和 CAPPUCINNO 咖啡等。半自动咖啡机如图 1-85 所示,被称为专业的咖啡机,它必须通过人工操作磨粉、压粉、装粉、冲泡、清除残渣,设备可精确自动控制水量,特别适合制作意式咖啡。

咖啡机按照冲泡方式分为滴漏式咖啡机和高压蒸汽式咖啡机。滴漏式咖啡机如图 1-86 所示,在正常大气压力下工作。这种咖啡机制作工艺简单、高效、可靠,适合制作美式咖啡,并广泛应用于公共餐饮。高压蒸汽式咖啡机如图 1-87 所示,可在 5~19 个大气压下,快速将咖啡精华萃取出来,煮出的咖啡更香浓。

图 1-84 全自动咖啡机

图 1-85 半自动咖啡机

图 1-86 滴漏式咖啡机

图 1-87 高压蒸汽式咖啡机

（8）土司炉

土司炉主要用来烘烤面包片。船用土司炉一般包括 4 片、6 片和全自动链式土司炉。图 1-88 所示为容量为 4 片的土司炉，图 1-89 所示为容量为 6 片的土司炉，图 1-90 所示为全自动链式土司炉。土司炉规格及基本参数列于表 1-22。

图 1-88　土司炉（4 片）

图 1-89　土司炉（6 片）

图 1-90　全自动链式土司炉

表 1-22　土司炉规格及基本参数

设备名称	容量/片	功率/kW	电制/（AC）	外形尺寸 $(W \times D \times H)$/mm	质量/kg
土司炉	4	2	220 V/1/50 Hz	340×215×230	5
	6	3	220 V/1/50 Hz	430×215×230	6

（9）制冰机

制冰机是一种用于制作冰块的制冷机械设备，一般配置在餐厅内。制冰机如

图 1-91 所示,其规格及基本参数列于表 1-23。

(10) 冰激凌机

冰激凌机一般配置在大型自助餐厅,图 1-92 所示为船用冰激凌机,其规格及基本参数列于表 1-24。

图 1-91 制冰机

图 1-92 冰激凌机

表 1-23 制冰机规格及基本参数

设备名称	容量/ (kg/天)	功率/kW	电制/(AC)	外形尺寸 ($W \times D \times H$)/mm	质量/kg
制冰机	26	0.68	220 V/1/50 Hz	480×550×1 045	42
	36	0.72	220 V/1/50 Hz	480×550×1 000	43
	76	1.1	220 V/1/50 Hz	670×650×1 110	66
	96	1.7	220 V/1/50 Hz	670×650×1 110	70

表 1-24 冰激凌机规格及基本参数

设备名称	容量/ (L/h)	功率/kW	电制/(AC)	外形尺寸 ($W \times D \times H$)/mm	质量/kg
冰淇淋机	36	2.4	220 V/1/50 Hz	540×680×1 355	147

（11）电冰箱

电冰箱是船上的常用设备,种类较多,分类方式也较多。电冰箱按照用途可分为冷藏电冰箱、冷冻电冰箱和冷藏冷冻电冰箱;按照门的数量可分为单门电冰箱、双门电冰箱、三门电冰箱和多门电冰箱;按照制冷风方式可分为气体压缩式电冰箱、气体吸收式电冰箱和半导体式电冰箱;按照箱体形式可分为立式电冰箱、卧室电冰箱和台式电冰箱。常用的船用电冰箱如图1-93～图1-98所示。

图 1-93　单门电冰箱

图 1-94　双门电冰箱

图 1-95　冷藏工作台

图 1-96　冷藏配餐台

厨房内一般配置不锈钢电冰箱。

医务室配置的电冰箱应满足医疗器械规范,并具有多种报警功能,出现故障应及时提醒,以保证药品安全。

图 1-97　保鲜沙拉台

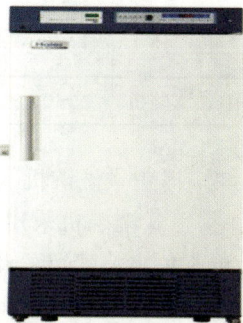

图 1-98　医用冷藏冰箱

1.3.5　洗涤消毒设备

船用洗涤消毒设备主要包括洗碗机、消毒柜、高压花洒冲洗龙头等。

（1）洗碗机

洗碗机是用于自动清洗碗、碟、筷子、刀、叉等餐具的设备。船用洗碗机分为台下式和揭盖式。

① 台下式洗碗机

台下式洗碗机洗涤容量较小，占用空间小，适用于小型厨房。图 1-99 所示为台下式洗碗机，其规格及基本参数列于表 1-25。

图 1-99　台下式洗碗机

表 1-25　台下式洗碗机规格及基本参数

设备名称	容量/ (筐/h)	功率/kW	电制/(AC)	外形尺寸 ($W \times D \times H$)/mm	质量/kg
台下式洗碗机	40	6.85	380 V/3/50 Hz	600×600×810	55

② 揭盖式洗碗机

揭盖式洗碗机采用全封闭式洗涤,可有效切断细菌传播途径,洗刷后直接烘干,可避免水渍残留。此种洗碗机具有容量适中、省电、节水、噪声小、空间利用率高等特点,特别适合船上使用。图 1-100 所示为揭盖式洗碗机,其规格及基本参数列于表 1-26。

图 1-100　揭盖式洗碗机

表 1-26　揭盖式洗碗机规格及基本参数

设备名称	容量/ (筐/h)	功率/kW	电制/(AC)	外形尺寸 ($W \times D \times H$)/mm	质量/kg
揭盖式洗碗机	60	12.1	380 V/3/50 Hz	670×755×1 515	130

（2）消毒柜

船用消毒柜一般采用远红外加热至 120 ℃以上高温消毒,对大肠杆菌、金黄色葡萄球菌灭杀率达到 99.9% 以上,对人体无任何伤害。图 1-101 所示为船用消毒柜（350 L）。船用消毒柜规格及基本参数列于表 1-27。

表 1-27　船用消毒柜规格及基本参数

设备名称	容量/L	功率/kW	电制/(AC)	外形尺寸 $(W \times D \times H)$/mm	质量/kg
	80	0.6	220 V/1/50 Hz	425×340×775	15
船用消毒柜	128	1	220 V/1/50 Hz	464×380×1 223	25
	350	2.7	220 V/1/50 Hz	720×535×1 735	70

（3）高压花洒冲洗龙头

洗碗碟台上方一般配置高压花洒冲洗龙头，可大幅提高冲洗效率。图 1-102 所示为高压花洒冲洗龙头。

图 1-101　船用消毒柜(350 L)

图 1-102　高压花洒冲洗龙头

1.3.6　污物处理设备

《国际防止船舶造成污染公约》（*International Convention for the Prevention of Pdlution from ships*，MARPOL)73/78 附则规定，船舶上一切塑料制品不得抛弃入海，厨房废弃物、生活及工作垃圾禁止在沿海 3 n mile 范围内抛弃入海，离岸 12 n mile 之外入海垃圾必须经过粉碎；并强调虽然允许船舶产生的一部分垃圾在近岸非特殊区域倾倒，但是应优先考虑由岸上接收设备处理上述垃圾。

为了贯彻执行《国际防止船舶造成污染公约》，有效处理船上垃圾，防止污染海洋环境，近年来研制了多种污物处理设备，如污物粉碎机、垃圾压实机、垃圾粉碎压实机等，满足了不同的垃圾处理要求。

（1）污物粉碎机

污物粉碎机主要由电机、刀片、撞块、漏斗等组成。食品废物从漏斗进入，电机高速旋转，由于离心力作用，废物被撞块击碎，菜皮被刀片割断，被粉碎的废物颗粒（≤25 mm）通过排污管在一定海区可直接排出。不得在粉碎机内粉碎金属、玻璃、塑料、棉纱等非食品废物。污物粉碎机如图1-103所示。

（2）垃圾压实机

垃圾压实机采用电动液压驱动，主要由液压机组、压实桶、主油缸（压实）、辅油缸（顶升）及操作面板组成。工作流程为套袋、投料、压实、取袋、打包、储存等，体积压缩比高，根据不同垃圾可达50％～85％。其主要用于对金属罐头类、玻璃类、纸制品类、塑料类、棉织品类等废弃固体垃圾的处理。垃圾压实机如图1-104所示。

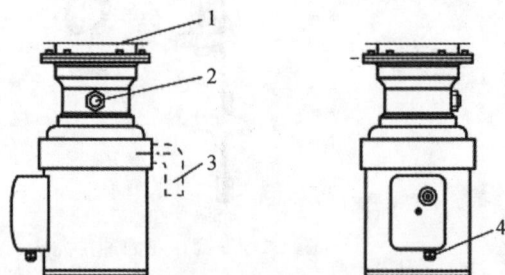

1—进料口；2—进水口；3 排污口；4—进线填料函。

图1-103　污物粉碎机

图1-104　垃圾压实机

（3）垃圾粉碎压实机

垃圾粉碎压实机集垃圾粉碎和压实为一体，是处理固体垃圾（如塑料、纸板、玻璃、易拉罐等）的装置。进料口舱和粉碎机下部的垃圾收集箱均装有安全开关，只有两扇门同时关闭时机器才能被启动，以确保安全。垃圾直接从进料口投入，经过切齿粉碎压实进入垃圾收集箱。机器设有硬物（如铁块等）自动通过保护功能。当硬质大物件被无意放入机内时，机内的气弹簧会自动动作将硬物直接放行，使其进入垃圾收集箱，以保护机器的切齿。图1-105所示为瑞典生产的USC-

2020 垃圾粉碎压实机。

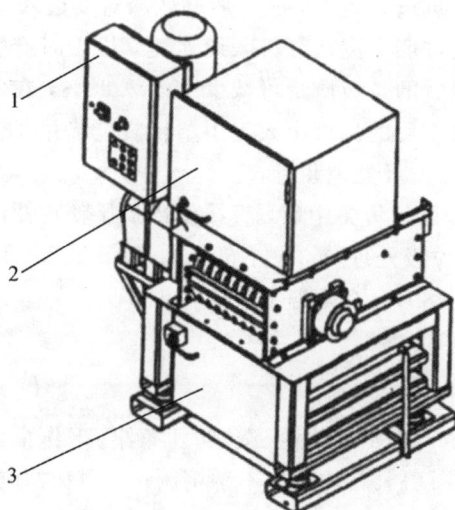

1—控制箱；2—进料口；3—垃圾收集箱。
图 1-105　垃圾粉碎压实机

（4）CLCZ 系列船舶餐厨垃圾处理装置

CLCZ 型船舶餐厨垃圾处理装置如图 1-106 所示。

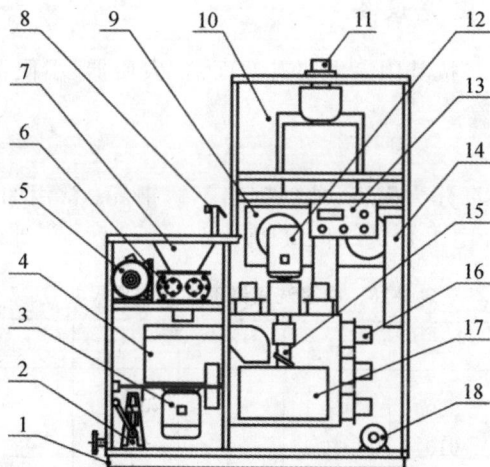

1—机座；2—锁紧机构；3—脱水机电机；4—脱水机；5—粉碎机电机；6—粉碎机；7—进料口；8—清洗喷嘴；
9—散热器；10—变压器油箱；11—排气管；12—搅拌器电机；13—操作面板；14—接线盒；15—搅拌器；
16—磁控管；17—烘干桶；18—冷却循环水泵。
图 1-106　CLCZ 船舶餐厨垃圾处理装置

该装置具有手动及自动操作功能。当餐厨食品垃圾投入进料口后，由粉碎机进行粉碎，再通过脱水机进行脱水，脱水后的残渣自动进入烘干机中进行消毒、烘干。脱水后的污水，通过船上废水管排入废水舱，烘干时产生的蒸汽由抽风管路中的抽风机排除，处理后的垃圾质量可减少 70%～80%，在常温下可储存30天以上无异味，不霉变。烘干后的垃圾由人工用塑料袋包装并存放。

（5）CLJ200 型餐厨垃圾处理装置

该装置是将餐厨食品垃圾集中后，直接倒入烘干筒中烘干。烘干的垃圾由真空打包机密封、储存。垃圾处理分 3 挡：60 kg、120 kg、200 kg。处理后的垃圾质量和体积可减少 60%～80%，在常温下可储存 180 天。

1.3.7　厨房家具

厨房家具形式很多，主要有洗池、洗桌、切菜桌、工作桌、配餐桌、壁橱、杯架、碗碟架、砧墩板架等。厨房家具均采用不锈钢制作，门和抽屉均设揿锁和拉手，抽屉开、闭采用滑轨，并设带固定底板的可调节脚。因每艘船的厨房大小及布置均不一样，厨房家具一般均在设计时根据需要定制。

1.4　卫生和盥洗设备

1.4.1　船用卫生盥洗设备

船用卫生盥洗设备按其用途主要有洗面器、大便器、小便器、浴缸、淋浴器、镜面箱以及各种小五金等。

（1）洗面器

洗面器按其材料可分为陶瓷、玻璃钢和不锈钢等。常用的陶瓷洗面器形式及主要尺寸见表 1-28 和图 1-107～图 1-112。

表 1-28　陶瓷洗面器形式及主要尺寸　　　　　　　　　　　　　　　（mm）

名称	A	B	C	E_1	E_2	E_3	E_4
立柱式洗面器	560	460			65		200
	610	510	200				
	660	560	300				
	710	610					

表 1-28　（续）

名称	A	B	C	E_1	E_2	E_3	E_4
台式洗面器（一）	510 560 650	430 480 570	200 260	100 200	40 65		200 210
台式洗面器（二）	510 560	430 480 510	200		50		200
托架式洗面器（一）	510 560	310 360 410	180 190 200	360 380 400 420	65 120 140	250 300	100 175 200
托架式洗面器（二）	510 560 610	410 460 510	180 190 200 210	150 180	65 70	300	175 200
托架式洗面器（三）	360 410 430 460	260 310 360 390	150 180	110 130 150	65	250 270 290	100 150

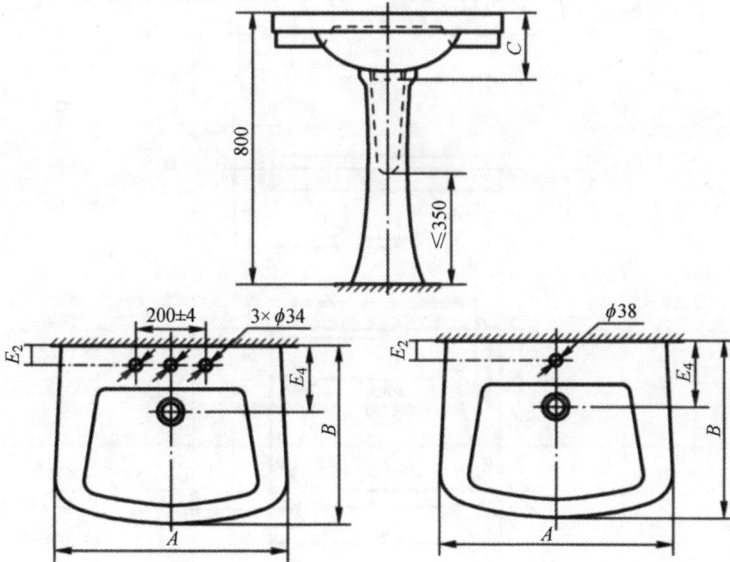

图 1-107　立柱式洗面器

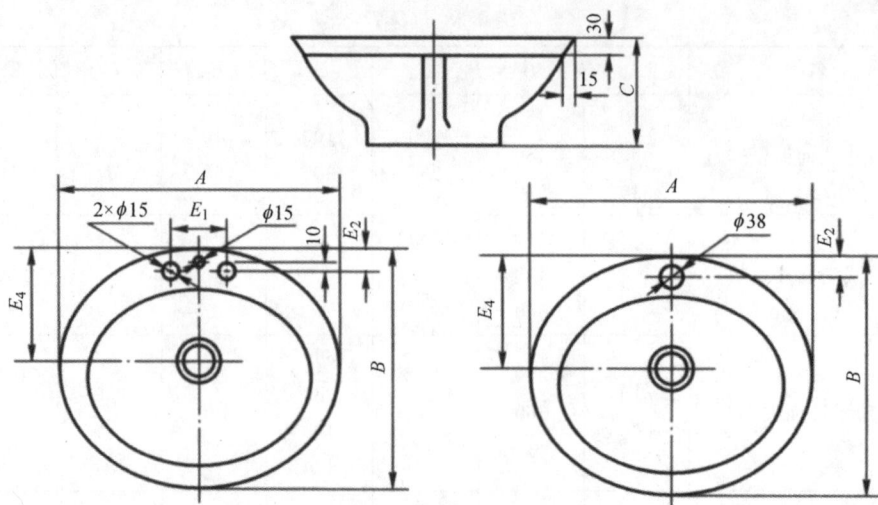

图 1-108　台式洗面器(一)

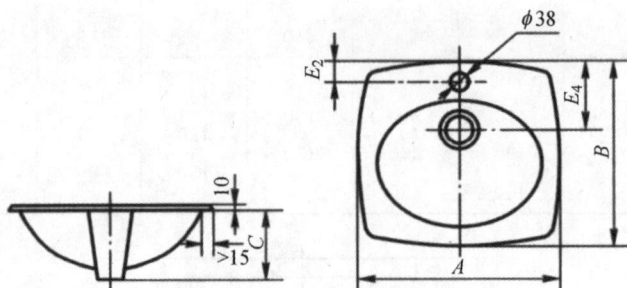

图 1-109　台式洗面器(二)

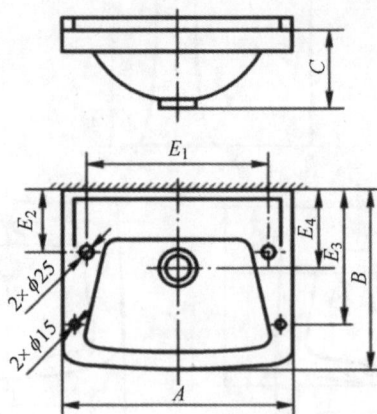

图 1-110　托架式洗面器(一)

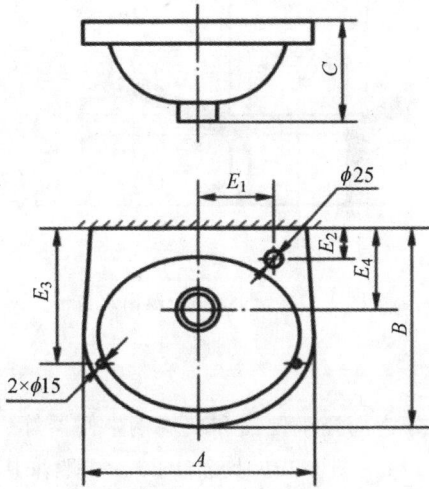

图 1-111 托架式洗面器(二)

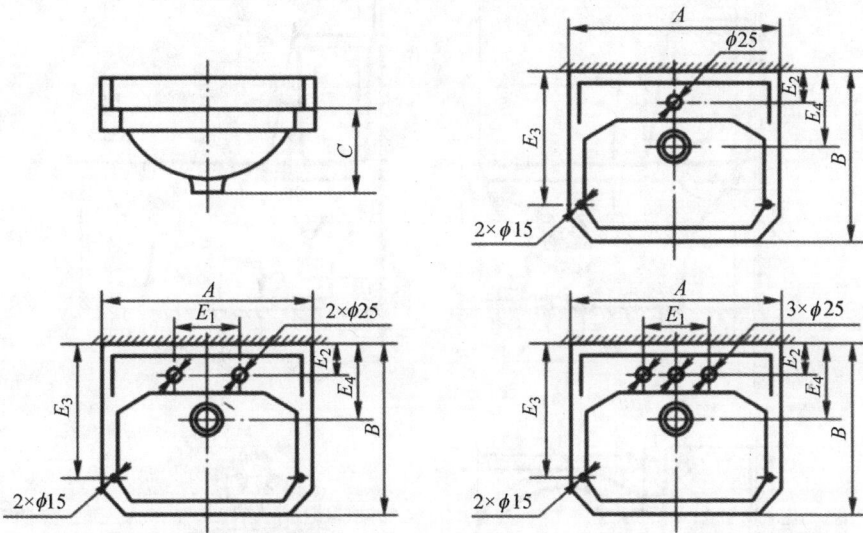

图 1-112 托架式洗面器(三)

陶瓷洗面器出水口的形状及尺寸如图 1-113 所示。

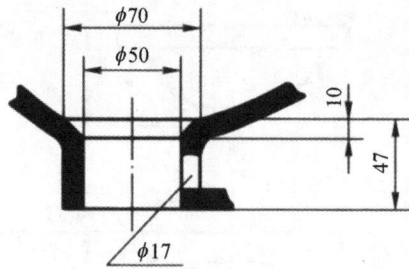

图 1-113　陶瓷洗面器出水口

（2）坐便器

坐便器按其材料可分为陶瓷坐便器和玻璃钢坐便器等。常用的陶瓷坐便器的形式及主要尺寸见图 1-114～图 1-116 及表 1-29。一般采用和坐便器连在一起的连体式水箱。

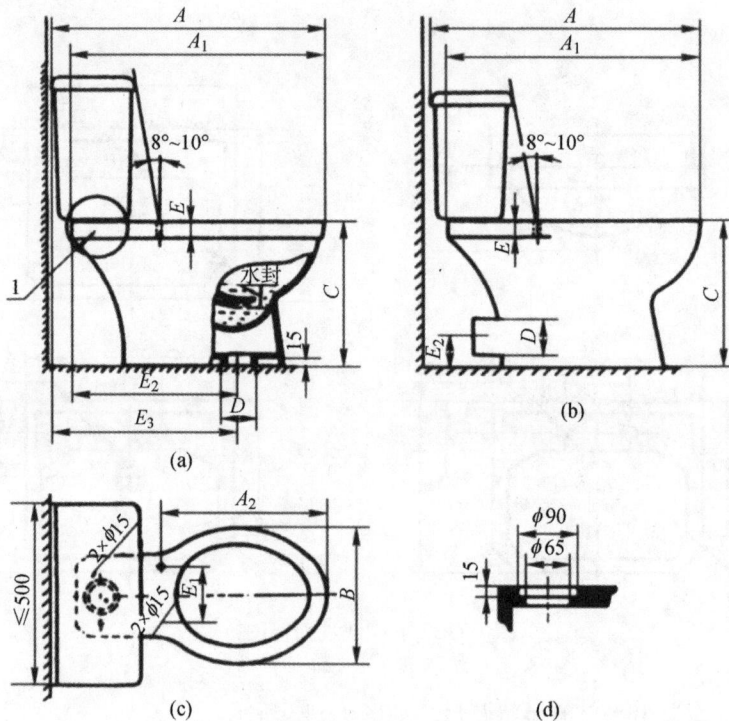

图 1-114　坐箱虹吸式陶瓷坐便器

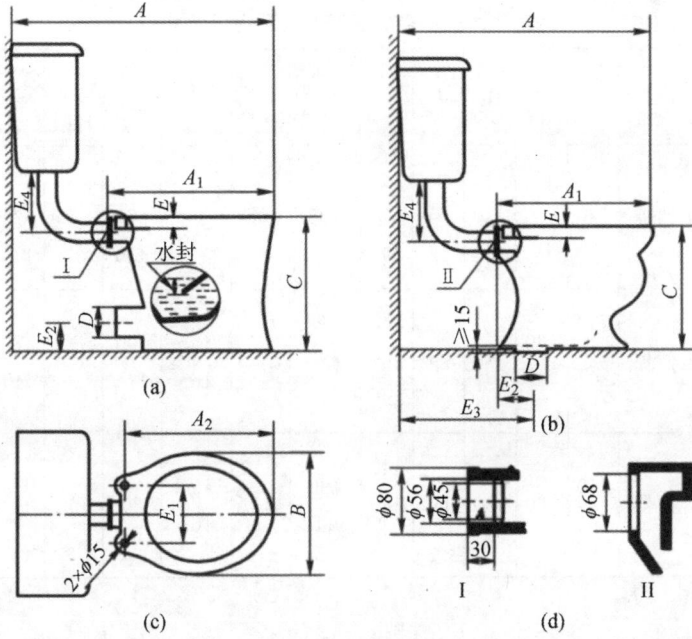

图 1-115　挂箱虹吸式陶瓷坐便器

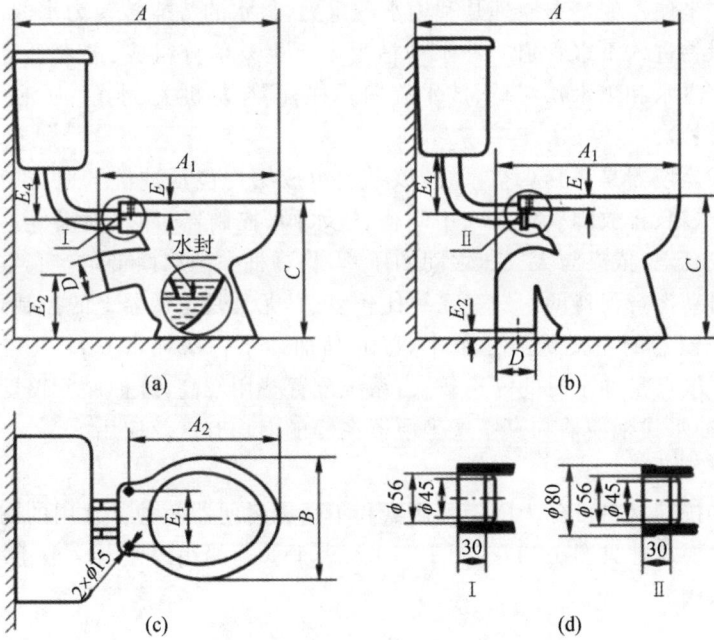

图 1-116　挂箱冲落式陶瓷坐便器

表 1-29　陶瓷坐便器形式及主要尺寸 　　　　　　　　　　　　（mm）

名称	A	A_1	A_2	B	C	D	E	E_1	E_2 S型	E_2 P型	E_3	E_4	水封
坐箱虹吸式坐便器	720	670	430	350	340 360 390	$\phi85$	≤45	145~165	250 370 430	85	300 420 480		≥50
挂箱虹吸式坐便器	740 760 780	460 480	430	350	340 360 390	$\phi85$	≤45	145~165	100 175	85	370 445	200	≥50
挂箱冲落式坐便器	740 760	520	430	350	340 360 390	$\phi90$ $\phi110$	≤45	145~165	20	190		200	≥50

坐便器按照抽排方式可分为冲水式坐便器和真空式坐便器。冲水式坐便器又可分为直冲式、漩涡式虹吸和喷射式虹吸三种。

冲水式坐便器的基本原理是利用水的重力,将水的势能转换为水的动能,从而裹挟着排泄物进入下水管道。冲水马桶由以下主要部分组成:进水管、出水管、渗水管、水塞(进水和出水)、浮球、放水旋钮及杠杆、补水机关、水箱、便池(便池有连通水箱的弯管)。

真空式坐便器是一套真空系统,该系统组成结构包括冲洗按钮、供水增压器、清水箱、污水箱、排放阀、喷射器、中间槽、进水阀、控制器、冲水喷嘴等。通过将整个系统造成真空,依靠与大气压之间的压差,将马桶中的东西带走。真空系统是依靠真空泵自动运行保持的。这套系统比较复杂,尤其是坐便器上的控制阀。

真空坐便器的主要优点是节水,普通马桶冲水一次耗水 6 L,真空马桶只要 0.6 L;主要缺点是冲水时的噪声较大,系统配置费用较高,维护保养较复杂。

目前,冲水式坐便器和真空式坐便器在船舶上均有广泛应用。

（3）蹲便器

蹲便器按其材料可分为陶瓷蹲便器和不锈钢蹲便器两种。常用的陶瓷蹲便器的形式及主要尺寸见图 1-117~图 1-119 及表 1-30。船用蹲便器一般不配置水箱,而采用冲水阀。

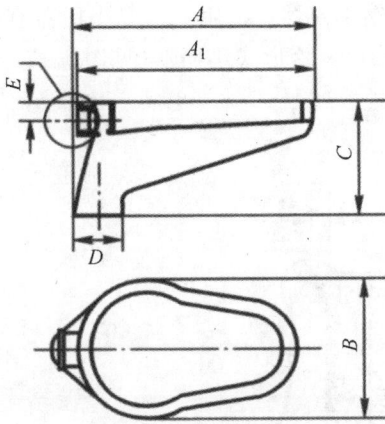

图 1-117　陶瓷蹲便器(一)

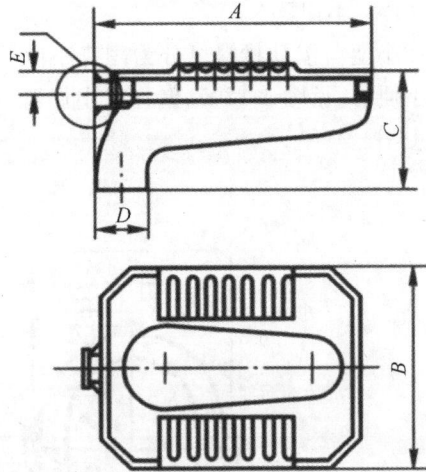

图 1-118　陶瓷蹲便器(二)

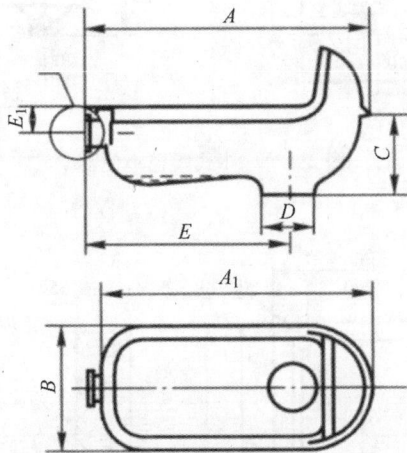

图 1-119　陶瓷蹲便器(三)

表 1-30　陶瓷蹲便器形式及主要尺寸　　　　　　　　　　　(mm)

名称	A	A₁	B	C	D	E	E₁
蹲便器(一)	550 640	540 630	320 340	275 300	φ110	45	
蹲便器(二)	600		430	285	φ110	45	
蹲便器(三)	610	590	280 260	200	φ120	430	60

（4）小便器

小便器按其材料可分为陶瓷小便器和不锈钢小便器。常用的陶瓷小便器有斗式小便器（见图 1-120）、壁挂式小便器（见图 1-121）及落地式小便器（见图 1-122 及表 1-31）。

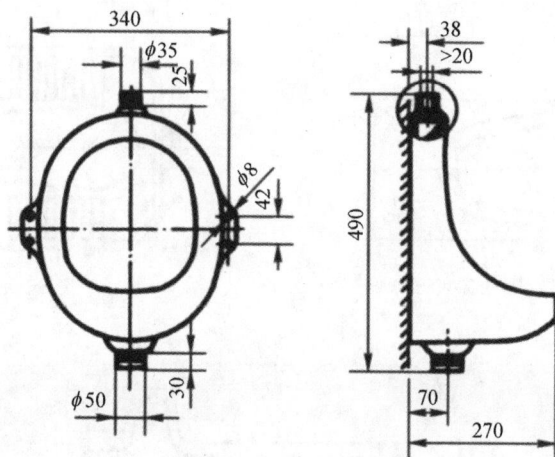

图 1-120　斗式陶瓷小便器

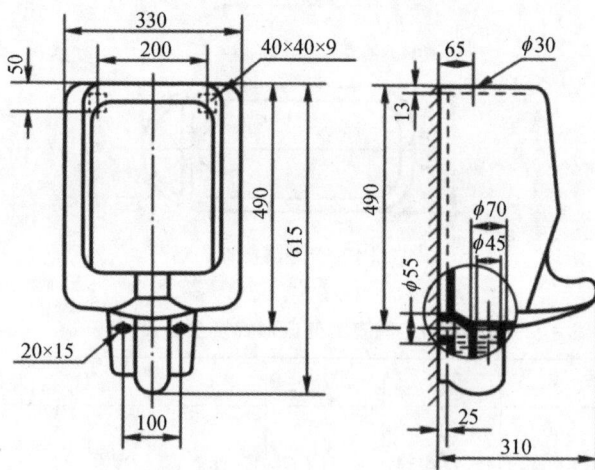

图 1-121　壁挂式陶瓷小便器

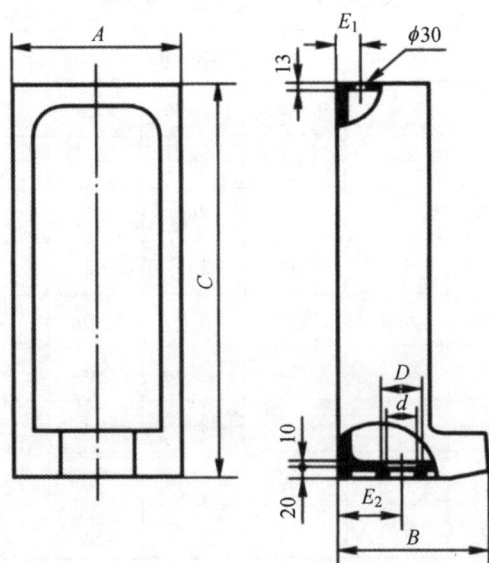

图 1-122　落地式陶瓷小便器

表 1-31　落地式陶瓷小便器主要尺寸　　　　　　　　（mm）

名称	A	B	C	D	d	E_1	E_2
落地式小便器	410 330	360 375	1 000 900	$\phi100$	$\phi70$	60	150

（5）浴缸

浴缸按其材料可分为玻璃钢浴缸、亚克力浴缸、钢板浴缸、陶瓷浴缸等。大型客船上高级客房应配置陶瓷浴缸，其他船舶的高级船员及病室一般配亚克力浴缸或玻璃钢浴缸。浴缸的形式及主要尺寸见图 1-123 及表 1-32。

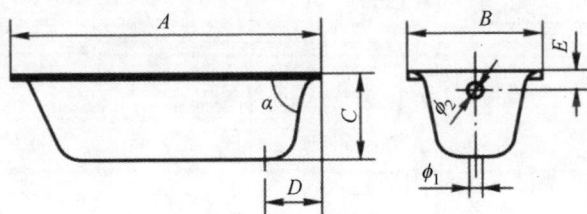

图 1-123　浴缸

表 1-32　浴缸规格及主要尺寸

规格（PH No.）	A/mm	B/mm	C/mm	D/mm	E/mm	ϕ_1/mm	ϕ_2/mm	α/(°)
PH 2351	1 300	720	340	240	70	51	46	78
PH 2352	1 680	700	348	260	65	51	46	78
PH 2353	1 400	670	348	260	65	51	46	78
PH 2354	1 250	670	348	260	65	51	46	78
PH 2355	1 860	840	417	330	80	51	46	78
PH 2356	1 680	720	415	340	80	51	46	78
PH 2357	1 525	670	420	290	80	51	46	78
PH 2358	1 400	670	420	290	80	51	46	78
PH 2359	1 250	670	420	290	80	51	46	78

（6）卫生盥洗小五金

船舶常用的卫生盥洗小五金种类很多，如镜面箱、毛巾架、毛巾钩、衣帽钩、化妆品托架、手纸盒、肥皂架、防浪扶手等。各类小五金的形式和规格也较多。船用小五金应耐腐蚀，其材料大多为铜、铝、不锈钢或塑料等。图 1-124（a）和（b）所示为两种常用的塑料镜面箱。

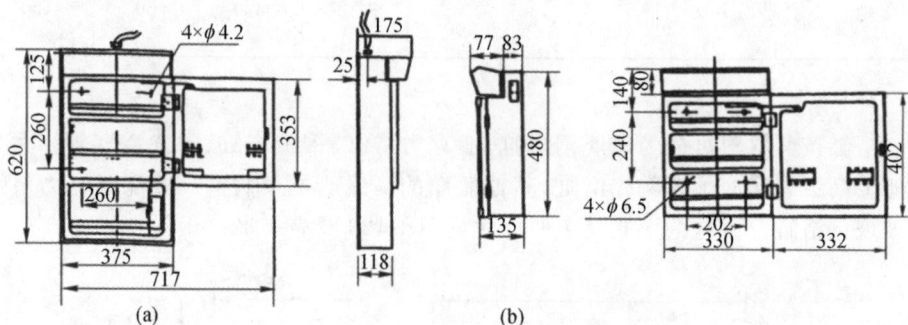

图 1-124　船用塑料镜面箱

（7）卫生和盥洗设备的使用周边尺寸

表 1-33 为常用的卫生和盥洗设备正常使用时所需要的周边尺寸。该表主要适用于吨位较大的船舶。

表 1-33　卫生和盥洗设备正常使用时所需的周边尺寸　　　　　（mm）

序号	品名	尺寸（注：X 表示产品的标准尺寸）		最适尺寸	最小尺寸
1	洗脸盆		B	715	615
			L	1 050	1 000
			H	750	—
2	洗手盆		B	515	515
			L	780	730
			H	750	—
3	抽水马桶		B	915	715
			L	1 285	1 185
4	大便池		B	915	715
			L	910	810
5	小便斗		B	665	615
			L	705	605
			H	580	—

1.4.2　船用卫生单元

卫生单元是具有全部卫生设备，可以整体安装的卫生舱室。其特点是整体性强、封闭性好、安装方便，从而有利于缩短造船周期，在现代船舶上已得到广泛使用。

卫生单元的结构由钢质框架、钢板底盘、壁板和天花板组成。壁板和天花板的常用材料有复合岩棉板、玻璃钢或厚度不小于 1.5 mm 的钢板(也有的采用不锈钢薄板),但钢板的外表面应敷设绝缘材料。卫生单元内的净高应不小于 2 050 mm。卫生单元下端四角装有可调节水平度的底脚螺栓,并与船舶的甲板焊接固定,上端四角装有可拆卸的吊环螺栓。卫生单元设有电缆、冷热进水管接口、粪便及污水排放口,同船舶相应的电缆和管路接通。

采用 SMC(sheet molding compound)高分子材料模压成型的船舶卫生单元日益在船上推广使用。SMC 材料具有强度高、质量轻、色彩华丽等特点。以 SMC 材料为主材制造的卫生单元总质量只有 300 kg 左右。这种卫生单元可以整体吊装,也可现场组装。

图 1-125 所示为船用卫生单元的基本形式。

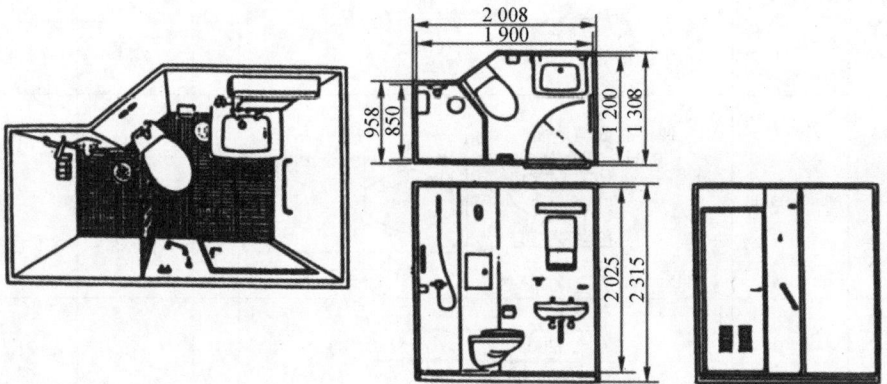

图 1-125　船用卫生单元的基本形式

常用卫生单元按其使用特征可分为两大类:浴缸型卫生单元(见图 1-126)和淋浴型卫生单元(见图 1-127)。其外形尺寸及内部布置方式可按需要定制。

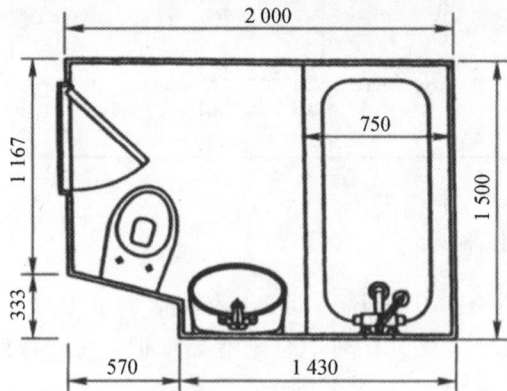

图 1-126　浴缸型卫生单元

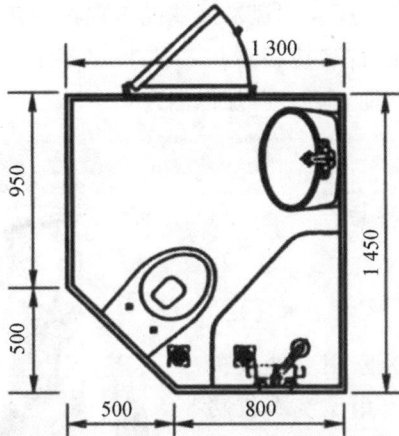

图 1-127　淋浴型卫生单元

1.4.3　船用桑拿房

　　桑拿房根据传热方式的不同可分为湿蒸房、干蒸房和干湿蒸汽房。湿蒸是利用蒸汽锅把水烧开使之产生蒸汽,再通过管道喷出,使产生的蒸汽有充沛的水分。干蒸是利用电加热设备(碳晶加热板、陶瓷加热器等)用电能直接加热后释放热量使桑拿房内温度升高,而让人排汗。干蒸的温度较湿蒸高,最高可达到 100 ℃ 左右。船用桑拿房以干蒸房为主。

　　船用桑拿房与陆用桑拿房配置基本相同,一般由房体、桑拿炉、温控器(内控炉不用)、木椅(座凳板、脚踏板、靠背板)、地台、桑拿门、防爆灯、炉围板、木桶和木勺、温度计、沙漏、桑拿石、出气口等组成。图 1-128 所示为船用桑拿房。

图 1-128　船用桑拿房

由于船舶在航行状态下会受到风浪影响而出现摇摆及倾斜等情况,因此,船用桑拿房与陆用桑拿房相比,前者应设置风暴扶手,以保证人员安全。同时,需对可移动设施(包括桑拿炉、木桶、木勺等)加以固定。

1.5 洗衣、烘衣设备

1.5.1 洗衣机

船用洗衣机一般分为家用型洗衣机和工业型洗衣机两种。家用型洗衣机功率相对较小,适合清洗轻薄衣物,一次投放衣物量较少。部分家用型洗衣机带烘干功能。工业型洗衣机相对于家用型洗衣机,具有容量大、性能可靠、去油污能力强等优点,适合清洗工作服、被单、床单等厚重衣物,效率更高。

图 1-129 所示为船用洗衣机(家用型),其规格及基本参数列于表 1-34。

图 1-129 船用洗衣机(家用型)

表 1-34 船用洗衣机(家用型)规格及基本参数

设备名称	容量/kg	功率/kW	电制/(AC)	外形尺寸 ($W \times D \times H$)/mm	质量/kg
船用洗衣机(家用型)	6	2	220 V/1/50 Hz	595×585×(850+150)	50
	8	2.1	220 V/1/50 Hz	595×565×(860+150)	80
	10	3.5	220 V/1/50 Hz	690×770×(980+150)	117

图 1-130 所示为船用洗衣机(工业型),其规格及基本参数列于表 1-35。

图 1-130　船用洗衣机(工业型)

表 1-35　船用洗衣机(工业型)规格及基本参数

设备名称	容量/ kg	功率/ kW	电制/(AC)	外形尺寸 ($W \times D \times H$)/mm	质量/ kg
船用洗衣机 (工业型)	8	7.5	380 V/3/50 Hz 440 V/3/60 Hz	720×820×(1 034+150)	199
	11	10.5	380 V/3/50 Hz 440 V/3/60 Hz	720×933×(1 034+150)	207
	14	11	380 V/3/50 Hz 440 V/3/60 Hz	880×910×(1 236+150)	296
	18	14	380 V/3/50 Hz 440 V/3/60 Hz	880×966×(1 236+150)	307
	23	17	380 V/3/50 Hz 440 V/3/60 Hz	880×1 056×(1 236+150)	318
	30	27	380 V/3/50 Hz 440 V/3/60 Hz	1 098×946×(1 433+150)	480

1.5.2 烘衣机

船用烘衣机一般分为家用型烘衣机和工业型烘衣机两种。家用型烘衣机容量较小,相对工业型耗能少,不需要连接排风口,安装方便。工业型烘衣机相对于家用型,具有容量大、设备性能稳定可靠等优点,适合与工业型洗衣机搭配使用,工作效率高。

（1）船用烘衣机（家用型）

图 1-131 所示为船用烘衣机（家用型）,其规格及基本参数列于表 1-36。

图 1-131　船用烘衣机（家用型）

表 1-36　船用烘衣机（家用型）规格及基本参数

设备名称	容量/kg	功率/kW	电制/(AC)	外形尺寸 $(W \times D \times H)$/mm	质量/kg
	6	1.85	220 V/1/50 Hz	600×560×(860+150)	50
船用烘衣机	8	2.45	220 V/1/50 Hz	600×670×(880+150)	55
	10	5.4	220 V/1/50 Hz	690×760×(980+150)	90

（2）船用烘衣机（工业型）

图 1-132 所示为船用烘衣机（工业型）,其规格及基本参数列于表 1-37。

图 1-132　船用烘衣机（工业型）

表 1-37　船用烘衣机（工业型）规格及基本参数

设备名称	容量/kg	功率/kW	电制/（AC）	外形尺寸 （$W \times D \times H$）/mm	质量/kg
船用烘衣机 （工业型）	10	18.7	380 V/3/50 Hz 440 V/3/60 Hz	791×707×1 804	203
	14	18.7	380 V/3/50 Hz 440 V/3/60 Hz	791×874×1 804	217
	18	24.7	380 V/3/50 Hz 440 V/3/60 Hz	791×1 051×1 804	233
	23	25.1	380 V/3/50 Hz 440 V/3/60 Hz	1 022×918×1 932	286
	34	37.1	380 V/3/50 Hz 440 V/3/60 Hz	1 022×1 188×1 932	323

除上述独立洗衣机和烘衣机外，为了节省船上空间，小型洗衣机和烘衣机可叠放布置，或采用洗衣烘衣一体机。当洗衣机和烘衣机叠放时，需使用安全支架或安全底座将设备与船体牢固连接。图 1-133 所示为船用洗衣烘衣一体机。

图 1-133　船用洗衣烘衣一体机

1.5.3 脱水机

脱水机(见图 1-134 及表 1-38)适用于手洗衣物的脱水作业,具有体积小、操作简单、使用方便等特点。

图 1-134 船用脱水机

表 1-38 船用脱水机规格及基本参数

设备名称	容量/kg	功率/kW	电制/(AC)	外形尺寸 $(W \times D \times H)$/mm	质量/kg
船用脱水机	6	0.2	220 V/1/50 Hz 220 V/1/60 Hz	410×400×700	20
	7.5	0.33	380 V/3/50 Hz 440 V/3/60 Hz	515×660×920	85

1.5.4 滚烫机

滚烫机是用于床单、桌布、窗帘等纺织品的整平熨烫设备。滚烫机可根据不同织物和织物厚度的需要,选择合适的熨烫速度,并具有全自动、效率高、体积小、外形美观等特点。图 1-135 所示为船用滚烫机,其规格及基本参数列于表 1-39。

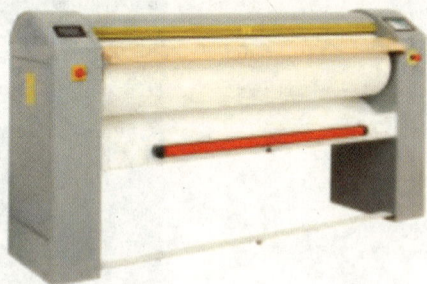

图 1-135 船用滚烫机

表 1-39 船用滚烫机规格及基本参数

设备名称	容量/mm	功率/kW	电制/(AC)	外形尺寸 (W×D×H)/mm	质量/kg
船用滚烫机	φ250×1 000	4.9	380 V/3/50 Hz 440 V/3/60 Hz	1 513×719×1 087	159
	φ250×1 250	5.8	380 V/3/50 Hz 440 V/3/60 Hz	1 763×719×1 087	174
	φ250×1 500	8.1	380 V/3/50 Hz 440 V/3/60 Hz	2 013×719×1 087	198

1.5.5 蒸汽熨烫台、折叠式熨衣板和熨斗

船上常用的蒸汽熨烫设备包括蒸汽熨烫台、人像熨烫机、折叠式熨衣板、电熨斗等。图 1-136 所示为蒸汽熨烫台,图 1-137 所示为人像熨烫机,图 1-138 所示为折叠式熨衣板,图 1-139 所示为电熨斗。

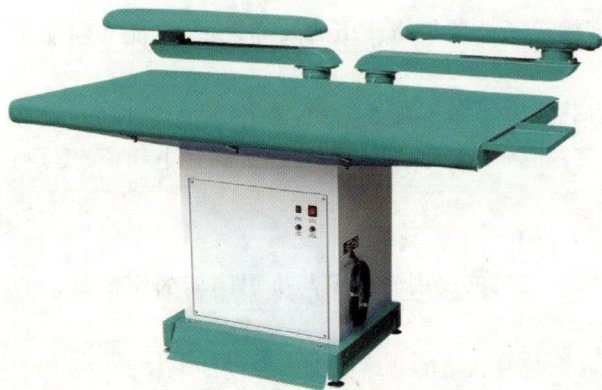

图 1-136 蒸汽熨烫台

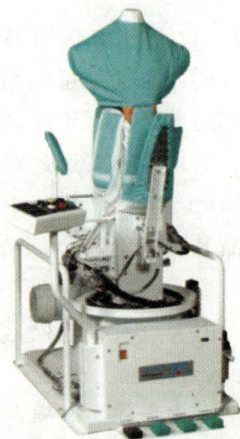

图 1-137 人像熨烫机

图 1-138　折叠式熨衣板

图 1-139　电熨斗

1.6　船用电梯

1.6.1　船用电梯的一般概念

（1）船用电梯的类型

船用电梯是指船舶舱室内供运送人员和货物使用的升降设备，它能在船舶正常营运的工况下工作，升降速度一般不超过 1 m/s。

船用电梯按运送对象可分为载人电梯和不载人电梯：前者有船员电梯和乘客电梯（Ⅰ类），客、货两用电梯（Ⅱ类）和医用电梯（Ⅲ类）；后者有载货电梯（Ⅳ类）和食品升降机（Ⅴ类）。

船用电梯按驱动方式主要分为以下类型：

电力曳引式电梯，系指提升绳靠主机的曳引轮绳槽与曳引绳间的摩擦驱动的电梯。

电力强制式电梯，系指用链或钢丝绳悬吊的非摩擦方式驱动的电梯。

液压驱动式电梯，系指通过液压动力源，使油缸柱塞做直线运动，直接或间接地驱动轿厢运动的电梯。驱动部分有液压泵站、液压油缸等装置。

齿轮齿条式电梯，系指通过齿轮齿条的啮合运行的电梯。驱动部分有齿轮轴系等装置。

其他驱动方式包括气压式、螺杆式等。

由于电力曳引式和电力强制式是最常见的驱动方式，应用范围最广泛，故本书重点介绍这两种驱动方式。

目前,在客滚船、大型矿砂船、成品油船、集装箱船、豪华邮轮、海洋工程船、大型公务船、科考船以及海洋石油钻井和生产平台上都会配置船用电梯,既可方便人员和物资的输送,也可降低船员的劳动强度,从而提升船舶的整体水平。

(2) 船用电梯的工作环境

按中国海事局颁发的法规,中国的船舶按航行水域主要分为内河船舶(内河包括江、河、湖泊)、国内航行海船(航区包括沿海、近海、远海)和国际航行海船。此外,对极地航行船舶另有一些要求。经归纳总结,船用电梯要在下列环境条件下具备正常的性能。

船舶的海况条件

a. 环境温度: $-10 \sim 45$ ℃;

b. 空气相对湿度:95%并有凝露;

c. 周围介质中有盐雾:主要表面不出现白色或黑色腐蚀物;

d. 周围介质中有霉菌:少量长霉,长霉等级不超过 2 级。

船舶的运行工况

a. 船舶航行所产生的振动频率不大于 25 Hz,全幅值 2 mm;

b. 船舶横摇 $\pm 10°$ 以内,周期 10 s;纵摇 $\pm 7.5°$ 以内,周期 7 s(参考 CB/T 3567—2011《船用乘客电梯》);

c. 垂荡:周期 10 s,幅值 $A = 0.012 5L$(m),式中 L 为船长(m);

d. 电气设备和电梯整机在船舶横摇不大于 $\pm 30°$、周期 10 s,纵摇不大于 $\pm 10°$、周期 7 s 时,不应损坏(参考 CB/T 3567—2011《船用乘客电梯》)。

(3) 船用电梯的特点

船用电梯要适应恶劣的海洋环境条件及船舶运行工况,要求有很高的可靠性。为此,船用电梯必须满足相关的船舶规范和规则(如船级社规范、主管机构法规、SOLAS 公约等)的要求,因此船用电梯与陆上电梯有很大的差别。

船用电梯主要有以下特点:

①电梯各部件可靠性要求高。电气元件及其材料应满足温度、湿度、盐雾等环境条件的要求,防腐、防锈、无有害物质、无石棉。电气设备应根据所在舱室区域不同满足相应防护等级,在防爆区域的电梯整机或部件需满足相应等级的防爆要求。设备绝缘等级要求高,电控系统满足耐高压要求,需通过耐电压试验。电梯的设备与船上其他电气设备之间的电磁波不能互相干扰,要求电磁兼容性好。电气部件接线要求牢靠,进出线多用填料函紧固。电控箱体与船体安装面间需配隔振器,减小电控箱体受船舶振动和冲击的影响。

②电梯各部件的焊接和组装要求牢靠,机械部件的连接和紧固需考虑抗振的

防松措施。

③甲板间层高低,电梯安装空间小,顶层和底坑空间往往不足。电梯机房小,设备空间布置有难度。

④电梯井道层门根据所在区域不同需满足相应防火等级要求。

⑤电梯梯井照明应安装船用灯具,具备正常照明、应急照明功能。

⑥船员电梯轿厢内外应有顺畅、安全的供被困人员逃生的路径。

⑦电梯随行电缆、限速器钢丝绳应采取防止其摆动的保护措施。

⑧具有超摇摆保护功能,各船级社对船的摇摆角度有特定要求,当横向或纵向摇摆角度超过预设值时,超摇摆保护装置应向电梯系统发出报警信号提醒,并执行预设指令,直至超摇摆信号解除后恢复服务。

⑨接通船舶火灾报警、通用故障报警等信号的电梯,接收到船上报警信号后能执行预设指令,直达目的层站后再停止服务。

（4）名词和术语

本节中出现的名词和术语的解释如下:

轿厢:电梯中用以运载乘客或其他载荷的箱形装置。

轿门:设置在轿厢入口的门。

层门:亦称"厅门",设置在层站入口的门。

门锁装置:一种机电连锁安全装置,在轿门与层门关闭后锁紧,同时接通控制回路后,轿厢方可运行。

轿厢紧急出口:在轿厢顶部可向外开启的应急出口,供安装、检修人员使用以及发生突发事件时帮助乘客撤离或船员自救逃生。紧急出口装有安全开关,一旦打开出口即可断开安全回路,防止电梯运行。

对重装置:由曳引绳经导向轮、曳引轮后与轿厢连接,是电梯曳引系统的一个组成部分,作用在于减小曳引电动机的功率和曳引轮、蜗轮上的力矩。

限速器:当电梯的运行速度超过额定速度一定值时,其动作能切断安全回路或进一步导致安全钳或上行超速保护装置起作用,使电梯减速直到停止的自动安全装置。

安全钳:一种电梯安全保护装置,在电梯速度超过电梯限速器设定的限制速度,或在悬挂绳发生断裂和松弛的情况下,可在限速器的操纵下,使轿厢紧急制动,并夹持在导轨上。

集选控制:将层站召唤盒发出的外召信号与轿内操纵盘发出的内指令信号集合起来并记忆,且与减速信号、平层信号、专用信号、安全信号加以综合分析后,进行有选择的应答。

层站召唤按钮:召唤按钮盒设置在层站门的一侧,召唤按钮有"上行"和"下行"

两种方向,可召唤轿厢停靠被呼叫层站。

　　层站指令按钮:指令按钮盒设置在层站门的一侧,指令按钮控制轿厢运行停靠至按钮对应的指定层站待命。

　　轿厢内选层按钮:布置在轿厢(内)的操纵盘上,操纵轿厢在选定层站停靠并开门放客。

　　操纵盘:靠近轿厢(内)门的一侧布置,面板上布置有选层按钮、功能开关、求救呼叫按钮的电气装置,用于操纵电梯运行。

　　盘车操作:手动操作主机制动器松闸,同时转动专用手轮,使曳引轮慢速转动继而带动负载的操作。

　　曳引机:包括电动机、制动器和曳引轮在内的依靠曳引绳与曳引轮绳槽摩擦力驱动或停止电梯的装置。

　　曳引轮:曳引机上的驱动轮。

　　应急停靠装置:当在运行的电梯突然遇到供电系统故障(停电、缺相、火灾),该装置将自动切换投入工作,接管电梯全部控制权,输出电梯所需电能,将电梯运行至平层位置,打开轿门安全撤离人员。

　　超速保护装置:电梯运行速度超过限定值时,能使电梯停止运行的装置。

　　电缆保护装置:限制轿厢随行电缆的运行区域,防止它与围井内其他部件干涉(详见 1.6.4 节)。

　　超载保护装置:轿厢承载超过额定载荷时,能向系统反馈报警信号的装置。

　　电力曳引式:曳引机驱动的电梯,靠摩擦力驱动轿厢和对重运行。

　　电力强制式:用链或钢丝绳悬吊的非摩擦方式(如卷筒缠绕钢丝绳、链轮缠绕链条)驱动的电梯。

　　超摇摆保护装置:当横向或纵向摇摆角度超过预设值时,可向电梯系统发出报警信号提醒的装置。

　　检修保护装置:电梯检修状态下,可提供人员安全操作所需空间的保护装置。

　　松绳保护装置:强制式驱动的电梯或升降机的牵引绳出现松绳时,该保护装置能立即切断控制电路并使电梯制动器制动。

　　曳引比:即绕绳比,悬吊轿厢的钢丝绳根数与曳引轮轿厢侧连接钢丝绳根数之比,也等于曳引轮的圆周速度(钢丝绳线速度)与轿厢速度之比。

　　底部悬挂式:钢丝绳穿经轿厢架底部动滑轮悬吊轿厢的布置形式,动滑轮固定在轿厢架底部。

　　围井:船用电梯运行所在的封闭井道空间。

　　机房:安装一台或多台电梯驱动主机及其附属设备的专用房间。

　　顶层高度:顶层端站地坎上平面到井道顶层甲板(不包括任何超过轿厢轮廓线

的滑轮)之间的垂直距离。

底坑深度:底层端站地坎上平面到井道底面甲板之间的垂直距离。

逃生梯:固定铺设在围井内供人员使用,长度自底坑贯通至围井顶部的逃生口,便于人员从层门或逃生口撤离围井。

平层:在平层区域内,使轿厢地坎平面与层门地坎平面达到同一平面的运动。

开锁区域(门区):层门地坎平面上下延伸的一段区域。当轿厢停靠该层站,轿厢地坎平面在此区域时,轿门、层门可联动开启。

平层区域:轿厢停靠站上方和(或)下方的一段有限区域。在此区域内可以用平层装置来使轿厢运行达到平层精度的要求。

1.6.2 载人电梯的形式和基本特征

(1)载人电梯的形式和基本要求

① 船员电梯和乘客电梯可以归为一类(Ⅰ类),为船上垂直运送船员或乘客,也可附带一定量随身物品的电梯,应符合下列条件:

a.动力为电力或液压;

b.轿厢为封闭式,永久地安装于船上;

c.由钢索悬吊;

d.在牢固的导轨架间运行于各层甲板间;

e.载运人员或人员与一定量随身物品;

f.额定升降速度不超过 1 m/s。

该类电梯一般采用变频调速、集选控制,其轿厢面积和载重量应根据额定乘员数量确定,通常按 82.5 kg/人(SOLAS 公约规定的人均体重标准)计算。

该类电梯对安全性要求最高,轿厢和对重应各装一套安全钳,在下行时达到限速器动作速度时,安全钳能夹紧导轨使轿厢和对重制动并保持静止状态。

该类电梯操纵方式为轿内指令按钮和轿外召唤按钮操纵,电梯轿厢设置报警按钮,一旦发生紧急情况,乘客可按轿内报警按钮,向船舶监控室或驾驶室发出声光报警信号。该类电梯要求轿厢和外部的通信保持畅通,除轿内报警按钮外,轿厢内配备船用广播扬声器、自动电话或对讲机终端。

该类电梯轿厢、围井、机房应配置由应急电源供电的应急照明。此外,轿厢还应配置由可充电电池供电的应急照明,这个应急照明在正常照明和应急照明电源失效后工作,可提供 1 h 以上的应急照明,以确保电梯意外断电时,轿厢照明可以延续。

由于需要考虑停电或设备故障,船员电梯和乘客电梯均需配备人员的应急脱险设施,但两者的设计要求略有不同。

　　船员电梯主要考虑人员自救脱险,围井围壁上设置逃生梯至逃生口。逃生口盖在围井内,不用钥匙即可打开。如从围井外打开逃生口盖,只能使用专用钥匙。钥匙一般存放在逃生口旁的钥匙盒内。

　　乘客电梯主要依靠来自外部的救援,通过对曳引机进行盘车操作,使轿厢停靠到就近层站,从井道外面打开层门进行施救。其应急脱险设施的设计主要倾向于由位于井道外的人员提供营救。围井内不设固定直梯,仅需备有适当的可移动的扶梯,以便从层门到达轿厢的厢顶,用同样的措施或其他措施,从轿厢顶上的应急开口进到轿厢内。这些扶梯保存在专职人员能进入的舱室内。

　　上述两种电梯的轿厢顶均应设有轿厢紧急出口并在轿厢内备有能到达轿厢紧急出口的设施。但如电梯仅供乘客使用,轿厢紧急出口上装设只能从轿厢外开启的机械锁。如电梯兼供船员使用,则轿厢紧急出口上装设的机械锁应从轿厢的内外均可开启。

　　旅游邮船上船用电梯数量较多,大型邮船还会设有多台观光电梯。这些乘客电梯除了满足船用电梯的基本功能要求外,往往还需要装潢豪华美观,并与船上整体装潢风格一致。

　　② 客货两用电梯(Ⅱ类)不仅用于运送货物,也可运送人员,应兼顾船员电梯和载货电梯的要求。轿厢面积可以容纳相应的人员,其操纵方式与船员电梯相同,为轿厢内指令按钮和轿厢外召唤按钮操纵。轿厢内地板通常采用花纹不锈钢板(比 PVC(聚氯乙烯)材质更耐磨),轿厢内设有操纵盘、逃生梯、扶手、对讲机、扬声器、风扇等载人电梯的标准配备。此外考虑载货的需要,轿厢壁板刚度会相应加强或增加踢脚板等防碰撞保护设施。客货两用电梯安全性参照船员电梯。

　　③ 医用电梯(Ⅲ类)运送的对象具有特殊性,如病床、担架、医疗器械、伤员等。因此,该类电梯轿厢面积相对较大,深度方向至少达到 2 200 mm,开门宽度至少达到 900 mm,额定载重量在 1 000 kg 以上,方能容纳和进出担架及病床。轿厢内会设置相应的担架或病床的系留设施,使担架或病床与轿厢保持相对固定的位置,避免由于船舶运动导致担架或病床位移而使伤员受到伤害。当电梯停电时,在伤员不便从轿厢顶的轿厢紧急出口离开轿厢的情况下,为了更快解救被困人员,要求船上主电源和备用电源之间能自动平滑切换,避免由于停电造成电梯关机。另外,有些医用电梯已配置应急停靠装置,在意外断电的情况下,该装置可以迅速介入,继续驱动电梯慢速运行至指定楼层,并完成开门放客。

　　(2) 载人电梯的构造和组成

　　电梯的驱动方式有电力曳引式(靠曳引机的曳引轮绳槽与钢丝绳间的摩擦力驱动)和电力强制式(用链或钢丝绳悬吊的非摩擦方式驱动)。

电力曳引式驱动的电梯,主要由曳引装置、导向轮装置、对重装置、轿厢装置、超速保护装置(含限速器、张紧装置)、钢丝绳及绳头组件、电缆保护装置、导轨装置(含井道信息系统、行程开关)、缓冲器装置、超载保护装置、超摇摆保护装置、检修保护装置(按需设置)、层门装置以及电气设备(电控箱、接线箱、检修箱、召唤盒、轿厢内操纵盘)等组成,如图1-140所示。

电力强制式驱动的电梯,主要由牵引装置、松绳保护装置、平层锁定装置、导向轮装置、轿厢装置、超速保护装置(含限速器、张紧装置)、钢丝绳及绳头组件、电缆保护装置、导轨装置(含井道信息系统、行程开关)、缓冲器装置、超载保护装置、超摇摆保护装置、检修保护装置(按需设置)、层门装置以及电气设备(电控箱、接线箱、检修箱、召唤盒、轿厢内操纵盘)等组成。

对比两种驱动方式可见,电梯的基本组成相似,主要区别在于动力驱动部分的工作原理不同导致设计的差异。如曳引式驱动依靠曳引机与钢丝绳的摩擦力驱动系统运行,故电梯有平衡对重;而强制式驱动的电梯由牵引装置强制驱动,故没有平衡对重。

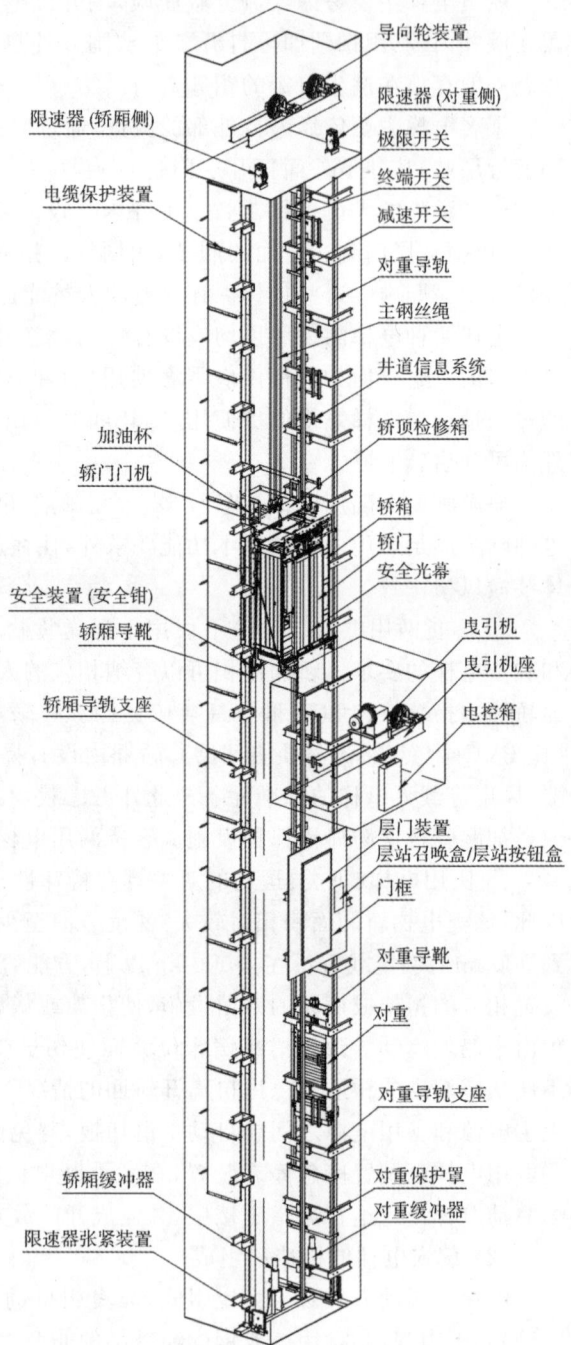

图1-140 电力曳引式驱动电梯的组成

（3）载人电梯的功能

各类船用电梯的主要功能包括操作使用功能（操纵方式、控制方式、专用等）、运行安全功能、检修功能、显示功能、报警功能、通信功能、照明和通风功能等。在陆用电梯功能的基础上，船用载人电梯设有一些特殊功能，现以较为典型的医用电梯（Ⅲ类）为例，列于表1-40。

表 1-40　医用电梯的特殊功能

序号	功能类别	电梯功能	医用电梯特殊功能介绍
1	操作使用功能	专用操作	电梯管理人员或高级船员需独自使用电梯时，可切换电梯工作模式为专用。此时电梯只响应轿厢内指令，不响应任何召唤盒指令，直到解除专用模式
2		通信功能	轿厢内自动电话连接船上程控电话系统，通过拨号可与全船其他舱室通话联系
3		扬声器功能	轿厢内扬声器接入全船广播系统，音量可调节
4		系留功能	针对医用电梯配备系留装置，实现输送过程中对输送对象（担架、病床）的系固
5	运行安全功能	逃生保护功能	电梯遇故障，船员被困轿厢内时，船员可通过轿厢紧急出口撤离轿厢。当轿厢紧急出口打开时，安全回路切断，电梯不能运行，井道内照明灯亮起
6		超摇摆保护功能	横摇或纵摇超过限定值时，电梯就近停站后开门，保持停用状态。超摇摆状态解除后再无超摇摆信号输入，电梯随即恢复正常使用状态
7		应急停靠功能	当运行中的电梯遇到供电系统故障（停电、缺相）时，应急停靠装置将自动切换投入工作，驱动电梯运行至平层位置并打开轿门和层门
8		检修保护功能	当围井底坑或围井顶层不能提供检修人员所需安全操作空间时，应配备保护装置，为检修人员提供必需的安全空间

表 1-40 （续）

序号	功能类别	电梯功能	医用电梯特殊功能介绍
9	报警功能	电梯报警功能	电梯故障报警信号接入船舶中央控制系统
10		轿厢报警功能	人员被困时，按轿厢内报警按钮，可以触发机舱或驾驶室的声光报警信号，便于提醒外部采取营救措施
11		火灾报警功能	船舶发生火灾时，船舶报警系统输入火警信号到电梯控制器，电梯运行至救生甲板开门放客后再关门停用
12	照明功能	轿厢内正常照明	轿厢内配置照明蓬顶灯，由船上照明电源供电
13		轿厢内应急照明	轿厢内配置应急照明灯，由船上应急电源供电。正常照明电源断电后，应急照明灯自动点亮。轿厢内配置由蓄电池供电的应急照明灯，当正常照明及应急照明电源均断电后自动亮起
14		井道照明	井道内顶部、底部和每层甲板均配置井道照明灯，由正常照明电源供电
15		井道应急照明	井道内顶部、底部和每层甲板均配置井道应急照明灯，由应急照明电源供电

（4）载人电梯主要参数及尺寸

船员电梯和乘客电梯（Ⅰ类）、客货两用电梯（Ⅱ类）、医用电梯（Ⅲ类）等电梯的主要参数及围井、轿厢、机房的主要尺寸见表 1-41。该表参考现行标准 CB/T 3567—2011《船用乘客电梯》，并结合各船级社规范和实船项目数据后编制。

表 1-41 Ⅰ、Ⅱ和Ⅲ类电梯的主要参数及尺寸

项目	参数或尺寸						
额定载重量/kg	350	500	675	800	1 000	1 200	1 600
可乘人数/人	4	6	8	9	12	14	19
额定速度 V/(m/s)	0.5,0.63,0.75,1.0						

表 1-41　（续）

项目		参数或尺寸						
轿厢	宽度 B_0/mm	950	1 100	1 200	1 350	1 400	1 400	1 400
	深度 L_0/mm	1 000	1 300	1 400	1 400	1 600	2 000	2 400
	高度 H_0/mm	2 000,2 100,2 200						
	最大有效面积/m^2	1.03	1.4	1.75	2	2.4	2.8	3.56
围井通道①	A	宽度 B_1/mm	2 000	2 100	2 100	2 400	2 400	2 500	2 500
		深度 L_1/mm	1 600	1 900	2 000	2 000	2 200	2 600	3 000
	B	宽度 B_1/mm	2 000	2 100	2 100	2 400	2 400	2 500	2 500
		深度 L_1/mm	2 000	2 000	2 200	2 200	2 400	2 800	3 200
	C	宽度 B_1/mm	1 800	2 000	2 000	2 200	2 200	2 200	2 200
		深度 L_1/mm	2 100	2 300	2 400	2 400	2 600	3 000	3 300
轿门和层门	宽度 B_2/mm	700	800	800	900	900	900	900
	高度 H_2/mm	1 900,2 000,2 100						
	形式	中分门、旁开门、铰链门（仅用于手动层门）						
底坑深度 P/mm		1 400（曳引比 2∶1,底部悬挂式,1 700）			1 600（曳引比 2∶1,底部悬挂式,1 900）			
顶层高度 Q②/mm		顶机房为 3 800,机房旁置且强制式驱动 4 200,机房旁置且曳引式驱动 4 400						
机房③	面积 S/m^2	5.0						
	宽度 R/mm	2 500（门宽 800）						
	深度 T/mm	2 000						
	高度 H_1/mm	2 500（门高≥1 800）						

注：①围井通道的宽度和深度为甲板通孔尺寸,即不包含围井内加强构件尺寸。
　　②顶层高度不包含围井顶甲板下的加强构件尺寸。
　　③R 和 T 为最小尺寸,实际尺寸根据电梯布置形式确定。
　　④医用电梯（Ⅲ类）额定载重量 1 000 kg 及以上,轿厢宽度、深度尺寸较特殊。轿厢深度应达到 2 200 mm,开门宽度应达到 900 mm。轿厢宽度尺寸根据轿厢深度调整,以满足最大有效面积不超出表 1-41 的限制。

根据轿厢形式和围井内设备布置的不同,围井分为 A、B、C 型（摘录自 CB/T 3567—2011《船用乘客电梯》）。

A 型围井:轿厢为单侧开门,轿厢含 1 套轿门,轿门为中分或旁开式,对重在侧面,见图 1-141~图 1-144。

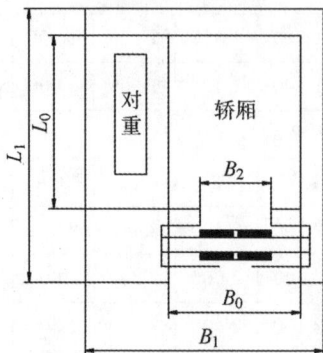

图 1-141　中分对重在左侧(A 型围井)

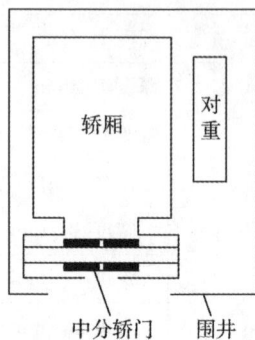

图 1-142　中分对重在右侧(A 型围井)

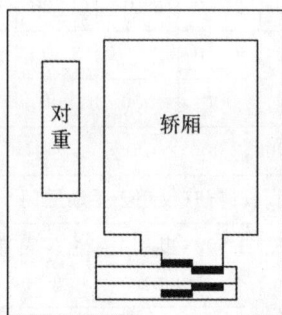

图 1-143　旁开对重在左侧(A 型围井)

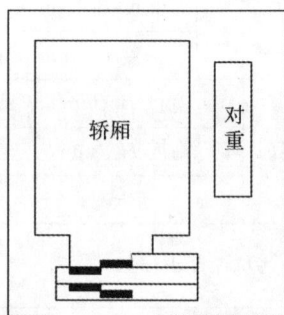

图 1-144　旁开对重在右侧(A 型围井)

B 型围井:轿厢为对穿双侧开门,轿厢含 2 套轿门,轿门为中分式或旁开式,对重在侧面,见图 1-145~图 1-148。

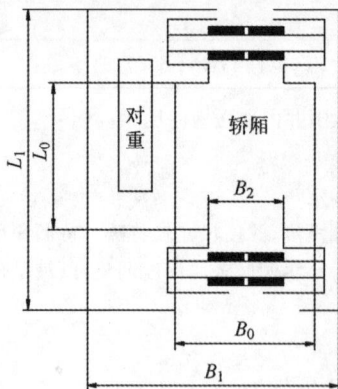

图 1-145　中分对重在左侧(B 型围井)

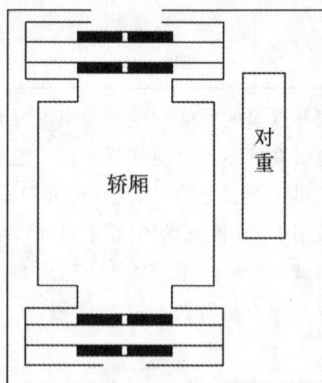

图 1-146　中分对重在右侧(B 型围井)

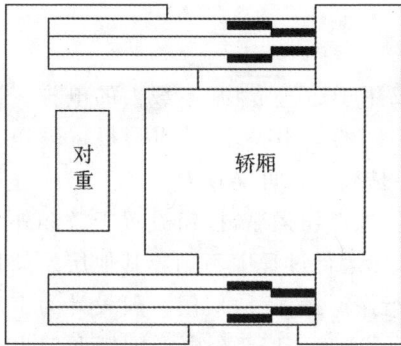

图 1-147　旁开对重在左侧（B 型围井）

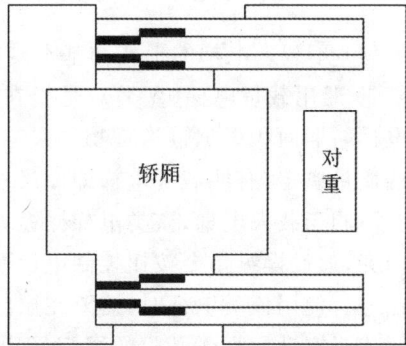

图 1-148　旁开对重在右侧（B 型围井）

　　C 型围井：轿厢为单侧开门，轿厢含 1 套轿门，轿门为中分式或旁开式，对重在后侧，见图 1-149 和图 1-150。

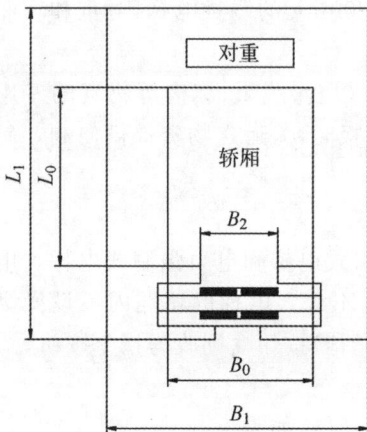

图 1-149　中分对重在后侧

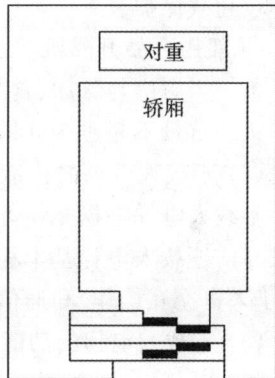

图 1-150　旁开对重在后侧

　　机房分为 S、P、H 和 W 型（摘录自 CB/T 3567—2011《船用乘客电梯》）。

　　S 型机房：机房在围井上方。

　　P 型机房：机房在围井左侧或右侧。

　　H 型机房：机房在围井后侧。

　　W 型机房：无专用机房，驱动装置安装在围井内。

1.6.3　不载人电梯的形式和基本特征

（1）不载人电梯的形式和基本要求

① 船用载货电梯（Ⅳ类），是指在船舶上仅用于运送货物，不载人的电梯。该类电梯轿厢面积根据输送货物的尺寸和井道空间的大小决定，载重量根据输送货物的质量决定，有些载货电梯即使尺寸偏小，但是载重量可能较大。

不同于载人电梯，该类电梯操纵方式为轿厢外按钮操纵，按钮设置于轿厢外面层门旁，通过操纵指令按钮控制电梯运行，电梯在运行过程中不响应其他层站的指令信号。使用该类电梯时，需要在层门区域进行搬运操作，故层门一般设计为手动关门或对有动力操作开门的层门必须操作关门按钮关门，部分电梯的轿厢门也会设计为需要手动打开或关闭的形式，但无论哪种设计，层门都会配置能检测其开闭状态的电气连锁功能，只要任意层门没关闭到位，电梯就无法启动运行。

该类电梯轿厢高度通常限制人员进入，轿厢地板通常采用花纹不锈钢板，轿厢壁板刚度相对较强，轿厢内也会设置防碰撞的保护措施。

该类电梯的设计安全性要求比载人电梯低。额定载重量小于 500 kg 的载货电梯，对重可不设限速器和安全钳；载重量小于 300 kg 的载货电梯，对重和轿厢均可不设超载保护装置。

② 船用食品升降机（Ⅴ类），系指升降饭菜、粮食、蔬果、冻肉等物资的专用升降设备。当厨房与餐厅、食品冷库不在同一层甲板时，为运送物资提供便利。厨房升降机载重量不超过 500 kg。

（2）不载人电梯的构造和组成

不载人电梯根据驱动方式不同分为电力曳引式电梯和电力强制式电梯。电梯组成与前述载人电梯基本相同，最显著的区别是不载人电梯的轿厢内不设操纵盘（用于人机交互操作）和通信设备，而层站位置的召唤按钮盒则改为指令按钮盒。

（3）不载人电梯的功能

相比陆用电梯，船用载货电梯设有一些特殊功能，如表 1-42 所示。

表 1-42　船用载货电梯特殊功能表

序号	功能类别	电梯功能	载货电梯特殊功能介绍
1	操作使用功能	自动再平层功能	轿厢负载变化后引起钢丝绳伸缩，使已平层的电梯发生平层误差，此时电梯能在开门情况下，自动微调，使轿门和层门再次齐平

表 1-42　（续）

序号	功能类别	电梯功能	载货电梯特殊功能介绍
2	运行安全功能	超摇摆保护功能	运输任务中,载货电梯遇船舶超摇摆,电梯随即报警并运行至指定层站,出货后关门停止运行。待超摇摆信号解除后,电梯自动恢复正常使用

（4）不载人电梯主要参数及尺寸

① 载货电梯（Ⅳ类）。Ⅳ类电梯的主要参数及围井、轿厢、机房的主要尺寸见表 1-43。该表内容取自 CB/T 3878—2011《船用载货电梯》,并结合各船级社规范和实船项目数据后编制。其中轿厢形式、围井内设备布置、机房形式与前述Ⅰ、Ⅱ和Ⅲ类电梯相同。需要注意的是轿门和层门的形式更多,如可为开启式栅栏门,封闭式中分门、旁开门、直分门、铰链门等。其中,栅栏门、直分门、铰链门均为手动门（铰链门仅用于层门,栅栏门、直分门用于轿门和层门）,中分门、旁开门为电动或手动（用于轿门和层门）。关于底坑深度和顶层高度的要求详见表 1-43 及表中附注④和⑤的说明。

表 1-43　Ⅳ类电梯的主要参数及尺寸

项目			参数或尺寸						
额定载重量/kg			100	200	300	500	800	1 000	1 600
额定速度 V/(m/s)			0.4,0.5,0.63,1.0						
轿厢	宽度 B_0/mm		700	800	900	1 100	1 300	1 300	1 500
	深度 L_0/mm		700	800	900	1 100	1 500	1 750	2 250
	高度 H_0/mm		800	1 200	1 400	1 600	2 000	2 000	2 000
	最大有效面积/m²		0.50	0.70	0.90	1.40	2.0	2.40	3.56
围井通道①	A	宽度 B_1/mm	1 400	1 500	2 000	2 400	2 400	2 400	2 600
		深度 L_1/mm	900	1 000	1 300	1 450	2 050	2 300	2 800
	B	宽度 B_1/mm	1 400	1 500	1 800	2 000	2 400	2 400	2 600
		深度 L_1/mm	1 000	1 100	1 300	1 600	2 250	2 500	3 000
	C	宽度 B_1/mm	1 200	1 300	1 600	1 900	2 200	2 200	2 400
		深度 L_1/mm	1 100	1 200	1 900	2 200	2 450	2 700	3 100

表 1-43 （续）

项目		参数或尺寸						
轿门和层门	宽度 B_2[②] /mm	600～700	600～800	600～900	700～1 100	800～1 100	800～1 200	800～1 300
	高度 H_2 /mm	800	1 200	1 400	1 600	1 900	1 900	2 000
	形式	开启式栅栏门,封闭式中分门、旁开门、直分门、铰链门(仅用于手动层门)[③]						
底坑深度 P[④] /mm		300	800	1 000	1 400	1 600	1 600	1 600
顶层高度 Q[⑤] /mm		2 500	2 500	3 000	3 200	3 800	3 800	3 800
机房[⑥]	面积 S /m²	5.0						
	宽度 R /mm	2 500(门宽 800)						
	深度 T /mm	2 000						
	高度 H_1 /mm	2 500(门高 ≥ 1 800)						

注:①围井通道的宽度和深度为甲板通孔尺寸,即不包含围井内壁加强构架在内的尺寸。

②轿门和层门的宽度随各种形式的门而变。

③栅栏门、直分门、铰链门均为手动门,且铰链门仅用于层门。中分门和旁开门为电动/手动兼用门。

④表中尺寸为曳引比 1:1 布置的尺寸,若曳引比为 2:1 且轿厢为底部悬挂式,底坑深度尺寸增加 300 mm。

⑤顶层高度不包含围井顶甲板下的构架尺寸。表中尺寸为机房顶置布置的尺寸,若为旁机房强制式驱动,则顶层高度尺寸增加 400 mm;若为旁机房曳引式驱动,则顶层高度尺寸增加 600 mm。

⑥R 和 T 为最小尺寸,实际尺寸应根据电梯布置形式确定,并应确保面积不小于 5 m²。

② 食品升降机(Ⅴ类)。随着电梯和升降机在船舶应用的普及以及升降机设备技术的进步,对食品升降机的安全性要求也提高了。CB/T 3013—2016《船用升降机》相比原标准,对食品升降机增加了速度控制器(限速器、安全钳)的设置要求,其他基本安全要求也趋于与 CB/T 3878—2011《船用载货电梯》一致。此外,驱动装置的描述也由"电动葫芦"改为范围更广的"升降机构"(见图 1-151)。食品升降机的轿厢尺寸及基本参数见表 1-44。

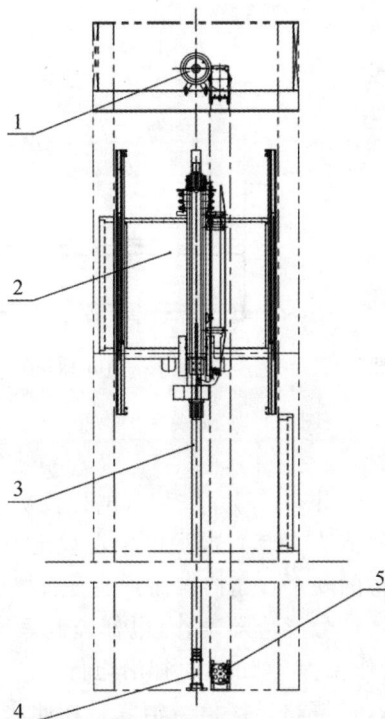

1—升降机构；2—轿厢；3—导轨；4—缓冲器；5—速度控制器。

图 1-151　食品升降机结构示意图

表 1-44　升降机的基本参数及尺寸

额定载重量/kg	额定速度/(m/s)	轿厢外形尺寸/mm		
		宽度	深度	高度
200		700	700	900
300	0.35，0.50	800	800	1 000
500		900	900	1 100

1.6.4　船用电梯的特殊装置介绍

（1）电缆保护装置（见图 1-152）。电梯随行电缆跟随轿厢运行，受船舶摇摆影响会晃动，故需设置电缆保护通道限制随行电缆的运动区域，使随行电缆在通道内做上下平稳移动，即使船舶摇摆，随行电缆也不会与其他部件干涉，确保电梯安全运行。

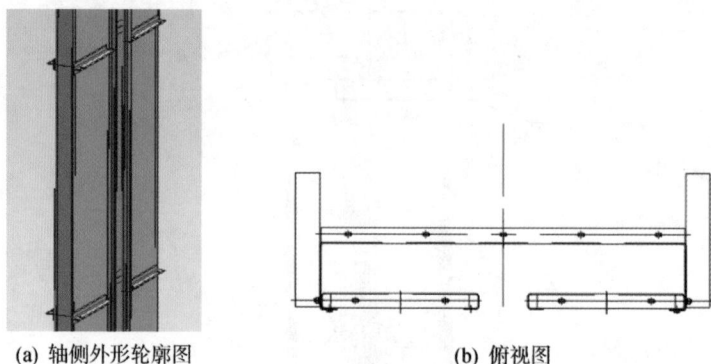

| (a) 轴侧外形轮廓图 | (b) 俯视图 |

图 1-152　电缆保护装置

（2）超摇摆保护装置（见图 1-153）。安装于电梯机房，设置横摇和纵摇两个方向的超摇摆保护装置（可集成为一套），保护电梯在规定的船舶横摇角度和纵摇角度下工作，确保人员和设备的安全。超摇摆保护装置有摇摆角度信号感应器，当船舶摇摆角度达到限定值时，信号感应器动作，电梯控制系统发出相应的控制指令，使电梯执行超摇摆保护动作流程。此时，电梯沿运行方向在就近层平层位置停层，然后电梯门保持开启状态，直至超摇摆信号消除。在此之前不响应任何轿内指令和轿外召唤的信号。

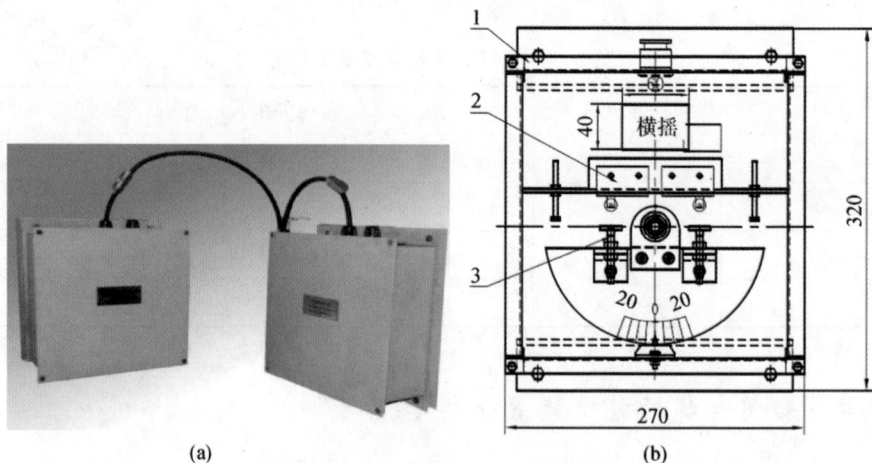

| (a) | (b) |

1—箱体；2—检测元件；3—触发元件。

图 1-153　超摇摆保护装置

1.6.5　船用电梯在船上的布置

船用电梯在船舶上的布置要求还应包括电气接口、部套件安装、起吊维修需求、通风散热、照明、防排水等。

（1）电气接口

电源输入包括主电源、照明电源和应急照明电源，一般主电源为三相交流电源，应急照明电源为直流电源。信号输入输出，输入电话、扬声器、报警信号等，输出求救信号等。

（2）部套件安装方式

电梯各部件基座与所在区域的围井壁、围井顶或底、机房壁、机房甲板面周边连续焊接安装。

（3）起吊维修作业设施

机房和围井顶部需设置便于设备安装和维修用的起吊点。一般在牵引主机和控制柜正上方的机房位置，需分别在轿厢和对重投影区域的围井顶部，设置起重眼板或吊环。

（4）通风

围井通道的通风为独立的通风系统，机房的通风要求控制机房处所的环境温度和相对湿度。

（5）照明

电梯停靠层站正常照明，要求每层站固定安装电气照明设施。轿厢、围井、机房内除应配置正常照明设施外，还要求有通过应急电源供电的应急照明。轿厢的应急照明还需配置可充电电池和自动充电器。

（6）防排水设施

电梯围井应防止水和水雾进入。通道进口的位置应能防止水进入。围井底坑应设置排水孔以避免底坑积水、潮湿。

第2章 船舶结构防火

2.1 船舶消防的目标和要求

2.1.1 船舶消防安全的目标

船舶作为海上建筑物,为保障消防安全,理想的状态应是防止火灾发生,但是由于机器设备的缺陷或人为的错误,常常可能达不到这一目标。因此,必须从防火、探火和灭火三个方面采取措施,构成完整的船舶消防安全体系。这一体系的目标如下:

(1) 防止火灾和爆炸的发生。

(2) 减少火灾造成的生命危险。

(3) 减少火灾对船舶、船上货物和环境的破坏危险。

(4) 将火灾和爆炸抑制、控制和扑灭在火源舱室内。

(5) 为乘客和船员提供充分和随时可用的脱险通道。

2.1.2 船舶结构防火的基本要求

结构防火是为实现上述船舶消防安全的目的,在保持船舶结构完整性(详见本章2.3.1所述)的前提下,根据船舶的类型,为防止火灾发生或是当火灾发生后在一定的时间内防止火势增大和控制烟气蔓延所采取的措施。其基本要求包括以下几个方面:

(1) 用耐热与结构性限界面,将船舶划分为若干主竖区和水平区。

(2) 用耐热与结构性限界面,将起居处所与船舶其他处所隔开。

(3) 限制可燃材料的使用。

(4) 在开口和贯穿件处应保持分隔的耐火完整性。

(5) 保护脱险通道和消防通道。

对于不同类型(客船、货船、高速船)、不同航区(国际、国内)以及不同大小(载客量、载货量)的船舶,结构防火的要求不尽相同。本章所述关于船舶结构防火的内容取自经修正的《SOLAS 公约》中国海事局(MSA)的《国际航行海船法定检验技术规则(2014)》和《国内航行海船法定检验技术规则(2020)》等。

2.2　与结构防火有关的定义

2.2.1　关于船舶种类的定义

(1) 乘客:系指除下列人员外的人员。

①船长和船员,或在船上以任何职位从事或参加该船业务的其他人员;

②一周岁以下儿童。

(2) 客船:系指载客超过 12 人的船舶。

(3) 货船:系指非客船的任何船舶。

(4) 液货船:系指经建造或改建用于散装运输易燃液体货物的货船。

(5) 特殊用途船:系指因船舶功能的需要而载有 12 名以上特殊人员的自航船舶。

(6) 客滚船:系指设有滚装处所和特种处所的客船。

(7) 兼用(装)船:系指设计为散装运输油类和固体货物的货船。

2.2.2　关于耐火分隔的定义

(1) 不燃材料:系指某种材料加热至约 750 ℃时,既不燃烧,也不发出足以造成自燃的易燃蒸气。这是按照《耐火试验程序规则》确定的。仅由玻璃、混凝土、陶瓷制品、天然石材、砖头及常用金属和合金构成的材料为不燃材料。

(2) 可燃材料:系指除不燃材料以外的任何材料。

(3) 低播焰性:系指所述表面能有效地限制火焰的蔓延,根据《耐火试验程序规则》确定。

(4) 钢或其他等效材料:系指本身或由于所设置隔热物,经过标准耐火试验规定的适用曝火时间后,在结构性和完整性上与钢具有等效性能的任何不燃材料(例如设有适当隔热材料保护的铝合金)。

(5)《耐火试验程序规则》:系指国际海事组织海上安全委员会通过的《国际耐火试验和程序应用规则》。

(6)《标准耐火试验》:系指将舱壁或甲板的试样置于试验炉内,根据《耐火试验程序规则》规定的试验方法加温到大致相当于标准时间-温度曲线的一种试验。

(7) H 级标准耐火试验:系指将需要试验的舱壁或甲板的试样置于试验炉内,

加温到大致相当于下列标准时间-温度曲线的一种试验,试样暴露表面面积应不少于 4.65 m²,其高度(或甲板长度)应不少于 2.44 m,试样应尽可能与设计的结构近似,如合适时,至少应包括一个接头。标准时间-温度曲线是连接下列各温度点(在起始炉温以上测量)的一条光滑曲线:

自开始至满 3 min 时	890 ℃
自开始至满 5 min 时	926 ℃
自开始至满 10 min 时	982 ℃
自开始至满 30 min 时	1 110 ℃
自开始至满 60 min 时	1 150 ℃
自开始至满 120 min 时	1 150 ℃

(8) A 和 B 级标准耐火试验:系指将需要试验的舱壁或甲板的试样置于试验炉内,加温到大致相当于下列标准时间-温度曲线的一种试验,试样暴露表面面积应不少于 4.65 m²,其高度(或甲板长度)应不少于 2.44 m,试样应尽可能与设计的结构近似,如合适时,至少应包括一个接头。标准时间-温度曲线是连接下列各温度点(在起始炉温以上测量)的一条光滑曲线:

自开始至满 5 min 时	556 ℃
自开始至满 10 min 时	659 ℃
自开始至满 15 min 时	718 ℃
自开始至满 30 min 时	821 ℃
自开始至满 60 min 时	925 ℃

(9) H 级分隔:系指由符合下列要求的舱壁和甲板所组成的分隔。

①它们用钢或其他等效的材料制成。

②它们有适当的防挠加强。

③它们的构造应在 2 h 的标准耐火试验(炉内平均温度依照 ISO/TR 834-3 指定的碳氢温度-时间曲线)至结束时能防止烟及火焰通过。

④它们用认可的不燃材料隔热,使之在下列时间内,其背火一面的平均温度较初始温度升高不超过 140 ℃,且在包括任何接头在内的任何一点的温度较初始温度升高不超过 180 ℃。

H-120 级	120 min
H-60 级	60 min
H-0 级	0 min

(10) A 级分隔:系指由符合下列要求的舱壁和甲板所组成的分隔。

①它们用钢或其他等效的材料制成。

②它们有适当的防挠加强。

③它们的构造应在 1 h 的标准耐火试验至结束时能防止烟及火焰通过。

④它们用认可的不燃材料隔热,使之在下列时间内,其背火一面的平均温度较初始温度升高不超过 140 ℃,且在包括任何接头在内的任何一点的温度较初始温度升高不超过 180 ℃。

A-60 级	60 min
A-30 级	30 min
A-15 级	15 min
A-0 级	0 min

⑤主管机关可以要求按《耐火试验程序规则》对原型舱壁或甲板进行一次试验,以确保满足上述完整性和温升的要求。

(11) B 级分隔:系指由符合下列要求的舱壁、甲板、天花板或衬板所组成的分隔。

①它们由认可的不燃材料制成,且 B 级分隔建造和装配中所用的一切材料均为不燃材料,但并不排除可燃表面装饰板片的使用,只要这些材料符合有关的要求。

②它们具有的隔热值使之在下列时间内,其背火一面的平均温度较初始温度升高不超过 140 ℃,且在包括任何接头在内的任何一点的温度较初始温度升高不超过 225 ℃。

B-15 级	15 min
B-0 级	0 min

③它们的构造应在最初半小时的标准耐火试验结束时,能够防止火焰通过。

④主管机关可以要求按《耐火试验程序规则》对原型分隔进行一次试验,以确保满足上述完整性和温升的要求。

(12) C 级分隔:系指以认可的不燃材料制成的分隔。不必满足防止烟和火焰通过以及限制温升的要求。允许使用可燃表面装饰板片,只要这些材料满足有关要求。

(13) 连续 B 级天花板或衬板:系指终止于 A 级或 B 级分隔处的 B 级天花板或衬板。

2.2.3 关于船舶各类处所的定义

(1) 主竖区:系指由 A 级分隔分成的船体、上层建筑和甲板室区段,其在任何一层甲板上的平均长度和宽度一般不超过 40 m。

(2) 起居处所:系指用作公共处所、走廊、盥洗室、居住舱室、办公室、医务室、电影院、游戏娱乐室、理发室、无烹饪设备的配膳室的处所及类似处所。

（3）货物区域：系指船上包含货舱、液货舱、污油舱和液货泵舱的部分，包括泵舱、隔离空舱、相邻于液货舱的压载舱和留空处所，以及前述处所上方的船舶这一部分整个长度和宽度范围的甲板区域。

（4）货物处所：系指用作装载货物的处所、液货舱、装载其他液体货物的液货舱和通往此种处所的围壁通道。

（5）中央控制站：系指具有下列集中控制和显示功能的控制站。

①固定式探火和失火报警系统；

②自动喷水器、探火和失火报警系统；

③防火门位置指示；

④防火门锁闭；

⑤水密门位置指示；

⑥水密门锁闭；

⑦风机；

⑧通用/失火报警；

⑨包括电话在内的通信系统；

⑩公共广播系统的扩音器。

（6）闭式滚装处所：系指既不是开式滚装处所，也不是露天甲板的滚装处所。

（7）闭式车辆处所：系指既不是开式车辆处所，也不是露天甲板的车辆处所。

（8）控制站：系指船舶无线电设备或主要航行设备或应急电源所在的处所，或者指火警指示器或防火控制设备集中的处所。火警指示器或防火控制设备集中的处所亦视为消防控制站。

（9）机器处所：系指 A 类机器处所和其他有推进装置、锅炉、燃油装置、蒸汽机和内燃机、发电机和主要电动机械、加油站、冷藏机、防摇装置、通风机和空调机的处所，以及类似的处所和通往这些处所的围壁通道。

（10）A 类机器处所：系指装有下列设备的处所和通往这些处所的围壁通道。

①用作主推进的内燃机。

②用作非推进，合计总输出功率不小于 375 kW 的内燃机。

③任何燃油锅炉或燃油装置，或锅炉以外的任何燃油设备，如惰性气体发生器、焚烧炉等。

（11）开式滚装处所：系指两端开口或一端开口的滚装处所，该处所通过分布在侧壁或天花板上的固定开口或从上部，提供遍及整个长度的充分有效的自然通风。固定开口的总面积至少为处所侧面总面积的 10%。

（12）开式车辆处所：系指两端开口或一端开口的车辆处所，该处所通过分布在侧壁或天花板上的固定开口或从上部，提供遍及整个长度的充分有效的自然通风。固定开口的总面积至少为处所侧面总面积的 10%。

（13）公共处所：系指起居处所中用作大厅、餐室、休息室的部分以及类似的固定围蔽处所。

（14）设有限制失火危险的家具和设备的房间：系指设有限制失火危险的家具和设备的那些房间（无论居住舱室、公共处所、办公室还是其他类型的起居处所）。

（15）滚装处所：系指通常不予分隔并通常延伸至船舶的大部分长度或整个长度的处所，能以水平方向正常装卸油箱内备有自用燃料的机动车辆和/或货物（在铁路或公路车辆、运载车辆（包括公路或铁路槽罐车）、拖车、集装箱、货盘、可拆槽罐车之内或之上，或在类似装载单元或其他容器之内或之上的包装或散装货物）。

（16）桑拿房：系指一种温度通常在 80～120 ℃的加温室，其热量由一种热表面提供（如电加热炉）。此加温室还可包括加热炉所在的处所和邻近的浴房。

（17）服务处所：系指用作厨房、设有烹调设备的配膳室、储物间、邮件及贵重物品室、储藏室、不属于机器处所组成部分的工作间，以及类似处所和通往这些处所的围壁通道。

（18）特种处所：系指在舱壁甲板以上或以下围蔽的车辆处所，车辆能够驶进驶出，并有乘客进出通道。若用于停放车辆的全部总净高度不超过 10 m，特种处所占用的甲板可多于一层。

（19）车辆处所：系指拟用于装载油箱内备有自用燃料的机动车辆的货物处所。

（20）露天甲板：系指在上方且至少有两侧完全露天的甲板。

（21）客舱阳台：系指单个客舱的居住者专用的且从该客舱可直接进入的开敞甲板处所。

2.3　结构防火要求的材料及构造细节

2.3.1　结构

为保持船舶结构的完整性，防止由于热量造成的强度降低而使船舶结构部分或全部破坏，有以下要求：

（1）船体、上层建筑、结构舱壁、甲板以及甲板室的材料

船体、上层建筑、结构舱壁、甲板以及甲板室应以钢或其他等效材料建造。就本章 2.2.2 节（4）款关于"钢或其他等效材料"的定义而言："适用曝火时间"应根据规定的耐火完整性和隔热标准来确定。例如，如果甲板或甲板室侧壁和端壁之类的分隔允许具有 B-0 级耐火完整性，则"适用曝火时间"应为 30 min。

（2）铝合金结构

若结构的任一部分为铝合金结构，则应符合下列要求：

① A 级和 B 级分隔的铝合金部件的隔热，除认为是无负荷的结构外，在标准耐火试验的适用曝火时间内的任意时刻，其隔热层应能使结构芯材的温升不超过环境温度以上 200 ℃。

② 应特别注意用于支承救生艇、筏的存放、降落和登乘区域以及 A 级和 B 级分隔的立柱、支柱和其他结构部件中的铝合金件的隔热要求，以确保：

a. 对用于支承救生艇、筏区域以及 A 级分隔的构件，在标准耐火试验达到 1 h 时，符合上述（1）款规定的温升限度；

b. 对用于支承 B 级分隔的构件，在标准耐火试验达到 0.5 h 时，符合上述（1）款规定的温升限度。

（3）A 类机器处所

A 类机器处所的顶盖和舱棚应为钢结构，并应按相应的要求予以隔热。A 类机器处所内正常通道的地板应为钢质。

2.3.2 隔热材料、天花板和衬板

（1）隔热材料

本条所述适用于国际和国内航行的所有海船。

除在货物处所、邮件舱、行李室和服务处所的冷藏室外，隔热材料应为不燃材料。与隔热物一起使用的防潮层和黏合剂，以及冷却系统管系配件的隔热物，不必为不燃材料，但应保持在实际可行的最低数量，并且它们的外露表面应具有低播焰性。

（2）天花板和衬板

本条所述适用于国际航行的海船。

① 在客船上，除了货物处所、邮件舱、行李室、桑拿房和服务处所的冷藏室外，所有衬板、衬档、风档和天花板应为不燃材料。为了实用或艺术处理而用作某一处所内部分隔的局部舱壁或甲板也应为不燃材料。

② 在货船上，以下处所内的所有衬板、天花板、风档和它们的附属衬档应为不燃材料：

a. 对于液货船以外的货船，被指定采用 I C 法的船舶起居处所、服务处所和控制站内；

b. 对于液货船以外的货船，被指定采用 Ⅱ C 法或Ⅲ C 法的供船舶起居处所、服务处所和控制站使用的走廊和梯道围内。

2.3.3　构造细节——挡风条

本节所述关于挡风条的要求,适用于国际航行的海船。

为控制烟气蔓延,封闭在天花板、镶板或衬板后面的空隙应以紧密安装且间距不超过 14 m 的挡风条作分隔。在垂直方向上,此类封闭空隙,包括梯道、围壁通道等衬板后的空隙在内,应在每层甲板处加以封堵。

图 2-1~图 2-4 所示为各种挡风条的典型安装节点。

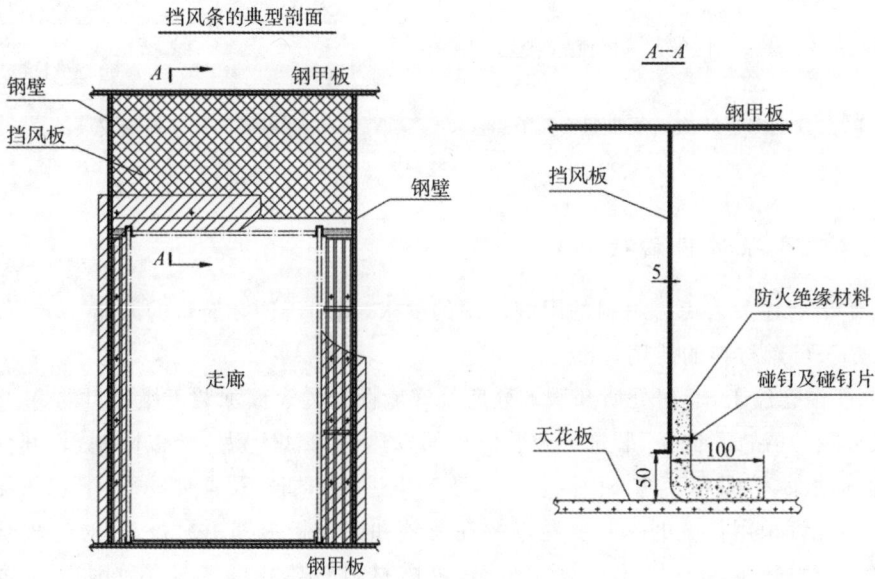

图 2-1　挡风条典型安装节点

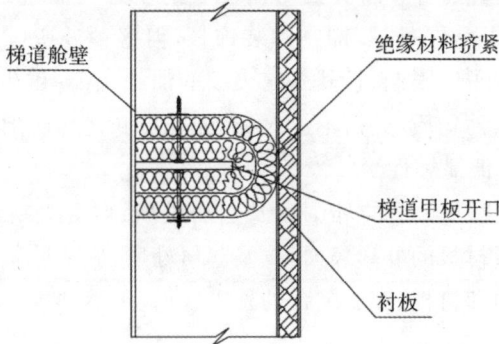

图 2-2　梯道甲板开口处挡风条典型安装节点

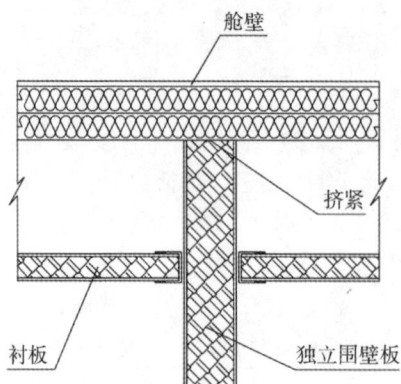

图 2-3　独立围壁处挡风条典型安装节点

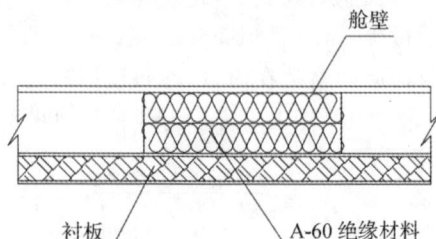

图 2-4　衬板后挡风条典型安装节点

2.3.4　可燃材料的使用

本节所述关于可燃材料的限制使用的要求,适用于国际航行的海船。

(1) 可燃材料的使用范围

① 在客船上,起居处所和服务处所及客舱阳台内表面加装可燃材料的 A、B 或 C 级分隔,其贴面、嵌条、装饰物及装饰板的发热值和总体积应予以限制,且其外露表面的油漆、清漆和其他饰面涂料应不致产生过量的烟气及毒性物质。但是,在桑拿房内允许采用传统的木制长凳以及在舱壁和天花板上铺木衬板,且对这种材料不必进行发热值和总体积计算。然而,可燃材料总体积的要求不必适用于客舱阳台。

② 在货船上,起居处所和服务处所内安装的不燃性舱壁、天花板和衬板的表面可加装易燃材料贴面、嵌条、装饰物和装饰板,但这种处所应对这些可燃材料的最大发热值和总体积予以限制,且其外露表面的油漆、清漆和其他饰面涂料应不致产生过量的烟气及毒性物质,并由不燃舱壁、天花板和衬板所围闭。

(2) 外露表面的低播焰性

① 对于客船,走廊和梯道的环围以及起居处所、服务处所(桑拿房除外)和控制站的舱壁和天花板衬板的外露表面,以及起居处所、服务处所和控制站内隐蔽或不能到达之处的表面和衬档、客舱阳台的外露表面(天然硬木甲板铺板除外),均应具有低播焰性。

② 对于货船,走廊和梯道的环围以及起居处所、服务处所(桑拿房除外)和控制站的天花板的外露表面,以及起居处所、服务处所和控制站内隐蔽或不能到达之

处的表面和衬档,均应具有低播焰性。

（3）客船梯道环围内的家具

设在梯道环围内的家具应仅限于座位。这些座位应予以固定,在每一梯道环围内的每一层甲板的座位数量不得超过 6 个,按《耐火试验程序规则》确定为限制失火危险,且不得阻塞乘客脱险通道。如果座位是固定的,由不燃材料制成且不阻塞乘客脱险通道,主管机关可允许在梯道环围内的主接待区增加座位数。在居住舱室区域构成脱险通道的乘客和船员用走廊内不允许设置家具。此外,还可允许在梯道环围内布置这些规则要求的由不燃材料制成的存放无危害的安全设备的储物柜。可允许在走廊内设置饮水器和制冰机,但其应为固定式且不限制脱险通道的宽度。此要求还适用于走廊和梯道内的装饰花木布置、塑像或其他艺术品,如画和挂毯等。

（4）客船客舱阳台上的家具和陈设

在客船客舱阳台上的家具和陈设应符合《SOLAS 公约》第Ⅱ-2 章第 5 条 3.4 的规定。

2.3.5　油漆和甲板基层敷料

本节所述关于油漆和甲板基层敷料的要求,适用于国际和国内航行的所有海船。

（1）油漆、清漆和其他饰面涂料

外露表面使用的油漆、清漆和其他饰面涂料应不致产生过量的烟气及毒性物质,根据《耐火试验程序规则》来确定。

（2）甲板基层敷料

如果在起居处所、服务处所和控制站使用甲板基层敷料,应采用在高温下不致产生烟气、毒性物质或爆炸危险的认可材料（另一个说法为"不易着火的认可材料"——编者注）,根据《耐火试验程序规则》来确定。

2.4　舱室耐火分隔的形式

2.4.1　H 级耐火分隔

H 级耐火分隔（舱壁或甲板）可分为 H-0、H-30、H-60 及 H-120 等级别。H 级耐火分隔的基础结构是由钢板以及适当的防挠加强材（如扶强材、横梁等）构成,通常使用的钢板厚度不小于 5 mm。结构件穿过分隔时,其开孔应采用相同的材料填补。通风导管及电缆穿过分隔时,应采取措施使该分隔以原级别保持耐火完整性。

没有绝(隔)热层的钢质舱壁或甲板,但尺寸适当又没有开口(如同上述 H 级耐火分隔的基础结构)可被认为符合 H-0 级耐火分隔的要求。H-30、H-60 及 H-120 级等耐火分隔,通常是在 H-0 级耐火分隔的基础结构上敷设绝(隔)热材料作为保护层而构成。

除 H-0 级耐火分隔外,其他各级耐火分隔均应按 IMO A.754(18)决议规定的耐火试验程序进行试验和评定,并获得主管机构的认可。

H-30、H-60 和 H-120 级甲板和舱壁常用的绝缘材料主要有岩棉和陶瓷棉,且采用碰钉安装。表 2-1 所示为敷设陶瓷棉的 H-60 级舱壁典型结构,表 2-2 所示为敷设陶瓷棉的 H-60 级甲板典型结构,表 2-3 所示为敷设岩棉的 H-60 级舱壁典型结构,表 2-4 所示为敷设岩棉的 H-60 级甲板典型结构,表 2-5 所示为敷设陶瓷棉的 H-120 级舱壁典型结构,表 2-6 所示为敷设陶瓷棉的 H-120 级甲板典型结构,表 2-7 所示为敷设岩棉的 H-120 级舱壁和甲板典型结构。

表 2-1　敷设陶瓷棉的 H-60 级舱壁典型结构

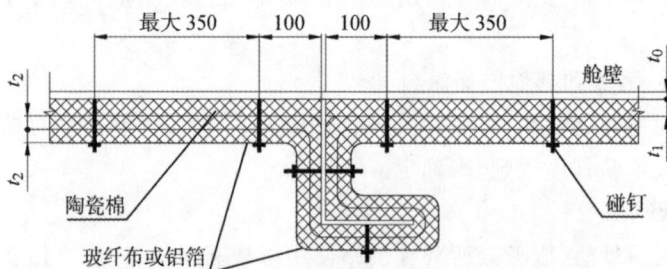

分隔部位	耐火级别	耐火材料	密度/(kg/m^3)	包覆层	固定方法	受火面	厚度/mm		
							t_0	t_1	t_2
舱壁	H-60	陶瓷棉	70	玻纤布或铝箔	碰钉(13~16 套/m²)	耐火材料	≥5	50	40

表 2-2　敷设陶瓷棉的 H-60 级甲板典型结构

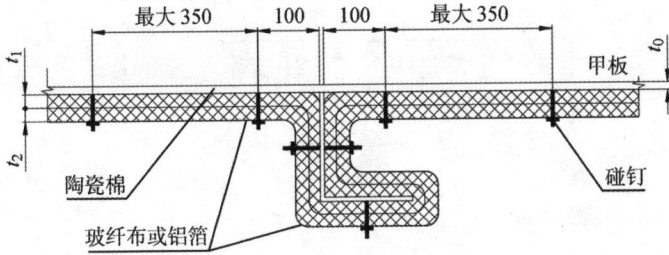

分隔部位	耐火级别	耐火材料	密度/(kg/m^3)	包覆层	固定方法	受火面	厚度/mm		
							t_0	t_1	t_2
舱壁	H-60	陶瓷棉	70	玻纤布或铝箔	碰钉（13～16 套/m^2）	耐火材料	≥5	40	40

表 2-3　敷设岩棉的 H-60 级舱壁典型结构

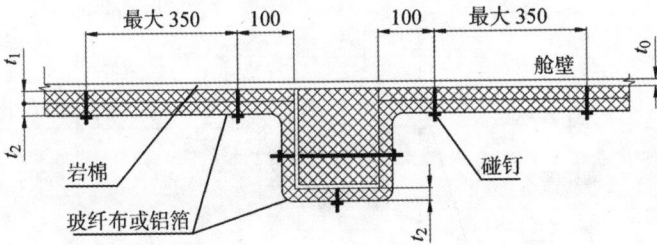

分隔部位	耐火级别	耐火材料	密度/(kg/m^3)	包覆层	固定方法	受火面	厚度/mm		
							t_0	t_1	t_2
舱壁	H-60	岩棉	150	玻纤布或铝箔	碰钉（13～16 套/m^2）	耐火材料	≥5	30	40

表 2-4   敷设岩棉的 H-60 级甲板典型结构

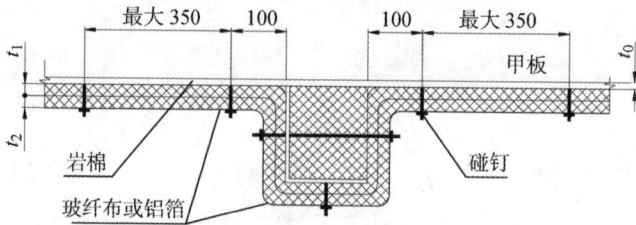

分隔部位	耐火级别	耐火材料	密度/(kg/m³)	包覆层	固定方法	受火面	厚度/mm		
							t_0	t_1	t_2
甲板	H-60	岩棉	150	玻纤布或铝箔	碰钉（13～16 套/m²）	耐火材料	≥5	50	50

表 2-5   敷设陶瓷棉的 H-120 级舱壁典型结构

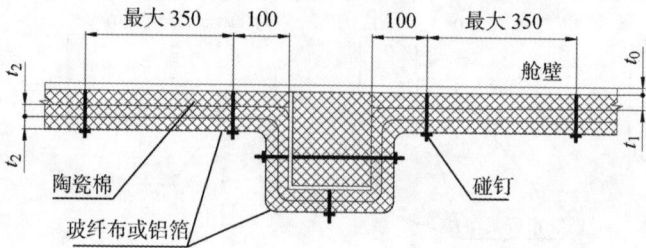

分隔部位	耐火级别	耐火材料	密度/(kg/m³)	包覆层	固定方法	受火面	厚度/mm		
							t_0	t_1	t_2
舱壁	H-120	陶瓷棉	70	玻纤布或铝箔	碰钉（13～16 套/m²）	耐火材料	≥5	50	50

表 2-6　敷设陶瓷棉的 H-120 级甲板典型结构

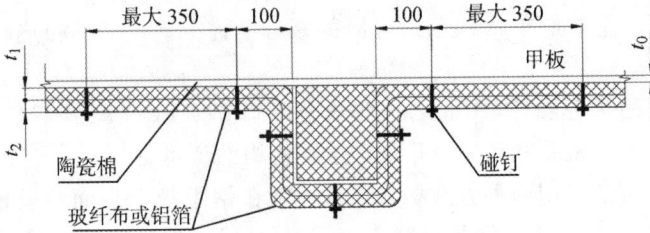

分隔部位	耐火级别	耐火材料	密度/(kg/m³)	包覆层	固定方法	受火面	厚度/mm		
							t_0	t_1	t_2
甲板	H-120	陶瓷棉	70	玻纤布或铝箔	碰钉(13～16 套/m²)	耐火材料	≥5	50	60

表 2-7　敷设岩棉的 H-120 级舱壁和甲板典型结构

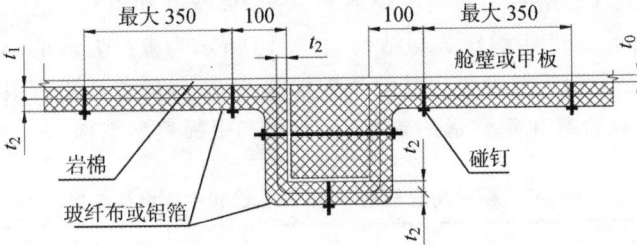

分隔部位	耐火级别	耐火材料	密度/(kg/m³)	包覆层	固定方法	受火面	厚度/mm		
							t_0	t_1	t_2
舱壁或甲板	H-120	岩棉	150	玻纤布或铝箔	碰钉(13～16 套/m²)	耐火材料	≥5	30	40

2.4.2　A 级耐火分隔

A 级耐火分隔(舱壁或甲板)可分为 A-0、A-15、A-30 及 A-60 等级别。A 级耐火分隔的基础结构是由钢板或其他等效材料(如铝板)以及适当的防挠加强材(如扶强材、横梁等)构成,通常使用的钢板厚度不小于 5 mm,铝板厚度不小于 6 mm。结构件穿过分隔时,其开孔应采用相同的材料填补。通风导管及电缆穿过分隔时,应采取措施使该分隔以原级别保持耐火完整性。

没有绝（隔）热层的钢质舱壁或甲板，但尺寸适当又没有开口（如同上述 A 级耐火分隔的基础结构）可被认为符合 A-0 级耐火分隔的要求。A-15、A-30 及 A-60 级等耐火分隔，通常是在 A 级耐火分隔的基础结构上敷设绝（隔）热材料作为保护层而构成。

除 A-0 级耐火分隔外，其他各级耐火分隔均应按 IMO A.754(18)决议规定的耐火试验程序进行试验和评定，并获得主管机构的认可。

A 级甲板通常采用两种方式构成，其一为在钢甲板上表面敷设地板敷料，其二为在钢甲板下表面敷设绝热材料。由于 A 级甲板在进行耐火试验时应水平安装且只要试样下表面向火，因此前者为钢板面向火，后者则为绝热材料面向火。

A 级舱壁通常是在钢舱壁一侧敷设绝热材料构成。对于通用的 A 级舱壁，也即着火方向不确定的舱壁，可以经一次试验即获得通过，条件是试验时舱壁的绝热材料和扶强材都在背火面（钢板面向火）。如果认定火灾危险只从绝热面产生，则可将绝热材料和扶强材都置于向火面的舱壁进行试验。

用于 A-15、A-30 和 A-60 级甲板和舱壁的绝缘材料有很多种，主要有岩棉、陶瓷棉（硅酸铝纤维毡）、复合硅酸盐软板、复合氧化铝毯等。安装方法有碰钉安装、喷涂安装等。表 2-8 所示为敷设陶瓷棉的 A-60 级舱壁和甲板典型结构，表 2-9 所示为敷设岩棉的 A-60 级舱壁典型结构，表 2-10 所示为敷设岩棉的 A-60 级甲板典型结构，表 2-11 所示为敷设复合硅酸盐软板的 A-60 级舱壁和甲板典型结构，表 2-12 所示为敷设复合氧化铝软毯的 A-60 级舱壁和甲板典型结构。

表 2-8　敷设陶瓷棉的 A-60 级舱壁和甲板典型结构

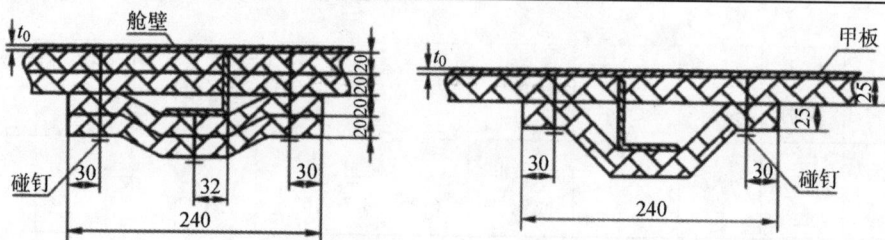

分隔部位	耐火级别	耐火材料	密度/(kg/m³)	包覆层	固定方法	受火面	厚度/mm		
							t_0	t_1	t_2
舱壁	A-60	陶瓷棉	170	玻纤布或铝箔	碰钉 24 套/m²	钢板	≥5	—	—
甲板	A-60	陶瓷棉	170	玻纤布或铝箔	碰钉 (12～14 套/m²)	耐火材料	≥5	—	—

表 2-9　敷设岩棉板的 A-60 级舱壁典型结构

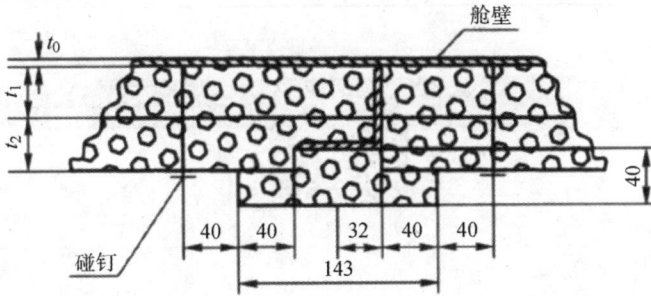

分隔部位	耐火级别	耐火材料	密度/(kg/m³)	包覆层	固定方法	受火面	厚度/mm		
							t_0	t_1	t_2
舱壁	A-60	耐高温岩棉板	120	玻纤布或铝箔	碰钉24 套/m²	钢板	≥5	35	35
舱壁	A-60	耐高温岩棉板	100	玻纤布或铝箔	碰钉24 套/m²	钢板	≥5	37.5	37.5

表 2-10　敷设岩棉板的 A-60 级甲板典型结构

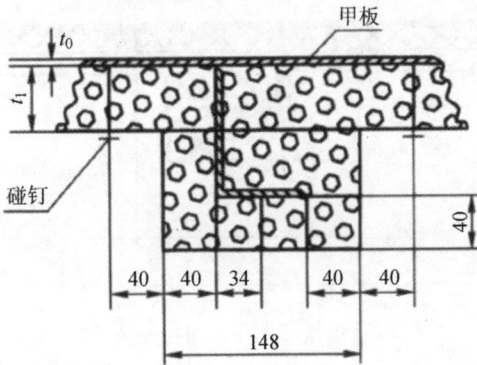

分隔部位	耐火级别	耐火材料	密度/(kg/m³)	包覆层	固定方法	受火面	厚度/mm		
							t_0	t_1	t_2
甲板	A-60	耐高温岩棉板	120	玻纤布或铝箔	碰钉(18～19 套/m²)	耐火材料	≥5	50	—
甲板	A-60	耐高温岩棉板	100	玻纤布或铝箔	碰钉(18～19 套/m²)	耐火材料	≥5	50	—

表 2-11 敷设复合硅酸盐软板的 A-60 级舱壁和甲板典型结构

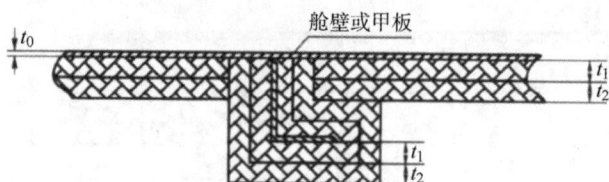

分隔部位	耐火级别	耐火材料	密度/(kg/m³)	包覆层	固定方法	受火面	厚度/mm		
							t_0	t_1	t_2
舱壁	A-60	复合硅酸盐软板	60	—	高温黏结剂	耐火材料	≥4.5	25	25
甲板	A-60	复合硅酸盐软板	60	—	高温黏结剂	耐火材料	≥4.5	25	25

表 2-12 敷设复合氧化铝软毯的 A-60 级舱壁和甲板典型结构

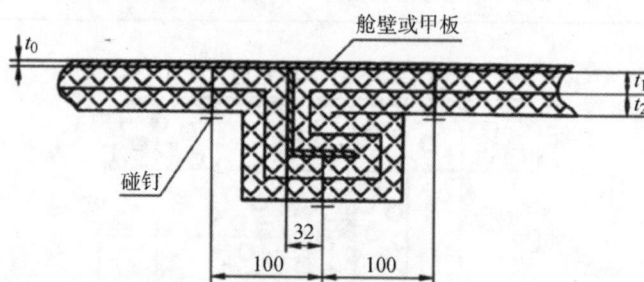

分隔部位	耐火级别	耐火材料	密度/(kg/m³)	包覆层	固定方法	受火面	厚度/mm		
							t_0	t_1	t_2
舱壁	A-60	复合氧化铝毯	128±10	玻纤布或铝箔	碰钉(13~16 套/m²)	钢板	≥5	20	20
甲板	A-60	复合氧化铝毯	128±10	玻纤布或铝箔	碰钉(13~16 套/m²)	钢板	≥5	15	15

2.4.3 绝缘材料的敷设

敷设绝缘材料的耐火舱壁或甲板,为了保证其在边界处的耐火性能,绝缘材料应在限界面的相交处或终止处,从耐火级别较高的处所向耐火级别较低的处所,沿水平或垂直限界面至少延伸 450 mm,如图 2-5 所示。绝缘材料通常采用碰钉固定。

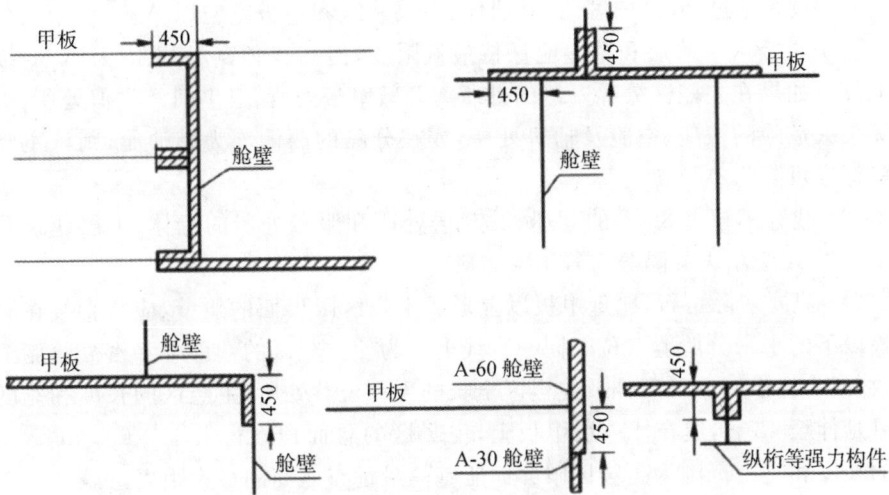

图 2-5 防火绝缘节点延伸图

2.4.4 B 级耐火分隔

B 级耐火分隔可分为 B-0 级和 B-15 级。B 级耐火分隔的所有构件均应采用不燃材料制成,并应按规定经耐火试验,并得到主管机构的认可。

B 级耐火分隔的类型有舱室内部的 B 级独立围壁、B 级连续天花板或衬板。常用的 B 级耐火分隔结构有:复合岩棉板(详见本分册第 3 章 3.2.3 节所述)、金属蜂窝板(详见本分册第 3 章 3.2.4 节所述)、硅酸钙板(详见本分册第 3 章 3.2.2 节所述)和无机防火板(详见本分册第 3 章 3.2.5 节所述)。

2.5 国际航行海船的耐火分隔

2.5.1 客船的耐火分隔

2.5.1.1 主竖区和水平区

(1) 载客超过 36 人的客船,其船体、上层建筑和甲板室应以 A-60 级耐火分隔分为若干主竖区。阶层和壁龛应保持最低限度,但如有必要,其也应为 A-60 级耐火分隔。如果在主竖区分隔一侧的处所为开敞甲板处所、卫生间及类似处所、极少或无失火危险的液舱、空舱及辅机处所,或在分隔的两侧均为燃油舱,则该主竖区分隔标准可降为 A-0 级。

(2) 载客不超过 36 人的客船,其起居处所和服务处所的船体、上层建筑及甲板室应以 A 级耐火分隔分为若干主竖区。

(3) 只要实际可行,舱壁甲板以上形成主竖区限界面的舱壁,应与直接在舱壁甲板以下的水密分舱舱壁位于同一直线上。为使主竖区的端部与水密分舱舱壁相一致,或为提供一个长度伸及主竖区全长的大型公共处所,主竖区的长度和宽度最大可延伸至 48 m,但在任一层甲板上,主竖区的总面积不得大于 1 600 m²。主竖区的长度和宽度范围为主竖区限界面舱壁的最远点之间的最大距离。

(4) 主竖区限界面的舱壁应由甲板延伸至甲板,并延伸至船壳或其他限界面。

(5) 为特殊用途而设计的船舶,例如汽车和铁路车辆渡船,如设置主竖区舱壁将影响船舶预期的用途,应以能控制和限制火灾的等效装置来代替(因而,此类处所包括车辆处所、特种处所和滚装处所,必须基于水平区的概念通过配备有效的固定式灭火系统来获得等效保护。因此,在客船的车辆处所内,只要用于停放车辆的总净高不超过 10 m,则一个水平区可以包括多于一层甲板的特种处所,此点也适用于滚装处所)。

2.5.1.2 主竖区内的舱壁

(1) 对载客超过 36 人的客船,不要求为 A 级耐火分隔的舱壁应至少为表 2-13 (即 SOLAS 公约第Ⅱ-2 章表 9.1)所列的 B 级或 C 级耐火分隔。

(2) 对载客不超过 36 人的客船,其起居处所和服务处所内不要求为 A 级耐火分隔的舱壁应至少为表 2-15 (即 SOLAS 公约第Ⅱ-2 章表 9.3)所列的 B 级或 C 级耐火分隔。此外,不要求为 A 级耐火分隔的走廊舱壁应为从甲板延伸至甲板的 B 级耐火分隔,但下列情况除外:

①当在舱壁两侧设置连续 B 级天花板或衬板时,连续天花板或衬板后面的舱壁部分所用的材料厚度和构成适合于 B 级耐火分隔。

②设置自动喷水系统保护的船舶,只要走廊舱壁和天花板符合 B 级标准,走廊舱壁可在走廊内天花板处终止。

(3) 除上述(2)款规定的走廊舱壁外,要求为 B 级耐火分隔的舱壁应由甲板延伸至甲板,并延伸至船壳或其他限界面。但如在舱壁两侧均设有至少与邻接舱壁具有同样耐火性能的连续 B 级天花板或衬板,该舱壁可终止于连续 B 级天花板或衬板。

2.5.1.3 载客超过36人的客船的舱壁和甲板的耐火完整性

(1) 除符合客船舱壁和甲板耐火完整性的具体规定外,所有舱壁和甲板的最低耐火完整性还应符合表 2-13 和表 2-14(即 SOLAS 公约第Ⅱ-2 章表 9.1 和表 9.2)的规定。

(2) 各表的适用范围:

①表 2-13 适用于不作为主竖区或水平区限界面的舱壁。表 2-14 适用于不在主竖区内形成阶层也不构成水平区限界面的甲板。

②表列处所分类(略)。

③如果两个处所之间的限界面的耐火完整性在表中仅有一个等级,则该等级适用于各种情况。

④尽管有上述本节 2.5.1.2 条关于主竖区内舱壁的规定,但如在表中只标有"—",则对限界面的材料或完整性没有具体要求。

(3) 连续 B 级天花板或衬板连同有关的甲板和舱壁,可视为全部或部分地起到耐火分隔所要求的隔热性和完整性的作用。

(4) 桑拿房的构造和布置:

①桑拿房周界应为 A 级限界面,可将更衣室、淋浴室和洗手间包括在内。桑拿房应同其他处所隔热至 A-60 级标准,但桑拿房周界内的处所和开敞甲板处所、卫生间及类似处所、极少或无失火危险的液舱、空舱及辅机处所除外。

②直接通向桑拿房的浴室可视为桑拿房的一部分。在这种情况下,桑拿房和浴室之间的门可不必符合消防安全要求。

③在桑拿房内允许舱壁和天花板上采用传统的木衬板。蒸汽炉上方的天花板应衬有不燃衬板,并至少留有 30 mm 厚的空隙。从热表面到可燃材料之间的距离应至少为 500 mm,或将不燃材料保护起来(例如采用不燃材料板且至少留有 30 mm的空隙)。

④在桑拿房内允许使用传统的木制长凳。

表 2-13　不作为主竖区或水平区限界面的舱壁

处所	(1)	(2)	(3)	(4)	(5)	(6)	(7)	(8)	(9)	(10)	(11)	(12)	(13)	(14)
控制站 (1)	B-0[a]	A-0	A-0	A-0	A-0	A-60	A-60	A-60	A-0	A-0	A-60	A-60	A-60	A-60
梯道 (2)		A-0[a]	A-0	A-0	A-0	A-0	A-15	A-15	A-0[c]	A-0	A-15	A-30	A-15	A-30
走廊 (3)			B-15	A-60	A-0	B-15	B-15	B-15	B-15	A-0	A-15	A-30	A-0	A-30
撤离站和外部脱险通道 (4)				A-0	A-0	A-60[b,d]	A-60[b,d]	A-60[b,d]	A-0[d]	A-0	A-60[b]	A-60[b]	A-60[b]	A-60[b]
开敞甲板处所 (5)					—	A-0	A-0	A-0	A-0	A-0	A-0	A-0	A-0	A-0
具有较小失火危险的起居处所 (6)						B-0	B-0	B-0	C	A-0	A-0	A-30	A-0	A-30
具有中等火危险的起居处所 (7)							B-0	B-0	C	A-0	A-15	A-60	A-15	A-60
具有较大失火危险的起居处所 (8)								B-0	C	A-0	A-30	A-60	A-15	A-60
卫生间及类似处所 (9)									C	A-0	A-0	A-0	A-0	A-0
极少或无失火危险的液舱、空舱及辅机处所 (10)										A-0[a]	A-0	A-0	A-0	A-0
具有中等失火危险的辅机处所，货物处所，货油舱和其他油舱以及其他类似处所 (11)											A-0[a]	A-0[a]	A-0	A-15
机器处所和主厨房 (12)												A-0[a]	A-0[a]	A-60
储藏室、工作间、配膳室等 (13)													A-0[a]	A-0
储藏易燃液体的其他处所 (14)														A-30

注：a～d 见表 2-14 下的注释。

表 2-14　在主竖区内既不形成阶层也不作为水平区界面的甲板

甲板下处所	甲板上处所													
	(1)	(2)	(3)	(4)	(5)	(6)	(7)	(8)	(9)	(10)	(11)	(12)	(13)	(14)
控制站 (1)	A-30	A-30	A-15	A-0	A-0	A-0	A-15	A-30	A-0	A-0	A-0	A-60	A-0	A-60
梯道 (2)	A-0	A-0	A-0	A-0	A-0	A-0	A-0	A-0	A-0	A-0	A-0	A-30	A-0	A-30
走廊 (3)	A-15	A-0	A-0ᵃ	A-60	A-0	A-0	A-15	A-15	A-0	A-0	A-0	A-30	A-0	A-30
撤离站和外部脱险通道 (4)	A-0	A-0	A-0	A-0	—	A-0	A-0	A-0	A-0	A-0	A-0	A-0	A-0	A-0
开敞甲板处所 (5)	A-0	A-0	A-0	A-0	—	A-0	A-0	A-0	A-0	A-0	A-0	A-0	A-0	A-0
具有较小失火危险的起居处所 (6)	A-60	A-15	A-0	A-60	A-0	A-0	A-0	A-15	A-0	A-0	A-0	A-0	A-0	A-0
具有中等失火危险的起居处所 (7)	A-60	A-15	A-15	A-60	A-0	A-0	A-15	A-15	A-0	A-0	A-0	A-0	A-0	A-0
具有较大失火危险的起居处所 (8)	A-60	A-15	A-15	A-60	A-0	A-15	A-15	A-30	A-0	A-0	A-0	A-0	A-0	A-0
卫生间及类似处所 (9)	A-0	A-0	A-0	A-0	A-0	A-0	A-0	A-0	A-0	A-0	A-0	A-0	A-0	A-0
极少或无失火危险的液舱、空舱及辅机处所 (10)	A-60	A-60	A-60	A-60	A-0	A-0	A-0	A-0	A-0	A-0ᵃ	A-0	A-0	A-0	A-0
具有中等失火危险的辅机处所，货物处所，货油舱和其他油舱以及其他类似处所 (11)	A-60	A-60	A-60	A-60	A-0	A-0	A-15	A-30	A-0	A-0	A-0ᵃ	A-0	A-0	A-30
机器处所和主厨房 (12)	A-60	A-60	A-60	A-60	A-0	A-60	A-60	A-60	A-0	A-0	A-30	A-30ᵃ	A-0	A-60
储藏室，工作间，配膳室等 (13)	A-60	A-30	A-15	A-60	A-0	A-15	A-30	A-30	A-0	A-0	A-0	A-0	A-0	A-0
储藏易燃液体的其他处所 (14)	A-60	A-30	A-60	A-60	A-0	A-30	A-30	A-30	A-0ᵃ	A-0	A-30	A-60	A-0	A-0

注：视情况适用于表 2-13 和表 2-14。

a. 属于同一数字类别目标有上标 a 的相邻处所，如主管机关认为不必要时，在此类处所之间不必设置舱壁和甲板。例如，在第 (12) 类内的厨房及其所属配膳室之间，只要配膳室的舱壁和甲板能保持厨房围壁面的完整性，则不必设置舱壁。但是，厨房和机器处所之间要设置舱壁，即使这两个处所所属于第 (12) 类。

b. 最轻载航行水线之上的船侧，位于救生艇、筏和撤离滑道的登乘区域下方且相邻的上层建筑和甲板室登乘站的外边的舱壁可具有 B 级耐火完整性。

c. 如果公共盥洗室完全设在楼梯围内，在梯道环围内的公共盥洗室的舱壁允许具有 B-0 级耐火完整性。

d. 如果第 (6)、(7)、(8) 和 (9) 类处所完全位于集合站的外边界之内，这些处所的舱壁允许具有 B-0 级耐火完整性。听觉、视觉和灯光装置的控制位置可视为集合站的一部分。

⑤桑拿房的开门方式应为向外推开。

⑥电加热蒸汽炉应设有定时器。

2.5.1.4 载客不超过36人的客船的舱壁和甲板的耐火完整性

（1）除符合客船舱壁和甲板耐火完整性的具体规定外，所有舱壁和甲板的最低耐火完整性还应符合表 2-15 和表 2-16（即《SOLAS 公约》第Ⅱ-2 章表 9.3 和表 9.4）的规定。

（2）各表的适用范围

①表 2-15 和表 2-16 分别适用于分隔相邻处所的舱壁和甲板。

②表列处所分类（略）。

③对于未受到自动喷水器系统保护的主竖区或水平区内的两个处所之间的限界面，或位于均无此种保护的主竖区和水平区之间的限界面，在确定其所适用的耐火完整性标准时，应采用两个等级中的较高等级。

④对位于受到自动喷水器系统保护的主竖区或水平区内的两个处所之间的限界面，或位于均受到此种保护的主竖区和水平区之间的限界面，在确定其所适用的耐火完整性标准时，应采用两个等级中的较低等级。如果在起居处所和服务处所内，一个装有喷水器的区域邻接一个未装有喷水器的区域，这两个区域之间的分隔应采用表列两个等级中的较高等级。

（3）连续 B 级天花板或衬板连同有关的甲板或舱壁，可视为全部或部分地起到分隔所要求的隔热性和完整性的作用。

（4）以钢质或其他等效材料制造的船体、上层建筑、结构舱壁、甲板以及甲板室的外部限界面，可为安装窗或舷窗的目的而开孔，只要未要求客船的这类限界面具有 A 级完整性。同样，在不要求具有 A 级完整性的限界面上，门可以用主管机关满意的材料制成。

（5）桑拿房的要求见上述本章 2.5.1.3 第（4）款。

表 2-15 分隔相邻处所舱壁的耐火完整性

处所		(1)	(2)	(3)	(4)	(5)	(6)	(7)	(8)	(9)	(10)	(11)
控制站	(1)	A-0^c	A-0	A-60	A-0	A-15	A-60	A-15	A-60	A-60	*	A-60
走廊	(2)		C^e	B-0^e	A-0^a B-0^e	B-0^e	A-60	A-0	A-0	A-15 A-0^d	*	A-30^g
起居处所	(3)			C^e	A-0^a B-0^e	B-0^e	A-60	A-0	A-0	A-15 A-0^d	*	A-30 A-0^d

表 2-15 （续）

处所		(1)	(2)	(3)	(4)	(5)	(6)	(7)	(8)	(9)	(10)	(11)
梯道	(4)				A-0ᵃ B-0ᵉ	A-0ᵃ B-0ᵉ	A-60	A-0	A-0	A-15 A-0ᵈ	*	A-30ᵍ
具有较小失火危险的服务处所	(5)					Cᵉ	A-60	A-0	A-0	A-0	*	A-0
A 类机器处所	(6)						*	A-0	A-0	A-60	*	A-60
其他机器处所	(7)							A-0ᵇ	A-0	A-0	*	A-0
货物处所	(8)								*	A-0	*	A-0
具有较大失火危险的服务处所	(9)									A-0ᵇ	*	A-30
开敞甲板	(10)											A-0
特种和滚装处所	(11)											A-30ᵍ

注：见表 2-16 下的注释。

表 2-16 分隔相邻处所甲板的耐火完整性

甲板下处所		甲板上处所										
		(1)	(2)	(3)	(4)	(5)	(6)	(7)	(8)	(9)	(10)	(11)
控制站	(1)	A-0	A-0	A-0	A-0	A-0	A-60	A-0	A-0	A-0	*	A-60ᵍ
走廊	(2)	A-0	*	*	A-0	*	A-60	A-0	A-0	A-0	*	A-30ᵍ
起居处所	(3)	A-60	A-0	*	A-0	*	A-60	A-0	A-0	A-0	*	A-30 A-0ᵈ
梯道	(4)	A-0	A-0	A-0	*	A-0	A-60	A-0	A-0	A-0	*	A-30ᵍ
具有较小失火危险的服务处所	(5)	A-15	A-0	A-0	A-0	*	A-60	A-0	A-0	A-0	*	A-0

表 2-16 （续）

甲板下处所		甲板上处所										
		(1)	(2)	(3)	(4)	(5)	(6)	(7)	(8)	(9)	(10)	(11)
A 类机器处所	(6)	A-60	A-60	A-60	A-60	A-60	*	A-60f	A-30	A-60	*	A-60
其他机器处所	(7)	A-15	A-0	A-0	A-0	A-0	A-0	*	A-0	A-0	*	A-0
货物处所	(8)	A-60	A-0	A-0	A-0	A-0	A-0	*	A-0	A-0	*	A-0
具有较大失火危险的服务处所	(9)	A-60	A-30 A-0d	A-30 A-0d	A-30 A-0d	A-0	A-60	A-0	A-0	A-0	*	A-30
开敞甲板	(10)	*	*	*	*	*	*	*	*	*	—	A-0
特种和滚装处所	(11)	A-60	A-30g	A-30 A-0d	A-30g	A-0	A-60g	A-0	A-0	A-30	A-0	A-30g

注:根据情况适用于表 2-15 和表 2-16。

  a. 具体适用哪一等级,见本章 2.5.1 节 2.5.1.2 条和 2.5.1.5 条。

  b. 属于同一数字类别且有上标 b 的相邻处所,只有当相邻处所用途不同时,才要求表中所示等级的舱壁或甲板(例如第(9)类)。相邻的厨房之间不要求用舱壁分隔,但厨房与油漆间相邻则要求用 A-0 级舱壁分隔。

  c. 分隔驾驶室和海图室的舱壁可以为 B-0 级。当安全中心位于驾驶室内时,分隔驾驶室和安全中心的隔壁不要求耐火等级。

  d. 见本章 2.5.1 节(2.5.1.4 条)(2)款③项和④项。

  e. 在应用本章 2.5.1 节第 2.5.1.1 条(2)款(载客不超过 36 人的客船的主竖区分隔)时,表 2-15 中的 B-0 级和 C 级应为 A-0 级。

  f. 如主管机关认为第(7)类中的机器处所极少或无失火危险,可不必设置防火隔热。

  g. 2014 年 7 月 1 日以前建造的船舶应至少符合《SOLAS 公约》第 1.2 条规定的船舶建造时适用的原有要求。

  *. 表中出现 * 处,表示指分隔要求为钢质或等效材料,但不要求为 A 级标准。但是,除第(10)类处所以外,如果甲板被贯穿以供电缆、管线和通风管道通过,应对此类贯穿处进行密封以防止火焰和烟气通过。除非安装了固定式气体灭火系统,控制站(应急发电机室)和开敞甲板之间的分隔可以设有不带关闭装置的空气进入开口。

在应用本章 2.5.1 节 2.5.1.1 条(2)款时,表 2-16 中的 * 号应视为 A-0 级,但第(8)和(10)类除外。

2.5.1.5 起居处所内的梯道和升降机的保护

（1）梯道应位于 A 级耐火分隔形成的环围之内,并在一切开口处设有可靠的

关闭装置,但下列情况除外:

①仅连接两层甲板的梯道,若在一甲板间具有适当的舱壁或自闭门使甲板的完整性得以保持,则不必环围。如果梯道在一个甲板间被环围,其梯道环围应按照本章表 2-13～表 2-16 中所列对甲板的要求加以保护。

②梯道可设于公共处所的开敞部位,但应完全位于公共处所内。

(2) 升降机围阱的设置,应能防止烟和火焰从一个甲板间通至另一个甲板间,并应设置关闭装置,以能控制气流和烟气的流通。位于梯道环围内的升降机械应布置在一个独立的舱室内,由钢质限界面环围,但允许设有升降机电缆使用的小通道。通往除走廊、公共处所、特种处所、梯道和外部区域之外的处所的升降机,不得通往脱险通道内的梯道。

2.5.1.6 客舱阳台的布置

在 2008 年 7 月 11 日或以后建造的船舶上,分隔相邻客舱阳台的非承重局部舱壁应能够由船员从每一侧打开以便灭火。

2.5.2 除液货船以外的货船的耐火分隔

2.5.2.1 起居处所的保护方法

(1) 在起居处所、服务处所和控制站内应采取下列保护方法之一:

①ⅠC法——除应安装和布置一个固定式探火和失火报警系统,以探测起居处所的所有走廊、梯道和脱险通道内的烟雾外,在起居处所和服务处所内以不燃的 B 级或 C 级耐火分隔作为内部分隔舱壁,一般不设有自动喷水器、探火和失火报警系统。

②ⅡC法——在可能成为失火源的所有处所,应安装和布置一个符合《消防安全系统规则》相关要求的认可型自动喷水器、探火和失火报警系统,以保护起居处所、厨房和其他服务处所,但空舱、卫生处所等基本上没有失火危险的处所除外。此外,还应安装和布置一个固定式失火和探火报警系统,以探测起居处所的所有走廊、梯道和脱险通道内的烟雾。除此之外,一般对内部分隔舱壁的形式不予限制。

③ⅢC法——在可能成为失火源的所有处所,应安装和布置一个固定式探火和失火报警系统,以探测所有起居处所和服务处所内的火灾,以及起居处所内所有走廊、梯道和脱险通道内的烟雾。但空舱、卫生处所等基本上没有失火危险的处所除外。除此之外,一般对内部分隔舱壁的形式不予限制。但无论在何种情况下,任一起居处所,或用 A 级或 B 级分隔作为限界面的各个处所的面积不得超过 50 m²。但对于公共处所,主管机关可考虑增加这一面积。

（2）对机器处所、控制站、服务处所等限界面的构造和隔热使用不燃材料的要求以及对上述梯道围和走廊的保护要求，是对本条（1）款所述的三种方法的共同要求。

2.5.2.2 起居处所内的舱壁

（1）要求为 B 级耐火分隔的舱壁，应由甲板延伸至甲板，并延伸至船壳和其他限界面。但是，如果在舱壁的两侧均设有连续 B 级天花板或衬板，这种舱壁可终止于连续天花板或衬板。

（2）ⅠC法——本条或其他关于货船的要求未规定为 A 级或 B 级耐火分隔的舱壁，至少应为 C 级结构。

（3）ⅡC法——除在个别情况下根据表 2-17（即《SOLAS 公约》第Ⅱ-2 章表9.5）要求为 C 级舱壁外，本条或其他关于货船的要求未规定为 A 级或 B 级耐火分隔的舱壁，其构造应不受限制。

（4）ⅢC法——除在个别情况下根据表 2-17 要求为 C 级舱壁外，凡对货船不要求为 A 级或 B 级耐火分隔的舱壁，其构造应不受限制。但无论在何种情况下，任一起居处所，或用连续 A 级或 B 级耐火分隔作为限界面的各个处所的面积不得超过50 m²。但对于公共处所，主管机关可考虑增加这一面积。

2.5.2.3 舱壁和甲板的耐火完整性

（1）除符合货船舱壁和甲板耐火完整性的具体规定外，所有舱壁和甲板的最低耐火完整性还应符合表 2-17 和表 2-18（即《SOLAS 公约》第Ⅱ-2 章表 9.5 和表9.6）的规定。

（2）各表的适用范围：

①表 2-17 和表 2-18 分别适用于分隔相邻处所的舱壁和甲板。

②表列处所分类（略）。

（3）连续 B 级天花板或衬板连同有关的甲板和舱壁，可以认为全部或部分地起到分隔所要求的隔热性和完整性的作用。

（4）以钢质或其他等效材料制造的船体、上层建筑、结构舱壁、甲板以及甲板室的外部限界面，可为安装窗或舷窗的目的而开孔，只要未要求货船的这类限界面具有 A 级完整性。同样，在不要求具有 A 级完整性的限界面上，门可以用主管机关满意的材料制成。

（5）桑拿房的要求见本章 2.5.1.3 第（4）款。

表 2-17　分隔相邻处所舱壁的耐火完整性

处所		(1)	(2)	(3)	(4)	(5)	(6)	(7)	(8)	(9)	(10)	(11)
控制站	(1)	A-0[e]	A-0	A-60	A-0	A-15	A-60	A-15	A-60	A-60	＊	A-60
走廊	(2)		C	B-0	B-0 A-0[c]	B-0	A-60	A-0	A-0	A-0	＊	A-30
起居处所	(3)			C[a, b]	B-0 A-0[c]	B-0	A-60	A-0	A-0	A-0	＊	A-30
梯道	(4)				B-0 A-0[c]	B-0 A-0[c]	A-60	A-0	A-0	A-0	＊	A-30
具有较小失火危险的服务处所	(5)					C	A-60	A-0	A-0	A-0	＊	A-0
A 类机器处所	(6)						＊	A-0	A-0[g]	A-60	＊	A-60[f]
其他机器处所	(7)							A-0[d]	A-0	A-0	＊	A-0
货物处所	(8)								＊	A-0	＊	A-0
具有较大失火危险的服务处所	(9)									A-0[d]	＊	A-30
开敞甲板	(10)										—	A-0
特种和滚装处所	(11)											A-30[j]

注：见表 2-18 下的注释。

表 2-18　分隔相邻处所甲板的耐火完整性

甲板下处所		甲板上处所										
		(1)	(2)	(3)	(4)	(5)	(6)	(7)	(8)	(9)	(10)	(11)
控制站	(1)	A-0	A-0	A-0	A-0	A-0	A-60	A-0	A-0	A-0	＊	A-60
走廊	(2)	A-0	＊	＊	A-0	＊	A-60	A-0	A-0	A-0	＊	A-30
起居处所	(3)	A-60	A-0	＊	A-0	＊	A-60	A-0	A-0	A-0	＊	A-30

表 2-18 （续）

甲板下处所		甲板上处所										
		(1)	(2)	(3)	(4)	(5)	(6)	(7)	(8)	(9)	(10)	(11)
梯道	(4)	A-0	A-0	A-0	*	A-0	A-60	A-0	A-0	A-0	*	A-30
具有较小失火危险的服务处所	(5)	A-15	A-0	A-0	A-0	*	A-60	A-0	A-0	A-0	*	A-0
A类机器处所	(6)	A-60	A-60	A-60	A-60	A-60	*	A-60i	A-30	A-60	*	A-60
其他机器处所	(7)	A-15	A-0	A-0	A-0	A-0	A-0	*	A-0	A-0	*	A-0
货物处所	(8)	A-60	A-0	A-0	A-0	A-0	A-0	A-0	*	A-0	*	A-0
具有较大失火危险的服务处所	(9)	A-60	A-0	A-0	A-0	A-0	A-60	A-0	A-0	A-0d	*	A-30
开敞甲板	(10)	*	*	*	*	*	*	*	*	*	—	A-0j
滚装和车辆处所	(11)	A-60	A-30	A-30	A-30	A-0	A-60	A-0	A-0	A-30	A-0j	A-30j

注:根据情况适用于表 2-17 和表 2-18。

a. 在ⅡC 及ⅢC 法中对舱壁无特殊要求。

b. Ⅲ在 C 法中,面积为 50 m² 及以上的各处所或各组处所之间应装设 B-0 级舱壁。

c. 具体适用哪一等级,见本章 2.5.2 节 2.5.2.2 条和 2.5.2.4 条。

d. 属于同一数字类别且有上标 d 的处所,只有当相邻处所用途不同时,才要求表中所示等级的舱壁或甲板(例如第(9)类)。相邻的厨房之间不要求用舱壁分隔,但厨房与油漆间相邻则要求用 A-0 级舱壁分隔。

e. 分隔驾驶室、海图室和无线电室的舱壁可以为 B-0 级。

f. 如果不拟载运危险货物,或危险货物的堆存处与舱壁的水平距离不少于 3 m,该舱壁可为 A-0 级。

g. 拟用于载运危险货物的货物处所适用《SOLAS 公约》第 2-2 章第 19.3.8 条。

h. 删除。

i. 如果主管机关认为第(7)类中的机器处所极少或无失火危险,可不必设置防火隔热。

j. 2014 年 7 月 1 日以前建造的船舶应至少符合《SOLAS 公约》第 1.2 条规定的船舶建造时适用的原有要求。

*. 表中出现 * 处,表示分隔要求为钢质或等效材料,但不要求为 A 级标准。但是,除开敞甲板以外,如果甲板被贯穿以供电缆、管线和通风管道通过,应对此类贯穿处进行密封以防止火焰和烟气通过。除非安装了固定式气体灭火系统,控制站(应急发电机)和开敞甲板之间的分隔可以设有不带关闭装置的空气进入开口。

2.5.2.4　起居处所、服务处所和控制站内的梯道和升降机围阱的保护

（1）仅穿过一层甲板的梯道，最低限度应在一层甲板上至少用 B-0 级耐火分隔及自闭式门保护。仅穿过一层甲板的升降机，应在两层甲板上用装有钢质门的 A-0 级耐火分隔来环围。穿过一层以上甲板的梯道及升降机围阱，应在各层甲板上至少用 A-0 级耐火分隔环围，并用自闭式门保护。

（2）在设有容纳 12 人或少于 12 人的起居处所的船上，如梯道穿过多于一层甲板，且每层起居处所甲板上至少有 2 条直接通往开敞甲板的脱险通道，则上述本条（1）款所要求的 A-0 级可降为 B-0 级。

2.5.3　液货船的耐火分隔

2.5.3.1　对于液货船，应仅采用本章 2.5.2 节 2.5.2.1 条（1）款所定义的ⅠC 法

2.5.3.2　舱壁和甲板的耐火完整性

（1）取代本章 2.5.2 节。除应符合关于液货船舱壁和甲板耐火完整性的具体规定外，所有舱壁和甲板的最低耐火完整性还应符合表 2-19 和表 2-20（即《SOLAS公约》第Ⅱ-2 章表 9.7 和表 9.8）的规定。

（2）各表的适用范围以下列要求为准：

①表 2-19 和表 2-20 分别适用于分隔相邻处所的舱壁和甲板。

②表列处所分类（略）。

表 2-19　分隔相邻处所舱壁的耐火完整性

处所		(1)	(2)	(3)	(4)	(5)	(6)	(7)	(8)	(9)	(10)
控制站	(1)	A-0^c	A-0	A-60	A-0	A-15	A-60	A-15	A-60	A-60	*
走廊	(2)		C	B-0	B-0 A-0^a	B-0	A-60	A-0	A-60	A-0	*
起居处所	(3)			C	B-0 A-0^a	B-0	A-60	A-0	A-60	A-0	*
梯道	(4)				B-0 A-0^a	B-0 A-0^a	A-60	A-0	A-60	A-0	*
具有较小失火危险的服务处所	(5)					C	A-60	A-0	A-60	A-0	*
A 类机器处所	(6)						*	A-0	A-0^d	A-60	*

表 2-19 （续）

处所		(1)	(2)	(3)	(4)	(5)	(6)	(7)	(8)	(9)	(10)
其他机器处所	(7)							A-0[b]	A-0	A-0	*
液货泵舱	(8)								*	A-60	*
具有较大失火危险的服务处所	(9)									A-0[b]	*
开敞甲板	(10)										—

注:见表 2-20 下的注释。

表 2-20　分隔相邻处所甲板的耐火完整性

甲板下处所		甲板上处所									
		(1)	(2)	(3)	(4)	(5)	(6)	(7)	(8)	(9)	(10)
控制站	(1)	A-0	A-0	A-0	A-0	A-0	A-60	A-0	—	A-0	*
走廊	(2)	A-0	*	*	A-0	*	A-60	A-0	—	A-0	*
起居处所	(3)	A-60	A-0	*	A-0	A-0	A-60	A-0	—	A-0	*
梯道	(4)	A-0	A-0	A-0	*	A-0	A-60	A-0	—	A-0	*
具有较小失火危险的服务处所	(5)	A-15	A-0	A-0	A-0	*	A-60	A-0	—	A-0	*
A 类机器处所	(6)	A-60	A-60	A-60	A-60	A-60	*	A-60[e]	A-0	A-60	*
其他机器处所	(7)	A-15	A-0	A-0	A-0	A-0	A-0	*	A-0	A-0	*
液货泵舱	(8)	—	—	—	—	—	A-0[d]	A-0	*	A-0	*
具有较大失火危险的服务处所	(9)	A-60	A-0	A-0	A-0	A-0	A-60	A-0	A-0	A-0[b]	*
开敞甲板	(10)	*	*	*	*	*	*	*	*	*	—

注:根据情况适用于表 2-19 和表 2-20。

　a. 具体适用哪一等级,见本章 2.5.2 节 2.5.2.2 条和 2.5.2.4 条。

　b. 属于同一数字类别且有上标 b 的处所,只有当相邻处所用途不同时,才要求表中所示等级的舱壁或甲板(例如第(9)类)。相邻的厨房之间不要求用舱壁分隔,但厨房与油漆间相邻则要求用 A-0 级舱壁分隔。

　c. 分隔驾驶室、海图室和无线电室的舱壁可以为 B-0 级。

　d. 在液货泵舱和 A 类机器处所之间的舱壁和甲板可以让货油泵轴的填料函盖以及类似的填料函盖贯穿件穿过,但应在舱壁或甲板的贯穿处采用有效润滑达到气密或采用其他能保证永久性气密的装置。

　e. 如果主管机关认为第(7)类中的机器处所极少或无失火危险,可不必设置防火隔热。

　*. 表中出现 * 处,表示分隔要求为钢质或等效材料,但不要求为 A 级标准。但是,除开敞甲板以外,如果甲板被贯穿以供电缆、管线和通风管道通过,应对此类贯穿件进行密封以防止火焰和烟气通过。除非安装了固定式气体灭火系统,控制站(应急发电机室)和开敞甲板之间的分隔可以设有不带关闭装置的空气进入开口。

（3）连续 B 级天花板或衬板连同有关的甲板和舱壁，可以认为全部或部分地起到分隔所要求的隔热性和完整性的作用。

（4）以钢质或其他等效材料制造的船体、上层建筑、结构舱壁、甲板以及甲板室的外部限界面，可为安装窗或舷窗的目的而开孔，只要未要求液货船的这类限界面具有 A 级完整性。同样，在不要求具有 A 级完整性的限界面上，门可以使用主管机关满意的材料制成。

（5）环围起居处所的上层建筑和甲板室的外部限界面并包括支承该起居处所的悬伸甲板，其面向货物区域的所有部分以及从面向货物区域的限界面端部起 3 m 之内的外表面，应用钢材制成并隔热至 A-60 级标准。该 3 m 距离应在每层级甲板上从面向货物区域的限界面起平行船舶中线按水平面量取。对于这种上层建筑和甲板室的各个侧面，此种隔热应延伸到驾驶室甲板的底面。

（6）液货泵舱的天窗应为钢质，不得镶有玻璃，并应能在泵舱外部予以关闭。

（7）桑拿房的要求见本章 2.5.1.3 第（4）款。

2.6　国内航行海船的耐火分隔

2.6.1　客船的耐火分隔

2.6.1.1　客船的等级与舱室耐火分隔的关系

根据 MSA《国内航行海船法定检验技术规则（2020）》的规定，航行于远海航区和近海航区的客船为Ⅰ级客船，航行于沿海航区的客船根据航程距庇护地距离分别为Ⅱ级或Ⅲ级客船，航行于遮蔽航区的客船为Ⅲ级客船（客船的等级划分详见本技术丛书一分册第 5 章《救生设备》5.2.2.1 条"航区及客船等级划分"）。

关于客船的等级与其舱室耐火分隔之间的关系如下所述：

（1）Ⅰ级客船的构造-防火（耐火分隔）应满足《国际航行海船法定检验技术规则》第 4 篇第 2-2 章的有关规定（即本章 2.5.1 节的规定）。

（2）Ⅱ级和Ⅲ级客船载客人数分别达到下列条件时，则应满足高一级别的相应技术要求，但不改变其客船等级：

①载客 500 人及以上的Ⅱ级客船应满足Ⅰ级客船的相应要求。

②载客 500 人及以上的Ⅲ级客船，应满足Ⅱ级客船的相应要求。

③载客 1 000 人及以上的Ⅲ级客船则应满足Ⅰ级客船的相应要求。

2.6.1.2　主竖区和水平区

Ⅱ级客船应符合下列要求：

（1）应将起居处所和服务处所范围内的船体、上层建筑和甲板室划分为若干主竖区。阶层和壁龛应减至最少，如属必需者，也应为 A-0 级耐火分隔。分隔的隔热值应符合本节 2.6.1.4 条（3）款中相应的表列规定。

（2）舱壁甲板以上形成主竖区限界面的舱壁，只要实际可行，应与直接在舱壁以下的水密分舱舱壁位于同一直线上。如果在任一层甲板上主竖区的总面积不大于 1 600 m²，则主竖区的长度和宽度的最大值可增加到 48 m。主竖区的长度和宽度是指环围主竖区舱壁的最远点之间的最大距离。

（3）形成主竖区限界面的舱壁应由甲板延伸至甲板，并延伸至船壳或其他限界面。

（4）如某一主竖区内以水平 A 级耐火分隔再分为若干水平区，用以对船上喷水器系统区域与非喷水器系统区域之间提供适当的屏障时，此水平分隔应延伸至相邻的两个主竖区舱壁，并延伸至该船的壳板或外部限界面，并应按表 2-22 所列的耐火完整性的等级予以隔热。

（5）为特殊用途而设计的船舶，若设置主竖区舱壁将影响船舶预定的用途时，应以能控制和限制火灾的等效设施来代替，并应符合《国内航行海船法定检验技术规则》总则中的等效免除要求。

2.6.1.3　主竖区或起居处所、服务处所、控制站内的舱壁

（1）凡要求为 B 级耐火分隔的走廊舱壁，应从甲板延伸至甲板，但下列情况除外：

①当在舱壁的两侧设置连续 B 级天花板或衬板时，连续天花板或衬板后面的舱壁部分，其所用材料应为 B 级耐火分隔结构所允许的厚度和成分。仅在合理和可行时，舱壁这一部分需满足 B 级完整性标准的要求。

②在具有自动喷水器系统保护的船舶上，以 B 级材料建造的走廊舱壁可在走廊内天花板处终止，但天花板应为 B 级耐火分隔结构所允许的厚度和成分。虽然有本节 3.6.1.4 条中表列完整性的要求，但仅在合理和可行时，上述舱壁和天花板需满足 B 级完整性标准的要求。上述舱壁上的一切门和门框应为不燃材料，其构造和安装应能提供可靠的耐火性能。

（2）除本条上述（1）款规定的走廊舱壁外，一切要求为 B 级分隔的舱壁应由甲板延伸至甲板，并延伸至船壳或其他限界面；但如在舱壁的两侧均设有连续 B 级天花板或衬板时，此舱壁可终止于连续天花板或衬板。

2.6.1.4　舱壁与甲板的耐火完整性

（1）除应符合关于客船舱壁及甲板耐火完整性的其他规定外，舱壁和甲板应

分别满足表 2-21、表 2-22、表 2-23 和表 2-24（即《国内航行海船法定检验技术规则》第 4 篇第 2-2 章表 2-2.2.4.3a、表 2-2.2.4.3b、表 2-2.2.4.4a 和表 2-2.2.4.4b）的最低耐火完整性要求。若某一处所因其用途的特殊性在按规定进行分类存在疑问时，则此处所应按有关类别中具有最严格的限界面要求的处所来处理。

表 2-21　分隔相邻处所舱壁的耐火完整性

处所		①	②	③	④	⑤	⑥	⑦	⑧	⑨	⑩
控制站	①	A-0[c]	A-0	A-60	A-0	A-15	A-60	A-15	A-60	A-60	*
走廊	②		C[e]	B-0[e]	A-0[a] B-0[e]	B-0[e]	A-60	A-0	A-0	A-0	*
起居处所	③			C[e]	A-0[a] B-0[e]	B-0[e]	A-60	A-0	A-0	A-0	*
梯道	④				A-0[a] B-0[e]	A-0[a] B-0[e]	A-60	A-0	A-0	A-0	*
较小失火危险的服务处所	⑤					C[e]	A-60	A-0	A-0	A-0	*
A 类机器处所	⑥						*	A-0	A-0	A-60	*
其他机器处所	⑦							A-0[b]	A-0	A-0	*
货物处所	⑧								*	A-0	*
较大失火危险的服务处所	⑨									A-0[b]	*
开敞甲板	⑩										—

表 2-22　分隔相邻处所甲板的耐火完整性

甲板下处所		甲板上处所									
		①	②	③	④	⑤	⑥	⑦	⑧	⑨	⑩
控制站	①	A-0	A-0	A-0	A-0	A-0	A-60	A-0	A-0	A-0	*
走廊	②	A-0	*	*	A-0	*	A-60	A-0	A-0	A-0	*
起居处所	③	A-60	A-0	*	A-0	*	A-60	A-0	A-0	A-0	*
梯道	④	A-0	A-0	A-0	*	A-0	A-60	A-0	A-0	A-0	*
较小失火危险的服务处所	⑤	A-15	A-0	A-0	A-0	*	A-60	A-0	A-0	A-0	*

表 2-22 （续）

甲板下处所		甲板上处所									
		①	②	③	④	⑤	⑥	⑦	⑧	⑨	⑩
A 类机器处所	⑥	A-60	A-60	A-60	A-60	A-60	*	A-60f	A-30	A-60	*
其他机器处所	⑦	A-15	A-0	A-0	A-0	A-0	A-0	*	A-0	A-0	*
货物处所	⑧	A-60	A-0	A-0	A-0	A-0	A-0	A-0	*	A-0	*
较大失火危险的服务处所	⑨	A-60	A-0	A-0	A-0	A-0	A-60	A-0	A-0	A-0	*
开敞甲板	⑩	*	*	*	*	*	*	*	*	*	*

注:适用于表 2-21 和表 2-22。

a. 具体适用哪一等级,见本章 2.6.1 节 2.6.1.3 条和 2.6.1.5 条。

b. 当相邻处所为同一数字类别且右上角注有 b 时,只有不同用途的相邻处所之间才要求表中所列等级的舱壁或甲板(例如第⑨类)。在两个厨房之间不要求用舱壁分隔,但油漆间和厨房之间要求用 A-0 级舱壁分隔。

c. 分隔驾驶室和海图室的舱壁可以为 B-0 级。

e. 当该分隔为主竖区或水平区的限界面时,表 2-21 中的 B-0 级和 C 级应为 A-0 级。

f. 若第⑦类机器处所被确认为极少或没有失火危险,则不必设置防火隔热层。

*. 表中的 * 号是指该分隔要求用钢或其他等效材料建造,但不要求为 A 级标准。然而,除第⑩类处所以外,如果甲板被贯穿以布置电缆、管线和通风管道通过,应对贯穿件处进行密封,防止火焰和烟气通过。除非安装了固定式气体灭火系统,控制站(应急发电机室)和开敞甲板间的分隔可以设有不带关闭装置的空气进口开口。当该分隔为水平区的限界面时,表 2-21 中的 * 号应被视为 A-0 级,第⑧和⑩类除外。

—. 对限界面的材料或完整性不做特殊要求。

(2) 各表的适用范围应以下列要求为准:

①表列处所分类(略)。

②凡未设有自动喷水器系统的某一主竖区或水平区内的两个处所之间的限界面,或两个均无此种自动喷水器系统保护的主竖区或水平区之间的限界面,当运用表 2-23 和表 2-24 确定其所适用的耐火完整性标准时,应采用表列两个等级中的较高值。

③凡设有自动喷水器系统的某一主竖区或水平区内的两个处所之间的限界面,或两个均有此种自动喷水器系统保护的主竖区和水平区之间的限界面,当运用表 2-23 和表 2-24 确定其所适用的耐火完整性标准时,应采用表列两个等级中的较低值。当一个装有喷水器系统区域和一个未装有喷水器系统区域在起居处所及服务处所内相接时,此两区域之间的分隔应采用表 2-23 和表 2-24 所列两个等级中的较高值。

④连续 B 级天花板或衬板连同有关的甲板和舱壁,可以认为全部或部分地起到分隔所要求的隔热性和完整性的作用。

(3) Ⅱ级客船分隔相邻处所舱壁和甲板的耐火完整性应分别符合表 2-21 和表 2-22 的规定。

(4) Ⅲ级客船分隔相邻处所舱壁和甲板的耐火完整性应分别符合表 2-23 和表 2-24 的规定。

表 2-23　分隔相邻处所舱壁的耐火完整性

处所		①	②	③	④	⑤	⑥	⑦	⑧	⑨	⑩
控制站	①	A-0^c	A-0	A-15	A-0	A-15	A-30^P A-15	A-15	A-30	A-30	*
走廊	②		C	B-0	A-0^a B-0	B-0	A-30^P A-15	A-0	A-0	A-15 A-0^d	*
起居处所	③			C	A-0^a B-0	B-0	A-30^P A-15	A-0	A-0	A-15 A-0^d	*
梯道	④				A-0^a	A-0^a	A-30^P A-15	A-0	A-0	A-15	*
较小失火危险的服务处所	⑤						C	A-0	*	*	A-0	*
A 类机器处所	⑥							*	A-0	A-0	A-30	*
其他机器处所	⑦								*	*	A-0	*
货物处所	⑧									*	A-0	*
较大失火危险的服务处所	⑨										*^{k}	*
开敞甲板	⑩											—

表 2-24　分隔相邻处所甲板的耐火完整性

甲板下处所		甲板上处所									
		①	②	③	④	⑤	⑥	⑦	⑧	⑨	⑩
控制站	①	A-0	A-0	A-0	A-0	A-0	A-60	A-0	A-0	A-0	*
走廊	②	A-0	*	*	A-0	*	A-60	A-0	A-0	A-0	*
起居处所	③	A-15	A-0	*	A-0	*	A-60	A-0	A-0	A-0	*

表 2-24　(续)

甲板下处所		甲板上处所									
		①	②	③	④	⑤	⑥	⑦	⑧	⑨	⑩
梯道	④	A-0	A-0	A-0	*	A-0	A-60	A-0	A-0	A-0	*
较小失火危险的服务处所	⑤	A-15	A-0	A-0	A-0	*	A-60	A-0	A-0	A-0	*
A 类机器处所	⑥	A-30^p A-15	A-30^p A-15	A-30^p A-15	A-30^p A-15	A-15	*	A-0	A-15	A-30	*
其他机器处所	⑦	A-15	A-0	A-0	A-0	A-0	A-0	*	A-0	A-0	*
货物处所	⑧	A-30	A-0	A-0	A-0	A-0	A-0	A-0	*	A-0	*
较大失火危险的服务处所	⑨	A-30	A-15 A-0^d	A-15 A-0^d	A-15 A-0^d	A-0	A-15^p A-0	A-0	A-0	*	*
开敞甲板	⑩	*	*	*	*	*	*	*	*	*	*

注:适用于表 2-23 和 2-24。

　a. 具体适用哪一等级,见本章 2.6.1 节 2.6.1.3 条和 2.6.1.5 条。

　c. 分隔驾驶室和海图室的舱壁可以为 B-0 级。

　d. 见本章 2.6.1 节 2.6.1.4 条(2)款②和③项。

　k. 只有不同用途的相邻处所才要求表列等级的舱壁和甲板。例如,在两厨房之间不要求有舱壁分隔,但油漆间和舱壁之间要有钢质或其他等效材料制成的舱壁。

　p. 当用作主推进的内燃机的总输出功率大于 375 kW 时的分隔等级。

　*. 要求用钢质或其他等效材料制成,但不要求为 A 级标准。

　—. 对限界面的材料或完整性不作特殊要求。

　　(5)面向救生设施、登乘站和外部集合站区域、用作脱险通道的外部梯道和开敞甲板的外部限界面,以及在失火时遭受破坏后会阻碍撤向登乘甲板处的限界面,包括门、窗和舷窗,其耐火完整性应至少为 A-0 级标准。对载客 100 人及以上的应达到 A-30 级标准。载客 500 人及以上的应达到 A-60 级标准。

　　(6)对于撤离站和外部脱险通道(包括救生艇、筏存放区、作为救生艇和救生筏登乘降落站的开敞甲板处所和围闭游步甲板处所、内部和外部集合站、用作脱险通道的外部梯道和开敞甲板、最轻载航行水线之上的舷侧和位于救生艇、筏和撤离滑道的登乘区域下方且相邻的上层建筑和甲板室舷侧),除与其相邻处所为开敞甲板处所、卫生间及类似处所以及极少数或没有失火危险的舱、空舱及辅机处所,其限界面的耐火完整性为 A-0 级标准外,其他与其相邻处所的限界面耐火完整性应至少为 A-30 级标准,当载客 500 人及以上时应达到 A-60 级标准。但最轻载航行水线以上的船侧、位于救生艇筏和撤离滑道的登乘区域甲板下方且相邻的上层建筑和甲板室舷侧可降低为 A-30 级标准。若具有失火危险(不论大小)的起居处所或卫生间及类似处所完全位于集合站的外边界之内,这些处所的舱壁允许具有 B-0级耐火完整性。其中声音、视象和灯光装置的控制位置可以视为集合站的一部分。

2.6.1.5　起居处所与服务处所内的梯道及电梯的保护

(1)一切梯道应在 A 级耐火分隔形成的环围之内,并在一切开口处具有有效的关闭装置,但下列情况除外:

①仅连接两层甲板的梯道,若在一个甲板间具有适当的舱壁或门以保持甲板的完整性,则不必环围。当梯道在一个甲板间被环围时,其梯道环围应相应按照表2-22 或表 2-24 中所列对甲板的要求加以保护。

②如梯道完全处于公共处所内,则不必环围。

③对于载客 100 人以下的Ⅲ级客船,可以允许梯道在 B 级耐火分隔形成的环围之内,并在一切开口处具有有效的关闭装置,但若设有仅连接两层甲板的梯道,则至少在一个水平面上可以用 B-0 级耐火分隔环围。

(2)梯道环围内应有直接通向走廊的出入口,且应考虑到紧急时可能使用该出入口的人数而需要的足够面积,以免出现拥挤。在这些梯道环围的周界内,仅允许布置公共盥洗室、由不燃材料建成的用来存放安全设备的储藏室以及非封闭服务台。只允许走廊、公共盥洗室、特种处所、除机器处所外的其他脱险通道以及船舶外部区域有直接通向梯道环围的出入口。公共处所也可设有直接通向梯道环围的出入口,但剧场后台除外。用于将围蔽梯道与厨房或主洗衣室隔开的小的走廊或"门厅"可直接通向梯道,但其最小甲板面积应为 4.5 m^2,宽度不小于 900 mm,并设有消防水带箱。

(3)所有梯道应为钢质结构或经认可的等效材料。

(4)升降机围阱的设置,应能防止烟及火焰从一个甲板间通至另一个甲板间,并应设置关闭装置,以控制气流及烟气的流通。但位于梯道环围内的升降机械应布置在一个独立的舱室内,由钢质限界面环围,但允许设有升降机电缆使用的小通道。通往除走廊、公共处所、特种处所、梯道和外部区域之外的处所的升降机,不应通往脱险通道内的梯道。

2.6.1.6　可燃材料的限制使用

(1)Ⅱ级和载客 100 人及以上的Ⅲ级客船

①除货物处所、邮件舱、行李室或服务处所的冷藏室以及明文规定对内部分隔舱壁形式不予限制的起居处所、服务处所外,一切天花板、衬板、衬档、风档及隔热物应为不燃材料。

②（略）。

③为了实用或美术处理而用作某一处所内部分隔的局部舱壁或甲板,应为不燃材料;衬板、天花板和用作遮蔽或分隔相邻客舱阳台的局部舱壁或甲板也应为不燃材料。

④起居处所和服务处所内及客舱阳台表面加装可燃材料的 A、B 或 C 级耐火分隔,其贴面、嵌条、装饰物及装饰板应满足下列要求,但是,在桑拿房内采用传统的木制长凳以及在舱壁和天花板上铺木衬板除外。

⑤在梯道环围内仅允许设置座椅。每一层甲板的每一个梯道环围内座椅的数量应不超过 6 张,这些座椅应用限制着火危险材料制造并予以固定,同时应不堵塞乘客脱险通道。如这些座位是固定式的,并由不燃材料制成,且不堵塞乘客脱险通道。可在梯道环围内的主接待区增加座位数。在居住处所内构成脱险通道的乘客和船员用的走廊上,不允许设置家具。

（本款下略）

（2）载客 100 人以下的Ⅲ级客船:

①应至少满足上述（1）款①~④项的要求。

②在梯道环围内仅允许设置座椅。座椅应予以固定,且应不堵塞乘客脱险通道。在居住处所内构成脱险通道的乘客和船员用的走廊上,不允许设置家具。

2.6.1.7　构造细节

（1）Ⅱ级和Ⅲ级客船

①在起居处所和服务处所、控制站、走廊和梯道内,封闭在天花板、镶板或衬板后面的空隙应以紧密安装的且间距不超过 14 m 的挡风条做适当的分隔。上述围蔽空隙,包括梯道、围壁通道等衬板后面的空隙,在垂直方向上,应在每层甲板处加以封堵。

②天花板及舱壁的构造应在不降低其防火效能的情况下,使消防巡逻人员能探知隐蔽和不易到达处所的烟源,但不致产生气体燃料危险的处所可以除外。

（2）载客 100 人以下的Ⅲ级客船,应满足本条上述（1）款①项的要求。

（3）分隔相邻居住舱室阳台的非承重局部舱壁应能够由船员从每一侧打开以便灭火。

2.6.2　货船的耐火分隔

2.6.2.1　起居处所和服务处所的保护方法

（1）2 000总吨及以上的货船

对于起居处所和服务处所的保护方法以及处所内的舱壁的要求与国际航行货船的要求基本相同,即采用ⅠC法、ⅡC法或ⅢC法(见本章2.5.2节),其主要区别是,对于国内航行的 2 000 总吨及以上的货船采用ⅢC法时,用 A 级或 B 级耐火分隔的任一起居处所或处所群的面积不超过 50 m²,对于公共处所一般不超过 70 m²。

(2) 对于 500 总吨及以上但小于 2 000 总吨的货船

在起居处所和服务处所内(留空处所、卫生处所除外),应采取下列保护方法之一:

①用 A 级或 B 级耐火分隔的处所或处所群的面积不超过 50 m²,对于公共处所一般不超过 70 m²。

②装设固定式探火和失火报警系统,此时对内部分隔不予限制。

2.6.2.2　舱壁和甲板的耐火完整性

(1) 除应符合其他条文的规定外,所有舱壁和甲板的最低耐火完整性还应分别满足表 2-25、表 2-26、表 2-27 和表 2-28(即《国内航行海船法定检验技术规则(2020)》第 2-2 章表 2-2.3.2.3a、表 2-2.3.2.3b、表 2-2.3.2.4a 和表 2-2.3.2.4b)所列要求。

(2) 各表的适用范围以下列要求为准:

①表列处所分类(略)。

②连续 B 级天花板或衬板连同有关的甲板和舱壁,可以认为全部或部分地起到分隔所要求的隔热性和完整性的作用。

(3) 2 000 总吨及以上的货船的分隔相邻处所舱壁和甲板的耐火完整性应分别符合表 2-25 和表 2-26 的规定。

表 2-25　分隔相邻处所舱壁的耐火完整性

处所		①	②	③	④	⑤	⑥	⑦	⑧	⑨	⑩	⑪
控制站	①	A-0^e	A-0	A-60	A-0	A-15	A-60	A-15	A-60	A-60	*	A-60
走廊	②		C	B-0	A-0^c B-0	B-0	A-60	A-0	A-0	A-0	*	A-30
起居处所	③			C^a, b	A-0^c B-0	B-0	A-60	A-0	A-0	A-0		A-30
梯道	④				A-0^c B-0	A-0^c B-0	A-60	A-0	A-0	A-0	*	A-30

船舶舱室设备和内装

表 2-25 （续）

处所		①	②	③	④	⑤	⑥	⑦	⑧	⑨	⑩	⑪
较小失火危险的服务处所	⑤					C	A-60	A-0	A-0	A-0	*	A-0
A 类机器处所	⑥						*	A-0	A-0^g	A-60	*	A-60^f
其他机器处所	⑦							A-0^d	A-0	A-0	*	A-0
货物处所	⑧								*	A-0	*	A-0
较大失火危险的服务处所	⑨									A-0^d	*	A-30
开敞甲板	⑩										—	A-0
滚装处所和车辆处所	⑪											A-30

表 2-26　分隔相邻处所甲板的耐火完整性

甲板下处所		甲板上处所										
		①	②	③	④	⑤	⑥	⑦	⑧	⑨	⑩	⑪
控制站	①	A-0	A-0	A-0	A-0	A-0	A-60	A-0	A-0	A-0	*	A-60
走廊	②	A-0	*	*	A-0	*	A-60	A-0	A-0	A-0	*	A-30
起居处所	③	A-60	A-0	*	A-0	*	A-60	A-0	A-0	A-0	*	A-30
梯道	④	A-0	A-0	A-0	*	A-0	A-60	A-0	A-0	A-0	*	A-30
较小失火危险的服务处所	⑤	A-15	A-0	A-0	A-0	*	A-60	A-0	A-0	A-0	*	A-0
A 类机器处所	⑥	A-60	A-60	A-60	A-60	A-60	*	A-60^i	A-30	A-60	*	A-60
其他机器处所	⑦	A-15	A-0	A-0	A-0	A-0	A-0	*	A-0	A-0	*	A-0

表 2-26 （续）

甲板下处所		甲板上处所										
		①	②	③	④	⑤	⑥	⑦	⑧	⑨	⑩	⑪
货物处所	⑧	A-60	A-0	A-0	A-0	A-0	A-0	A-0	*	A-0	*	A-0
较大失火危险的服务处所	⑨	A-60	A-0	A-0	A-0	A-0	A-60	A-0	A-0	A-0d	*	A-30
开敞甲板	⑩	*	*	*	*	*	*	*	*	*	*	A-0
滚装处所和车辆处所	⑪	A-60	A-30	A-30	A-30	A-0	A-60	A-0	A-0	A-30	A-0	A-30

注：根据情况适用于表 2-25 和表 2-26。

a. 在 ⅡC 及ⅢC 法中对舱壁无特殊要求。

b. 在 ⅡC 法中，面积为 50 m² 及以上的各处所或处所群之间应装设 B-0 级舱壁。

c. 具体适用哪一等级，见本章 2.6.2 节 2.6.2.1 条（1）款和 2.6.2.3 条。

d. 如各处所属于同一数字类别且右上角注有 d 时，只有不同用途的相邻处所之间才要求表中所列等级的舱壁或甲板（例如第⑨类）。在两个厨房之间不要求用舱壁分隔，但油漆间和厨房之间要求用 A-0 级舱壁分隔。

e. 分隔驾驶室、海图室和无线电室的舱壁可以为 B-0 级。

f. 如果不拟载运危险货物，或危险货物的堆存处与舱壁的水平距离不少于 3 m，该舱壁可为 A-0 级。

g. 拟用于载运危险货物的货物处所应符合《国内航行海船法定检验技术规则》第 4 篇第 2-2 章 2-2.3.10 的要求。

i. 若第⑦类其他机器处所被确认为极少或无失火危险，可不必设置防火隔热。

*. 该分隔要求用钢或其他等效材料建造，但不要求为 A 级标准。除开敞甲板以外，如果甲板被贯穿以布置电缆、管线和通风管道通过，应对此类贯穿处进行密封，防止火焰和烟气通过。除非安装了固定式气体灭火系统，控制站（应急发电机）和开敞甲板之间的分隔可以设有不带关闭装置的空气进入开口。

—. 对限界面的材料或完整性不做特殊要求。

（4）500 总吨及以上但小于 2 000总吨的货船的分隔相邻处所舱壁和甲板的耐火完整性应分别符合表 2-27 和表 2-28 的规定。

表 2-27 分隔相邻处所舱壁的耐火完整性

处所		①	②	③	④	⑤	⑥	⑦	⑧	⑨	⑩	⑪
控制站	①	A-0e	A-0	A-30	A-0	A-0	A-30i A-15	A-0	A-30	A-60	*	A-60

表 2-27 （续）

处所		①	②	③	④	⑤	⑥	⑦	⑧	⑨	⑩	⑪
走廊	②		C	B-0	B-0^k C	B-0	A-30^i A-15	A-0	A-0	A-0	*	A-30
起居处所	③			—^1	B-0^k C	C	A-30^i A-15	A-0	A-0	A-0	*	A-30
梯道	④				B-0^k C	B-0^k C	A-30^i A-15	A-0	A-0	A-0	*	A-30
较小失火危险的服务处所	⑤					*	A-0	*	*	*	*	*^h
A类机器处所	⑥						*	A-0	A-30^m A-0^f	A-30	*	A-30^m A-0^f
其他机器处所	⑦							*	A-0	A-0	*	A-0
货物处所	⑧								*	A-0		A-0
较大失火危险的服务处所	⑨									A-0^d	*	A-30
开敞甲板	⑩										—	*
滚装处所和车辆处所	⑪											*^h

表 2-28　分隔相邻处所甲板的耐火完整性

甲板下处所		甲板上处所										
		①	②	③	④	⑤	⑥	⑦	⑧	⑨	⑩	⑪
控制站	①	A-0	A-0	A-0	A-0	A-0	A-30^i A-15	A-0	A-0	A-0	*	A-30
走廊	②	A-0	*	*	A-0	*	A-30^i A-15	A-0	A-0	A-0	*	A-0

表 2-28　（续）

甲板下处所		甲板上处所										
		①	②	③	④	⑤	⑥	⑦	⑧	⑨	⑩	⑪
起居处所	③	A-30	A-0	*	A-0	*	A-30[j] / A-15	A-0	A-0	A-0	*	A-0
梯道	④	A-0	A-0	A-0	*	*	A-30[j] / A-15	A-0	A-0	A-0	*	A-0
较小失火危险的服务处所	⑤	A-0	A-0	*	A-0	*	A-0	*	*[h]	*	*	A-0
A 类机器处所	⑥	A-30[j] / A-15	A-30[j] / A-15	A-30[j] / A-15	A-30[j] / A-15	A-0	*	A-30[j]	A-30[m] / A-0[f]	A-30[j] / A-15	*	A-30[m] / A-0[f]
其他机器处所	⑦	A-0	A-0	A-0	A-0	*	A-0	A-0	A-0	A-0	*	A-0
货物处所	⑧	A-30	A-0	A-0	A-0	*	A-30[m] / A-0[f]	*	*	A-0	*	A-0
较大失火危险的服务处所	⑨	A-30	A-0	A-0	A-0	A-0	A-30[j] / A-15	*	A-0	A-0[d]	*	A-0
开敞甲板	⑩	*	*	*	*	*	*	*	*	*	—	*
滚装处所和车辆处所	⑪	A-30	A-0	A-0	A-0	*	A-30[m] / A-0[f]	A-0	A-0	A-0	*	*[h]

注：适用于表 2-27 和表 2-28。

j. 当用于主推进的内燃机输出功率大于 375 kW 时的分隔等级。

k. 穿过多于一层甲板的梯道应至少用 B-0 级分隔环围，并用自闭门保护。

l. 在选择本节 2.6.2.1 条(2)款①项的方法时，任一起居处所或起居处所群用 A 级或 B 级舱壁进行分隔的面积应不大于 50 m²。

m. 拟用于载运危险货物的货物处所和滚装处所，应满足《国内航行海船法定检验技术规则》第 4 篇第 2-2 章 2-2.3.10 的要求，但其中的 A-60 级标准允许放宽至 A-30 级标准。

h. 分隔滚装处所的舱壁和甲板应能以合理的气密方式关闭，如果确认该处所极少或无失火危险，此类分隔应在尽可能合理和可行的范围内具有 A 级完整性标准。

（5）500 总吨以下的货船

①走廊舱壁及其上的门应为钢质或不燃材料。

②A 类机器处所、厨房的限界面应为钢质或等效材料结构,其上的门应用钢质或不燃材料制成。

2.6.2.3 起居处所、服务处所和控制站内梯道及电梯的保护

（1）2 000总吨及以上的货船

①仅穿过一层甲板的梯道,应至少在一个水平面上用至少为 B-0 级耐火分隔及自闭门保护。仅穿过一层甲板的电梯,应在两层甲板上用装有钢质门的 A-0 级耐火分隔来环围。穿过多于一层甲板的梯道及电梯围阱,应在每层甲板上至少用 A-0 级耐火分隔环围,并用自闭门保护。

②在居住舱室容纳 12 人及以下的船上,如梯道穿过多于一层甲板,但每一层起居处所甲板上至少有 2 个直接通往开敞甲板的脱险通道,则上述（1）款①项所要求的 A-0 级可降低为 B-0 级。

③所有梯道应为钢质结构或经认可的等效材料制成。

（2）2 000总吨以下的货船

①电梯围阱及穿过一层甲板的梯道,应至少应用 B-0 级环围,并用自闭门保护。

②所有梯道应为钢质结构或经认可的等效材料制成。

2.6.2.4 可燃材料的限制使用

（1）走廊和梯道的环围以及起居处所、服务处所（桑拿房除外）和控制站的天花板的外露表面,以及起居处所、服务处所和控制站内隐蔽或不能到达之处的表面和衬档。应具有低播焰性。

（2）用于外露表面使用的油漆、清漆和其他饰面涂料应不致产生过量的烟气及毒性物质。

（3）在起居处所、服务处所和控制站内使用的甲板基层敷料,应为在高温时不易着火、不致产生烟气及毒性物质或爆炸危险的经认可的材料。

2.6.2.5 构造细节

（1）2 000总吨及以上的货船

①Ⅰ C 法——在起居处所、服务处所和控制站内,所有的衬板、天花板、风档及其相连的衬档均应为不燃材料。

②ⅡC 法和ⅢC 法——在起居处所、服务处所和控制站使用的走廊和梯道环

围内,衬板、天花板、风档及其相连的衬档均应为不燃材料。

③ⅠC、ⅡC 和ⅢC 法(详见《国内航行海船法定检验技术规则》第 4 篇 2-2 章 2-2.3.7.1(3))。

(2) 2 000 总吨以下的货船,应尽可能满足本条上述(1)款③项的要求。

2.6.3　液货船的耐火分隔

本节所述适用于载运闪点不超过 60 ℃(闭杯试验,由经认可的闪点仪测定)且其雷特蒸汽压低于大气压的原油和石油产品的液货船,以及载运具有同样失火危险的其他液体产品的液货船。也适用于所有兼用船,这类船舶不应载运油类以外的其他货物,除非所有液货舱已经卸空了油并除气,或者针对每一情况的布置符合惰性气体系统的有关要求。

2.6.3.1　外部限界面的耐火分隔

(1) 环围起居处所的上层建筑和甲板室的外部限界面,以及包括支承该起居处所的悬架甲板,其面向货物区域的所有部分以及从面向货物区域的边界面端部起 3 m 之内的外表面,应用钢材制造并隔热至 A-60 级标准。该 3 m 的距离应在每层甲板上从面向货物区域的限界面起平行于船舶中线按水平面量取。对于这种上层建筑和甲板室的和各个侧面,此种隔热应延伸到驾驶甲板的底面。

(2) 对于小于 500 总吨的液货船,上述提及的限界面可以采用 A-30 级隔热标准。

2.6.3.2　起居处所和服务处所的保护方法

(1) 500 总吨及以上的液货船应仅采用ⅠC 法(见本章 2.5.2 节 2.5.2.1 条(1)款)。

(2) 小于 500 总吨的液货船,其任一起居处所内用 A 级或 B 级舱壁分隔的处所或处所群的面积应不超过 50 m²。

2.6.3.3　舱壁和甲板的耐火完整性

(1) 除应符合其他关于液货船舱壁和甲板的耐火完整性的规定外,所有液货船舱壁和甲板的最低耐火完整性还应分别满足表 2-29 及表 2-30 所列要求。

(2) 表 2-29 和表 2-30 的运用原则

①表列处所分类(略)。

②连续 B 级天花板或衬板连同有关的甲板和舱壁,可以认为全部或部分地起到分隔所要求的隔热性和完整性的作用。

（3）500 总吨及以上的液货船的分隔相邻处所舱壁和甲板的耐火完整性应分别符合表 2-29 和表 2-30（即《国内航行海船法定检验技术规则(2020)》第 2-2 章表 2-2.4.4.3a 和表 2-2.4.4.3b)的规定。

表 2-29 分隔相邻处所舱壁的耐火完整性

处所		①	②	③	④	⑤	⑥	⑦	⑧	⑨	⑩
控制站	①	A-0[c]	A-0	A-60	A-0	A-15	A-60	A-15	A-60	A-60	*
走廊	②		C	B-0	B-0 A-0[a]	B-0	A-60	A-0	A-60	A-0	*
起居处所	③			C	B-0 A-0[a]	B-0	A-60	A-0	A-60	A-0	*
梯道	④				B-0 A-0[a]	B-0 A-0[a]	A-60	A-0	A-60	A-0	*
较小失火危险的服务处所	⑤					C	A-60	A-0	A-60	A-0	*
A 类机器处所	⑥						*	A-0	A-0[d]	A-60	*
其他机器处所	⑦							A-0[b]	A-0	A-0	*
液货泵舱	⑧								*	A-60	*
较大失火危险的服务处所	⑨									A-0[b]	*
开敞甲板	⑩										—

表 2-30 分隔相邻处所甲板的耐火完整性

甲板下处所		甲板上处所									
		①	②	③	④	⑤	⑥	⑦	⑧	⑨	⑩
控制站	①	A-0	A-0	A-0	A-0	A-0	A-60	A-0	—	A-0	*
走廊	②	A-0	*	*	A-0	*	A-60	A-0	—	A-0	*
起居处所	③	A-60	A-0	*	A-0	*	A-60	A-0	—	A-0	*

表 2-30 （续）

甲板下处所		甲板上处所									
		①	②	③	④	⑤	⑥	⑦	⑧	⑨	⑩
梯道	④	A-0	A-0	A-0	*	A-0	A-60	A-0	—	A-0	*
较小失火危险的服务处所	⑤	A-15	A-0	A-0	A-0	*	A-60	*	—	A-0	*
A 类机器处所	⑥	A-60	A-60	A-60	A-60	A-60	*	A-60e	A-0	A-60	*
其他机器处所	⑦	A-15	A-0	A-0	A-0	A-0	*	A-0	A-0	A-0	*
液货泵舱	⑧	—	—	—	—	—	A-0d	A-0	*	A-0	*
较大失火危险的服务处所	⑨	A-60	A-0	A-0	A-0	A-60	A-0	A-0	—	A-0b	*
开敞甲板	⑩	*	*	*	*	*	*	*	*	*	*

注:根据情况适用于表 2-29 及表 2-30。

　　a. 具体适用哪一等级,见章 2.6.2 节 2.6.2.3 条。

　　b. 如各处所属于同一数字类别且右上角注有 b 时,只有不同用途的相邻处所之间才要求表中所列等级的舱壁或甲板(例如第⑨类)。在两个厨房之间不要求用舱壁分隔,但油漆间和厨房之间要求用 A-0 级舱壁分隔。

　　c. 分隔驾驶室、海图室和无线电室的舱壁可以为 B-0 级。

　　d. 在液货泵舱和 A 类机器处所之间的舱壁和甲板可以让货油轴的填料函盖以及类似的填料函盖贯穿件穿过,但应在舱壁或甲板的贯穿处采用有效润滑来达到气密或采用其他能保证永久性气密的装置。

　　e. 若第⑦类其他机器处所被确认为极少或无失火危险,可不必设置防火隔热。

　　*. 该分隔要求用钢或其他等效材料建造,但不要求为 A 级标准。但是,除开敞甲板以外,如果甲板被贯穿以布置电缆、管线和通风管道通过,应对此类贯穿处进行密封,防止火焰和烟气通过。除非安装了固定式气体灭火系统,控制站(应急发电机)和开敞甲板之间的分隔可以设有不带关闭装置的空气进入开口。

　　—. 对限界面的材料或完整性不作特殊要求。

（4）500 总吨以下的液货船

① 走廊舱壁及其上的门应为钢质或不燃材料。

② A 类机器处所、厨房的限界面应为钢质结构,其上的门应用钢质或不燃材料制成。

2.6.3.4　起居处所、服务处所和控制站内梯道及电梯的保护

（1）500 总吨及以上的液货船,应符合本章 2.6.2 节 2.6.2.3 条(1)款对于

2 000 总吨及以上的货船的规定。

（2）500 总吨以下的液货船,应符合本章 2.6.2 节 2.6.2.3 条（2）款对于 2 000 总吨以下的货船的规定。

2.6.3.5　可燃材料的限制使用

所有液货船应符合本章 2.6.2 节 2.6.2.4 条的规定。

2.6.3.6　构造细节

（1）500 总吨及以上的液货船,应符合本章 2.6.2 节 2.6.2.5 条（1）款①和③项的规定。

（2）500 总吨以下的液货船,应符合本章 2.6.2 节 2.6.2.5 条（2）款的规定。

（3）液货泵舱的天窗应为钢质,且不应镶有玻璃,并应能在货泵舱外部予以关闭。

2.6.4　其他船舶的耐火分隔

2.6.4.1　特殊用途船

（1）载运不超过 60 人的特殊用途船,应符合相同总吨位货船的要求。

（2）载运超过 60 人的特殊用途船,应符合对相应等级客船的要求,且:

①对载运不超过 240 人的特殊用途船,在应用对Ⅰ级客船的要求时,应按《国际航行海船法定检验技术规则》对载客不超过 36 人客船的相关要求;在应用Ⅱ级、Ⅲ级客船的要求时,《国内航行海船法定检验技术规则》第 4 篇第 2-2 章 2-2.2.4.5 和 2-2.2.4.6 所规定的耐火等级可以要求达到 A-0 级。

②对载运超过 240 人的特殊用途船,在应用对Ⅰ级客船的要求时,应执行《国际航行海船法定检验技术规则》对载客超过 36 人客船的相关要求。

③无论何种情况,MSA《国际航行海船法定检验技术规则》第 4 篇第 2-2 章第 21、22、23 条的要求不适用于特殊用途船。

2.6.4.2　近海供应船

近海供应船的耐火分隔应满足对相同总吨位货船的要求。

2.6.4.3　有人非机动船

（1）船上人员不超过 60 人的非机动船（不包括液货船）,应满足有关货船的要求。

（2）船上人员超过 60 人的非机动船（不包括液货船），应满足有关Ⅲ级客船的要求；若人员数量超过 500 人，应相应满足有关Ⅱ级客船的要求。

（3）载运原油和石油产品的非机动船，以及载运有同样失火危险的其他液体产品的非机动液货船，应视闪点情况，相应符合本章有关液货船的相关适用规定。如无船上人员。则不必满足该要求。

2.6.4.4　浮油回收船

浮油回收船的耐火分隔除了应满足对相同总吨位货船的要求外，对于回收闪点（闭杯试验）不超过 60 ℃的浮油回收船还应满足下述要求：

（1）安全处所如起居处所、服务处所、机器处所、控制站和驾驶室等类似处所与气体危险区之间一般不应设通道或其他开口。如满足下列条件，上述处所与 1 类气体危险区之间可允许有通道：

①两扇间距不小于 1.5 m 的气密钢质门组成的气闸（水密门可视为气密）。

②安全处所相对气体危险区域应有正压机械通风。

③门应为自闭式且不设门背钩装置。

④设有警示牌，标明在浮油回收作业期间门应保持关闭。

（2）结构防火应满足下列要求：

①对于回收油贮存舱位于上层建筑前部的船舶，环围起居处所的上层建筑和甲板室的外部限界面，以及包括支承这些起居处所的任何悬伸甲板，其面向设有收集、装卸和传送回收油装置以及回收油贮存舱的所有部分和从面向这些区域的限界面端部起 3 m 之内的外表面，应隔热至 A-60 级标准。该要求也适用于这些界面上的通道门。小于 500 总吨的船，可以采用 A-30 级标准。

②对于回收油贮存舱位于上层建筑中后部的船舶，离回收油贮存舱最近距离 10 m 之内的上层建筑和甲板室中的起居处所，位于外部的限界面以及包括支承这些起居处所的任何悬伸甲板，其面向设有收集、装卸和传送回收油装置以及回收油贮存舱所有部分和从面向这些区域的限界面端部起 3 m 之内的外表面，应隔热至 A-60 级标准。

③除驾驶室外，上述①项所述处所中要求隔热至 A-60 级标准的限界面的窗或舷窗，应为永闭（不能开启）型，其耐火等级应为 A-60 级标准。

④作为满足上述①和②项的替代，可以采用固定喷水系统来保护所有的限界面、窗或舷窗。此时，限界面、窗或舷窗可采用 A-0 级标准。该喷水系统的排量至少为 10 L/(min·m²)，且应随时处于可用状态。

2.6.4.5 浮船坞

浮船坞的结构防火应满足下列要求：

（1）浮箱、坞墙、上层建筑、舱壁、甲板和甲板室等应采用钢或与其等效的材料制造。

（2）内部舱壁、天花板和衬板应采用不燃材料建造。走廊舱壁应采用钢质或 B 级分隔。

（3）走廊和梯道环围的外露表面以及隐蔽不能到达之处所的表面应具有低播焰性。

（4）外露内表面使用的油漆、清漆和其他饰面涂料应在失火时不致产生过量的烟气及毒性物质。

（5）厨房、油漆间、灯具间和其他储存有引起失火危险材料的舱室的舱壁和甲板，应采用钢或与其等效的材料制造。

（6）如果在位于机舱顶甲板的起居处所内使用甲板基层敷料，应采用在高温下不致产生烟气、毒性物质或爆炸危险的认可材料。

2.7　防火区域划分图

在船舶设计中，防火区域划分图是显示船舶耐火分隔布置的图纸。该图根据船舶的类型绘制出全船舱壁和甲板的耐火分隔区域及其级别，供结构、管系、电缆、空调系统、内装、门窗、梯道等设计作为依据。图 2-6 所示为某艉机型船的防火区域划分图。

图例

———— A-60 级舱壁　　　▨ A-60 级甲板

—◇◇◇— A-15 级舱壁　　　▨ A-15 级甲板

— — — A-0 级舱壁　　　▨ A-0 级甲板

—·—·— B-0 级舱壁　　　◿ A-60 级自闭门

········◿···· A-0 级自闭门

处所分类

① 控制站　　　　　　　　⑥ A 类机器处所
② 走廊　　　　　　　　　⑦ 其他机器处所
③ 起居处所　　　　　　　⑧ 液货泵舱
④ 梯道　　　　　　　　　⑨ 较大失火危险的服务处所
⑤ 较小失火危险的服务处所　⑩ 开敞甲板

驾驶甲板

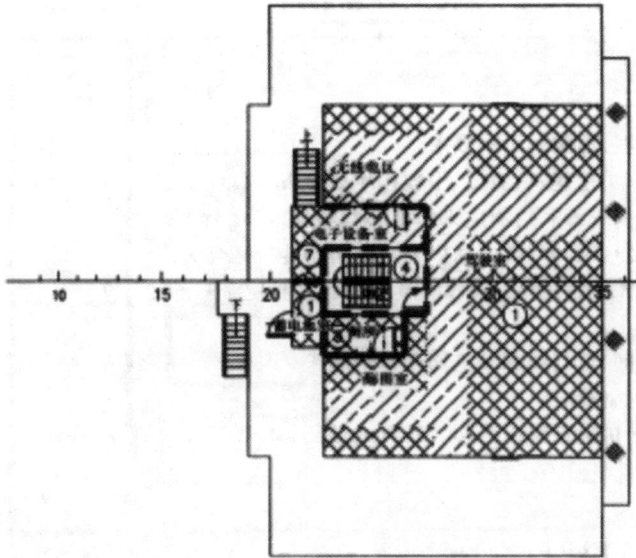

起居甲板

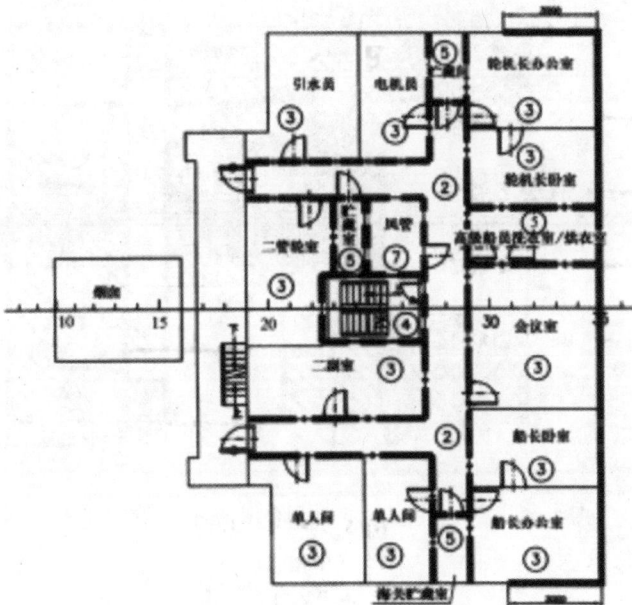

图 2-6(a)　典型的防火区域划分图-驾驶甲板、起居甲板

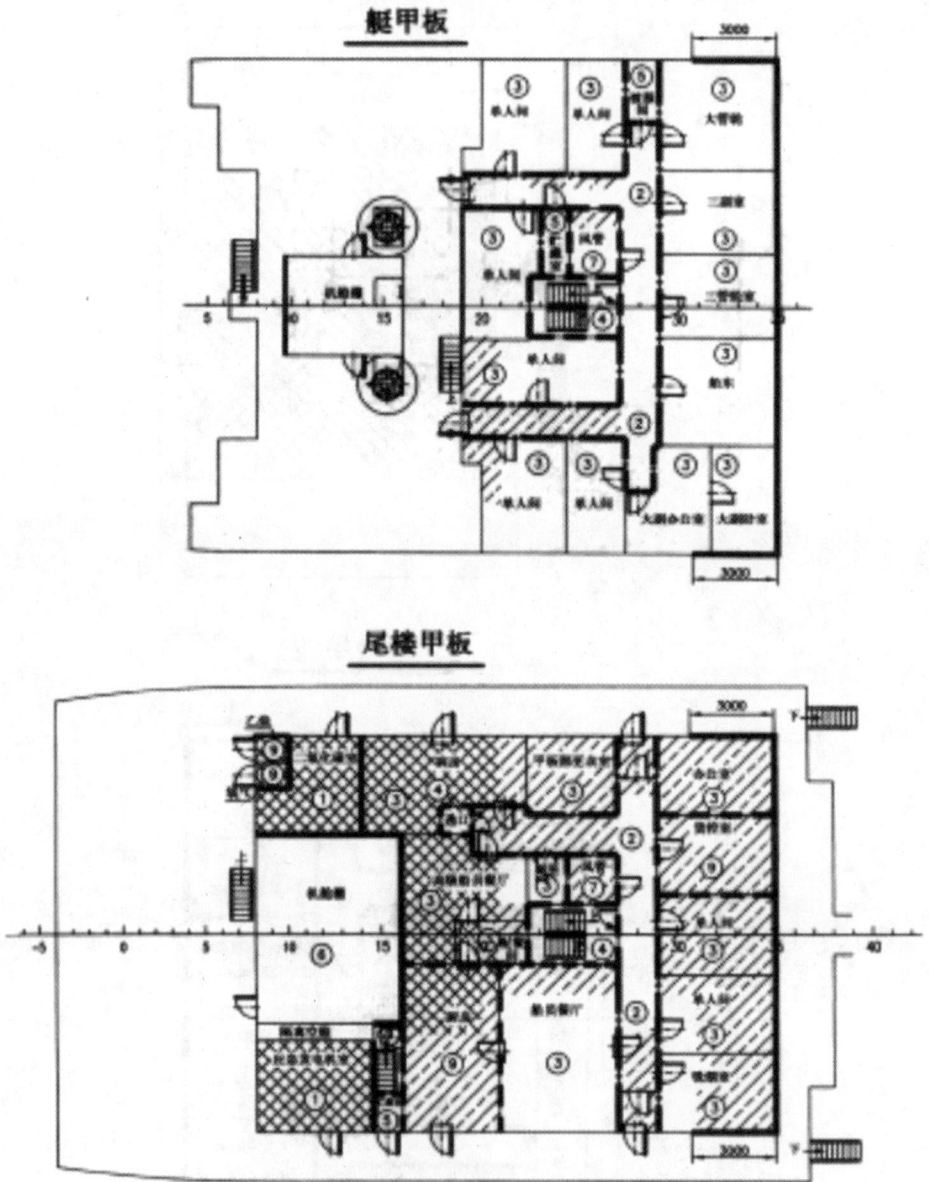

图 2-6(b)　典型的防火区域划分图-艇甲板、尾楼甲板

图 2-6(c)　典型的防火区域划分图-上甲板,舱内

第3章 舱室内装材料及其构造

3.1 船用内装材料的种类

长期以来,船舶内装多以木质材料为主,内装作业属"木作"工艺,结构形式都是以木衬档为支撑骨架,然后敷贴胶合板或其他人造板材,表面涂刷硝基漆或酚醛漆。国内航线上至今还有一些小船采用这种传统的常规木作形式。

《SOLAS公约》对船舶的防火安全措施提出了严格要求,防噪隔热的有关规定也促使了船舶内装材料和结构形式的变革,硅酸钙板、复合岩棉板、金属蜂窝板等新材料相继出现,高新技术(计算机辅助设计、模数化、单元组装、模块建造)的应用又带来了船舶内装工艺质的变化。

然而,船舶内装材料和结构形式的选用和设计受到船舶类型、规范、规则、船东的要求、航线的特点、民族习俗及国家整体工业水准等诸多因素的制约。

本章所述船用内装材料主要是指分隔舱壁、衬板及天花板,主要分类见表3-1,表中可燃材料主要作为制作家具的材料。

表 3-1　船用内装材料的种类

基材	可燃材料	天然板材
		人造板:胶合板、刨花板、中密度板
	不燃材料	硅酸钙板、无机防火板、复合岩棉板、蜂窝板(金属芯)
饰面材	涂料	油漆、树脂类涂料
	天然木切片	
	塑料饰面	三聚氰胺装饰板、聚脂饰面、聚氯乙烯(PVC)薄膜

3.2　舱室围壁和天花板材料的性能和典型结构

3.2.1　木质结构

木质结构舱室系统的基本形式是以木衬档为骨架、表面封木质板材（主要是人造板材），如图 3-1 所示。

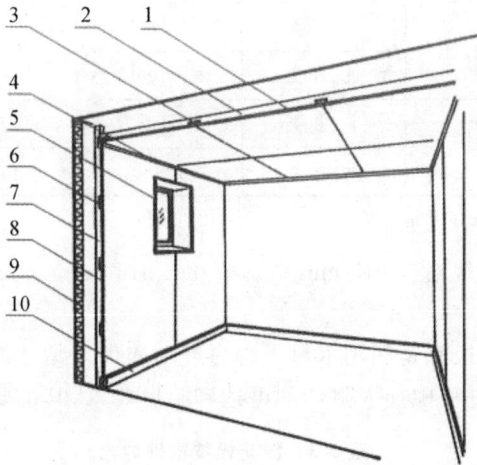

1—天花板；2—天花板垫木；3—天花板衬档；4—顶角线；5—窗斗；6—围壁衬板横档；7—围壁衬板直档；8—围壁衬板；9—绝缘；10—踢脚板。

图 3-1　木质结构内装示意图

3.2.1.1　船用木质结构内装板材的类型

船用板材通常有胶合板、刨花板和中密度板，这类板材又有素板、复面板和阻燃型之分。素板即人造板原板，表面无任何装饰；复面板是以人造板为芯材表面粘贴三聚氰胺装饰板或作聚酯饰面；复面板又有单面复板和双面复板之分，单面复塑人造板很易变形，为此常在背面再复一层等厚度相同材质的补偿板成为双面复板。

船用胶合板按材料可分为阔叶树材和针叶树材两种，按其耐水性能可分为耐湿性和耐水性，按阻燃性能又分为阻燃和非阻燃两种。阔叶树材胶合板是采用阔叶树材（如榉木、椴木、桦木、水曲柳、黄菠萝、柞木、核桃木、楸木、杨木等）旋切单板胶合而成，针叶树材胶合板是采用松木旋切单板胶合而成。胶合板主要技术性能见表 3-2。

表 3-2　胶合板技术性能

种类	树种	胶合强度/kPa		平均绝对含水率/%	密度/(kg·m⁻³)
阔叶树材胶合板	榉木	Ⅰ、Ⅱ类	≥1 372	≤13（Ⅰ、Ⅱ类）	700
		Ⅲ、Ⅳ类	≥980		
	水曲柳、桦木	Ⅰ、Ⅱ类	≥1 176		
		Ⅲ、Ⅳ类	≥980	≤15（Ⅲ、Ⅳ类）	
	椴木、杨木	Ⅰ、Ⅱ类	≥1 176		
		Ⅲ、Ⅳ类	≥980		
针叶树材胶合板	松木	Ⅰ、Ⅱ类	≥1 176	≤15	
		Ⅲ、Ⅳ类	≥980	≤17	

注:表中Ⅰ～Ⅳ类表示胶合板的质量等级。

　　船用胶合板常用规格有 915 mm×1 830 mm、915 mm×2 135 mm 和 1 220 mm×2 440 mm。

　　刨花板和中密度板都是利用木材下脚料经粉碎加入黏结剂搅拌热压而成的一种人造板材,在制造过程中加入阻燃剂可达到阻燃要求,其主要技术性能见表 3-3。

表 3-3　刨花板技术性能

性能	参数
密度/(kg·m⁻³)	500～800
平面抗拉强度/MPa	>0.39
抗折强度/MPa	>17.61
绝对含水率/%	9±4
吸水厚度膨胀率/%	<6

　　船用刨花板和中密度板常用规格是 60 mm×600 mm 和 1 220 mm×2 440 mm,素板厚度为 8 mm、16.5 mm、23 mm 等。

　　刨花板和中密度板的缺点是密度较大,握钉力较差,吸水率偏高。

　　阔叶树材胶合板可将素板直接作为封板用,表面采用涂料作饰面层,尤其是名贵树种的切片胶合板极具装饰效果。刨花板和中密度板通常都是先进行表面装饰处理后再使用。用三聚氰胺作饰面的方式有两种。一种是采用船用低播焰三聚氰胺装饰板用黏结剂复贴在刨花板、中密度板、胶合板表面。船用低播焰三聚氰胺装饰板是用三聚氰胺甲醛树脂分别浸渍不同的纸张,经干燥后压制而成,色彩鲜艳、

· 144 ·

图案美观、花色繁多、耐热、耐磨、耐化学腐蚀、表面平滑光洁、极易清洁保养,分为有光、亚光和浮雕等品种,其主要性能见表 3-4,主要规格有 915 mm×2 135 mm 和 1 220 mm×2 440 mm 两种,厚度为 0.6 mm、0.8 mm、1.0 mm、1.2 mm 等。

表 3-4　三聚氰胺装饰板主要性能

性能	参数
密度/(kg·m^{-3})	1 000～1 400
抗拉强度/MPa 横向	≥68.6
抗拉强度/MPa 纵向	≥88.2
氧指数/%	38～40
自熄性(级)	V～0
耐水性(100 ℃·2 h)	无分层鼓泡,增重、增厚不大于 10%
耐干热(180℃·20 min)	无开裂鼓泡,允许轻微光退
规格(长×宽×高)/(mm)	2 135×915×0.8, 1 700×915×0.8, 2 240×1 220×0.8, 2 240×1 220×1.0, 1 880×920, 2 450×1 230

另一种方式是用三聚氰胺浸渍装饰纸直接热压到刨花板或中密度板表面进行装饰处理,其性能与三聚氰胺装饰板相近,但价格低得多。用这种方式加工的刨花板的技术性能见表 3-5。用聚酯作饰面的加工方式与这种方法相似。

表 3-5　船用阻燃贴塑刨花板主要性能

性能		参数
密度/(kg·m^{-3})		650～850
平面抗拉强度/MPa		≥0.4
抗折强度/MPa		≥25
膨胀率/%		≤6
含水率/%		5～11
螺钉垂直握紧力/N		≥110
规格	长度/mm	600, 2 400
	宽度/mm	600, 1 200
	厚度/mm	8,16.5,23

3.2.1.2 木质结构内装的基本形式

（1）以胶合板素板作为内装板材,其常用的结构形式有板缝倒角拼接（见图 3-2）及板缝脱缝拼接（见图 3-3）等。

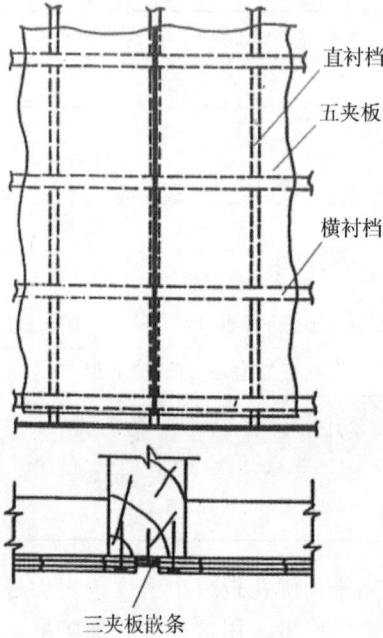

图 3-2 五夹板板缝脱缝嵌条拼接

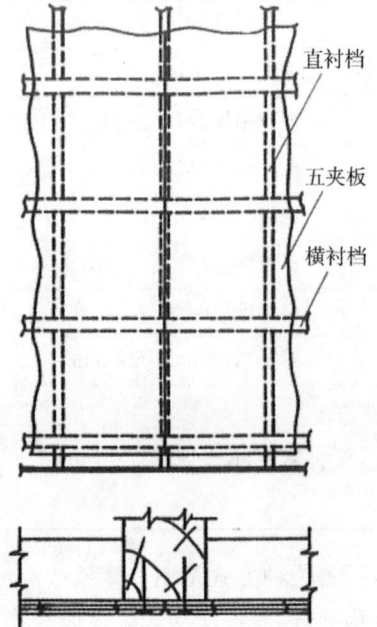

图 3-3 五夹板板缝倒角拼接

（2）以三聚氰胺装饰板贴面的胶合板作为内装板材,常用的结构形式有铲边嵌条固定（见图 3-4）、抽槽嵌条固定（见图 3-5）及用装饰条固定（见图 3-6）等形式。这几种方式中,铲边及抽槽嵌条固定方式应采用七夹板或更厚的胶合板。

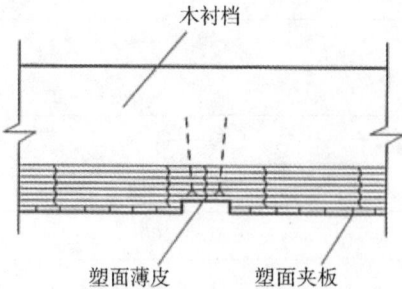

图 3-4 铲边嵌条固定

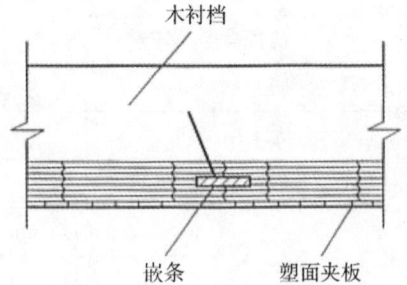

图 3-5 抽槽嵌条固定

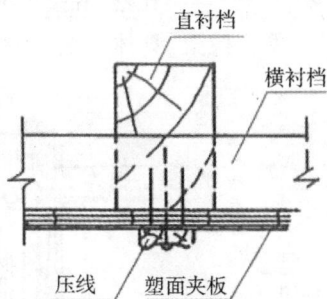

图 3-6　装饰条固定

3.2.1.3　木衬档构架形式

（1）普通木质衬档。这种形式的木衬档实为长条木档，分为直档和横档。直档一般选用 35 mm×55 mm 的松木档，横档选用 25 mm×50 mm 的松木档。直档高度视舱室净高定，一般长 100 mm，直档间距不大于 610 mm，横档间距 500 mm 左右，直档与横档固定采用直档开缺口，横档嵌入直档缺口内用木螺钉紧固，直档一般开 5 个缺口，缺口尺寸 50 mm×25 mm，其形式如图 3-7。

钢围壁板与衬档连接形式如图 3-8 所示，天花板安装与围壁衬板相仿。

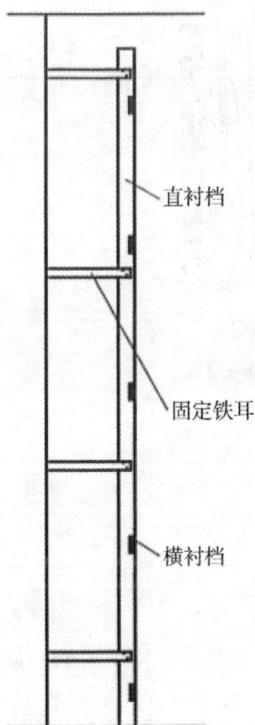

图 3-7　横直档连接

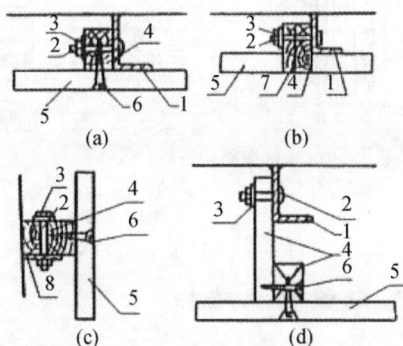

1—角钢；2—螺栓；3—垫圈；4—垫木；5—衬档；
6—螺钉；7—圆钉；8—耳板。

图 3-8　各种衬档连接形式

注：(a)和(b)为天花板及衬板内衬档的接合；(c)为衬板内衬档连接；(d)为天花板、衬板内吊档连接。

（2）槽档。这种形式的木衬档统一采用 25 mm×50 mm 的松木档,两边打槽。槽档可被方便地按所有尺寸连成木构架,具体安装时只需按尺寸落料后将短档嵌入长档的槽中(见图 3-9)。

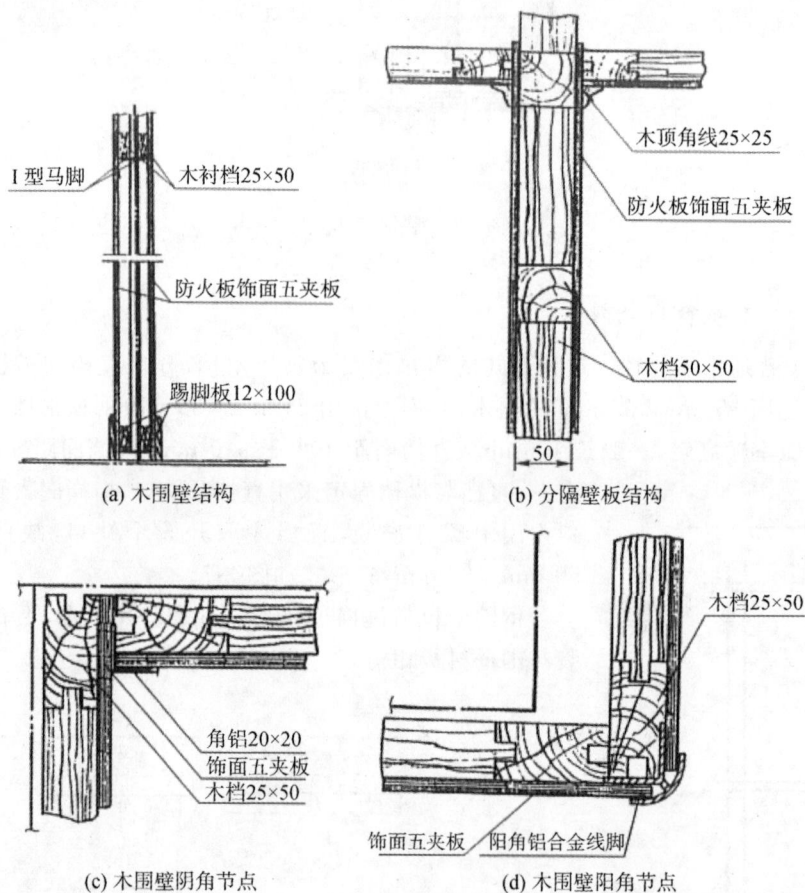

(a) 木围壁结构

(b) 分隔壁板结构

(c) 木围壁阴角节点

(d) 木围壁阳角节点

图 3-9　槽形衬档构架节点

3.2.2　硅酸钙板结构

3.2.2.1　硅酸钙板

硅酸钙板是以二氧化硅、氧化钙为主料,加入增强材料、助剂、水等辅料,按一定的配比加以混合,经制浆、成型和蒸压处理发生水热合成反应而成,是一种良好的不燃材料,具有强度高、质地轻、隔声、隔热、耐腐蚀、易加工、浸水不裂等优点,但缺点是板材硬度低、脆性、吸水率高、碱性较大、对金属有腐蚀作用、加工时产生粉尘。

船用硅酸钙板按增强材料可分为：云母型、耐碱玻璃纤维型、有机纤维型及普通玻璃纤维型。按密度可分为：超轻型、轻质型、普通型(中质型)及重质型。

各种类型的硅酸钙板的性能稍有差异，用途也有所不同。目前生产的硅酸钙板主要是云母型，其性能如表 3-6 所示。

表 3-6　云母型硅酸钙板的主要技术性能

性能	参数
密度/(kg/m^3)	600～950
抗折强度/MPa	4.9～8.2
螺钉拔出力/(N/mm)	49～75
布氏硬度/HB	>2.0
含水率/%	5～7
垂直抗拉强度/MPa	>0.20
加热线收缩率/%	<1
热导率(70 ℃±5 ℃)/(W/(m·K))	<0.21

硅酸钙板按其使用部位可分为独立围壁板、衬板和天花板。国产的硅酸钙板的构成和用途如表 3-7 所示。

表 3-7　硅酸钙板的构成和用途

使用部位			独立围壁板		衬板		天花板	
类型			云母型					
芯板厚度/mm			19	22	14	16	8	10
芯板密度			640±10%		640±10%		640±10%	
表面复贴材料	正面	名称	三聚氰胺塑料贴面板		三聚氰胺塑料贴面板		三聚氰胺塑料贴面板	
		厚度/mm	1.2		0.8～1.2		0.8～1.2	
	反面	名称	三聚氰胺塑料贴面板		三聚氰胺平衡板		三聚氰胺平衡板	
		厚度/mm	1.2		0.7～1.1		0.7	
		低播焰性						
总厚度/mm			22	25	16	19	10	12
常用规格(长×宽)/(mm)			2 440×1 220		2 135×915			

3.2.2.2 钢质构架件

为了有效地防止火焰的燃烧和蔓延,安装硅酸钙板的构架件及连接件均应采用钢质材料制作,材质为 A1F 或 A3 钢。构架件和连接件表面应经酸洗镀锌或除锈喷漆,裸露的装饰构件可采用复塑钢板冲压制成。钢质构架件的类型及尺寸列于表 3-8。

表 3-8 硅酸钙板钢质构架件类型　　　　　　　　　　　　　　　(mm)

序号	名称及代号	图形	用途
1	主衬档 P-01		1. 天花板的纵横内托档（水平安装） 2. 衬板的纵横内撑档（水平或垂向安装）
2	连接衬档 P-02		围壁板或衬板与天花板的连接内托档（水平安装）
3	内转角撑档 P-03		衬板内转角内撑档（垂向安装于角隅处）
4	外转角撑档 P-04		衬板外转角内撑档（垂向安装于角隅处）
5	T 形撑档 P-05		围壁板,衬板 T 形角接,起撑档包角作用（垂向安装） 注:供货最大长度 2 m

表 3-8 （续 1）

序号	名称及代号	图形	用途
6	内外转角撑档 P-06		围壁板或衬板转角装饰包角兼起撑档作用（垂向安装转角处） 注：供货最大长度 2 m
7	外转角撑档 P-07		围壁板或衬板转角装饰包角兼起撑档作用（垂向安装转角处） 注：供货最大长度 2 m
8	槽形撑档 P-08		围壁板或衬板间连接（垂向安装于甲板上）亦可代替底脚槽
9	底脚槽 P-09		围壁板或衬板间连接（垂向安装于甲板上）亦可代替底脚槽
10	大号欧米茄 C-01		围壁板、衬板拼缝处的装饰固定压条（垂向安装）
11	小号欧米茄 C-02		天花板拼缝处的装饰固定压条（水平安装）
12	盖角条 C-03		围壁板、衬板与天花板角隅压条装饰固定（水平安装）

表 3-8 （续 2）

序号	名称及代号	图形	用途
13	接插件 C-04		用于 P-01 之间的水平接插连接
14	挂插件 C-05		用于 P-01 与 P-01、P-02、P-03、P-04 的纵横连接
15	挂攀件 C-06		P-01 与螺栓的中间连接件（装于有绝缘之钢壁）
16	挂攀件 C-07		P-01 与螺栓的中间连接件（装于有绝缘之钢壁）
17	挂攀件 C-08		P-01 与 C-10 的中间连接吊件（装于天花板吊顶）

表 3-8　（续 3）

序号	名称及代号	图形	用途
18	骑马脚 C-09	80　50.5　20	钢舱壁与 P-01 的连接件（装于无绝缘之钢壁）
19	双头螺栓 C-10	150　M10　350	甲板与 C-08 吊挂连接件（装于天花板吊顶）
20	内包角 F-01	25　50	用壁板或衬板转角装饰包角（垂向安装于角隅处）
21	外包角 F-02	25　50	围壁板或衬板转角装饰包角（垂向安装于角隅处）
22	内包角 F-03	25　25	围壁板或衬板转角装饰包角（垂向安装于角隅处）
23	踢脚板 F-04	10　100　8	围壁板或衬板的装饰踢脚线（水平安装）

表 3-8 （续 4）

序号	名称及代号	图形	用途
24	吊挂件 F-05		吊挂独立围壁用于与 C-10 连接（每张板装左右两只） 注：～可按用户要求延伸至 350

3.2.2.3 硅酸钙板安装方式

采用硅酸钙板的内装系统其总体形式如图 3-10 所示。通常应先安装衬板或独立围壁板，然后安装天花板。

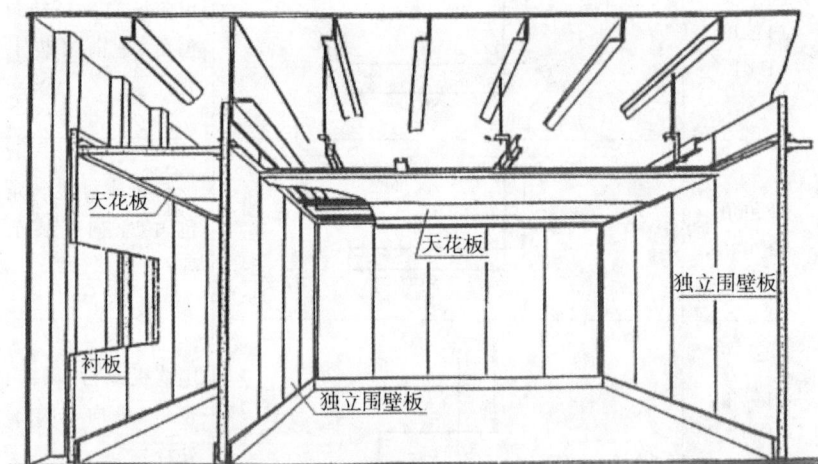

图 3-10 硅酸钙板内装系统示意图

（1）衬板及独立围壁板的安装。衬板及独立围壁板的安装方式如图 3-11 所示。

在钢围壁上安装衬板时应设置水平和垂直主衬档，水平主衬档至少设上下两根，上部主衬档应高出天花板约 50 mm，可同时用于安装天花板边缘的连接衬档。走廊衬板若安装风暴扶手，应设置中间衬档，其高度离走廊地板 900～1 000 mm，供安装风暴扶手的支架。采用厚度较小的衬板时亦应设置中间主衬档，此时衬板用自攻螺钉固定，或在每块衬板背面设置 2～3 个钩板。安装时，钩板扣住中间衬

钢甲板
硅酸钙板衬板
钢舱壁
P-01
P-02
P-01
C-05
C-09
P-01
硅酸钙板
M4×16天花板
自攻螺钉
C-03
硅酸钙板衬板
防波扶手
M4×30
平圆头自攻螺钉
F-04
C-09
敷料
栏水扁钢

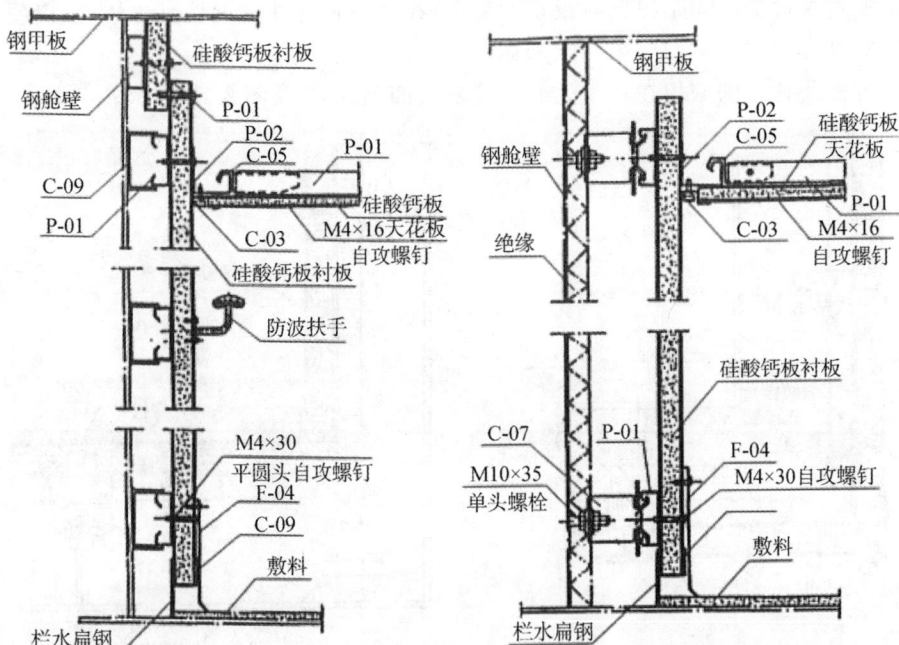

(a) 无扶强材无绝缘钢壁的衬板安装

钢甲板
钢舱壁
绝缘
P-02
C-05
硅酸钙板
天花板
P-01
C-03
M4×16
自攻螺钉
硅酸钙板衬板
C-07
P-01
F-04
M4×30自攻螺钉
M10×35
单头螺栓
敷料
栏水扁钢

(b) 有扶强材有绝缘钢壁的衬板安装

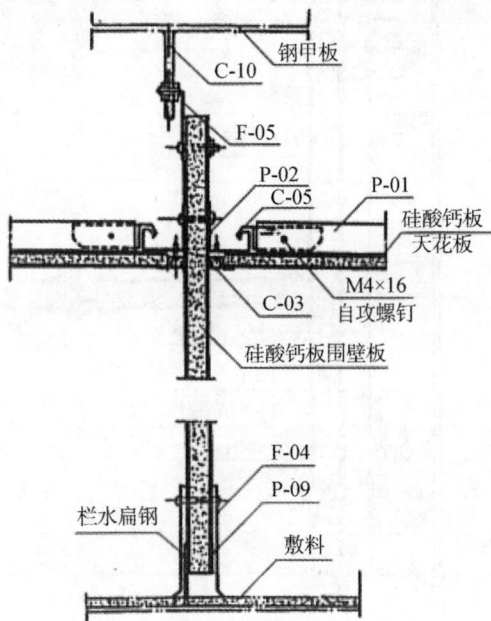

钢甲板
C-10
F-05
P-02
C-05
P-01
硅酸钙板
天花板
M4×16
自攻螺钉
C-03
硅酸钙板围壁板
F-04
P-09
栏水扁钢
敷料

(c) 独立围壁板安装

图 3-11　衬板及独立围壁板典型结构图

档。垂直主衬档的间距根据衬板宽度确定,在每一板缝处设置垂直主衬档,以便用自攻螺钉直接固定衬板或采用欧米茄接头固定衬板。

衬板及独立围壁板在转角处的安装方式如图 3-12 及图 3-13 所示。

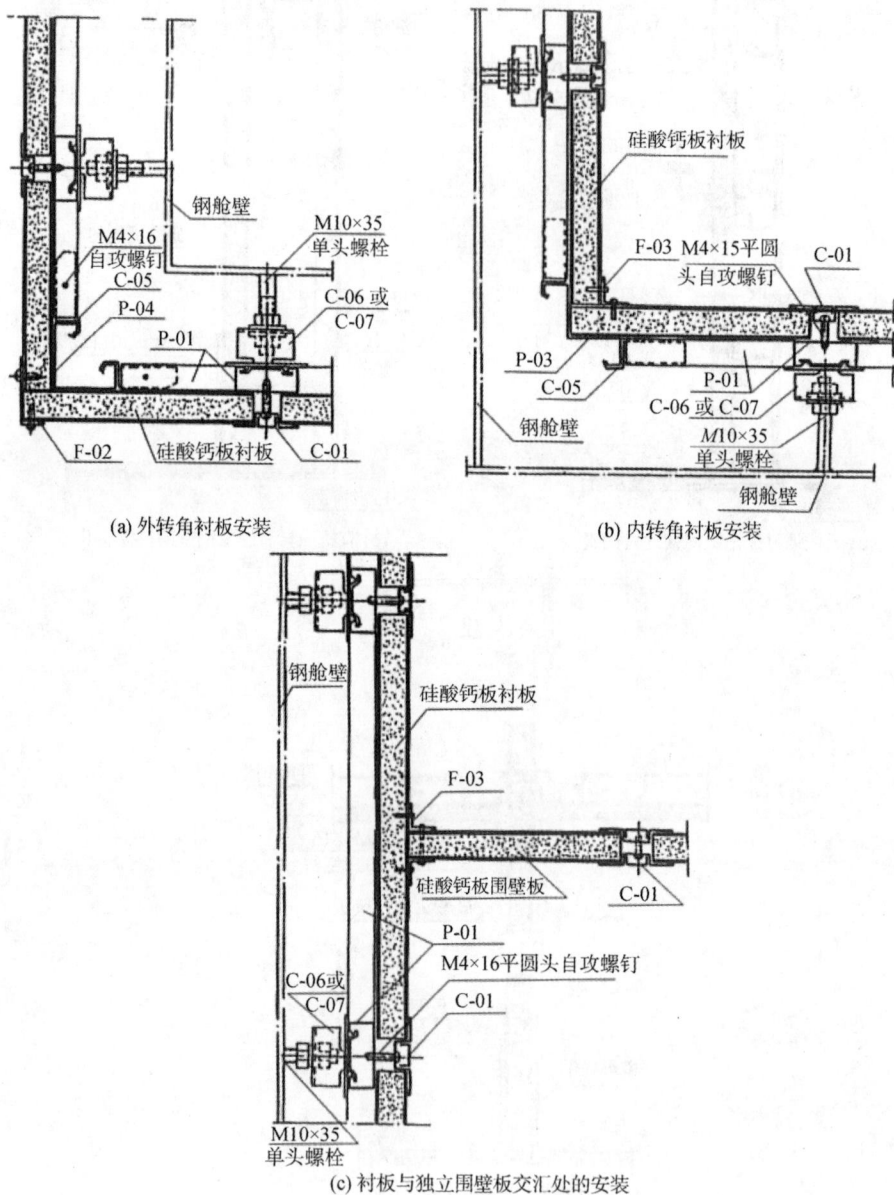

(a) 外转角衬板安装

(b) 内转角衬板安装

(c) 衬板与独立围壁板交汇处的安装

图 3-12　转角处衬板的安装方式

（2）天花板的安装。天花板应在周边处同衬板或钢围壁连接，如图 3-11 所示，中间部分应根据板材尺寸设置纵向及横向主衬档构成平面构架，除了宽度小于 1 300 mm 的走廊的天花板的主衬档可不设吊顶件外，其余处所天花板的主衬档均应设吊顶件与甲板连接，如图 3-14 所示。吊顶件的间距为 800～1 000 mm。在灯具安装处，衬档应根据灯具尺寸设置，以便安装灯具，如图 3-15 所示。

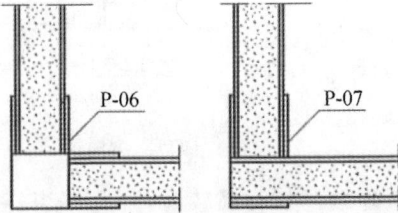

图 3-13　转角处独立围壁板的安装方式

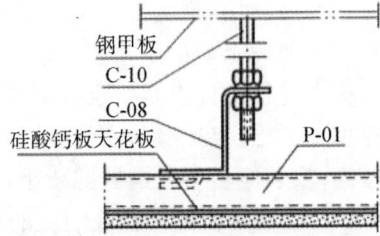

图 3-14　天花板构架件吊顶节点

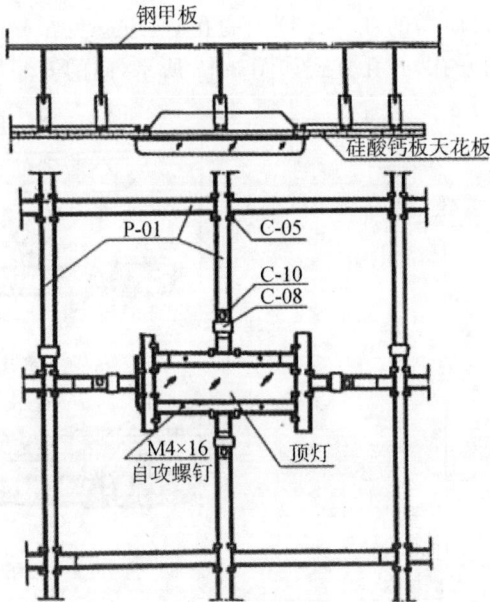

图 3-15　顶灯安装构架图

（3）硅酸钙板的连接。硅酸钙板的连接方式很多，厚度 8 mm 以下的衬板和天花板可直接用自攻螺钉固定在衬档上。但是由于螺钉头露出板外，使用较少。目前常用的连接方式为设置欧米茄连接件或嵌条连接。

①欧米茄连接。根据板材的厚度可采用大号欧米茄或小号欧米茄。前者通常用于衬板或独立围壁板的连接（见图 3-12），后者通常用于将天花板固定在衬档上，

形式如同衬板的固定方式。

大号欧米茄用薄钢板制作，表面涂塑，小号欧米茄用薄钢板或铝合金制作。欧米茄连接的优点是施工十分方便，但是在板的表面突出较多，宽度也较大，比较显眼，影响舱室的美观。

②嵌条连接。其形式如图 3-16 所示。硅酸钙板的连接边缘应开槽，槽宽为 3 mm(公差＋0.4～－0 mm)，槽深按需要确定。嵌条采用镀锌扁钢。

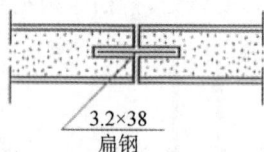

3.2×38
扁钢

图 3-16　嵌条连接

嵌条连接的优点是整个壁面光顺整齐，但对于板材的厚度偏差、连接边缘的直线度以及开槽的精确度等要求较高，安装时板与板的缝隙要小，不应有凸肩等现象。

(4) 硅酸钙板的开孔及门窗的安装。由于硅酸钙板材质较脆，开孔不当容易造成裂纹，因此在硅酸钙板上开各种安装设备的孔，如门、窗、灯具、开关插座、空调布风器、电气控制箱等孔时，在角端处应成圆角，施工时先在角端处钻直径 5～10 mm 的圆孔，然后再切割成所需的孔。开较大的孔时，应避免在整张板的中间开孔，尽可能分于两张板之间开孔，开孔方式如图 3-17 所示，门的安装节点如图 3-18 所示。

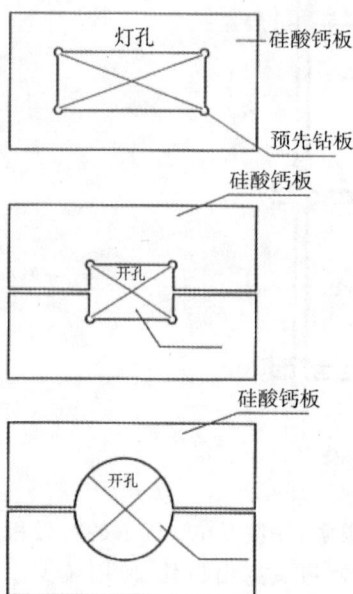

图 3-17　硅酸钙板开孔工艺

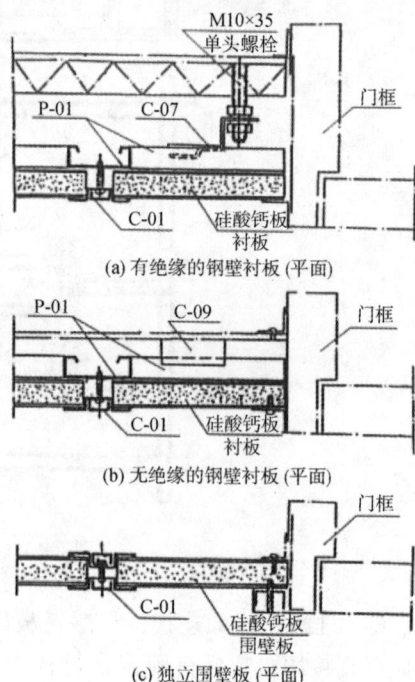

(a) 有绝缘的钢壁衬板 (平面)

(b) 无绝缘的钢壁衬板 (平面)

(c) 独立围壁板 (平面)

图 3-18　硅酸钙板门的安装节点

3.2.3　复合岩棉板结构

　　复合岩棉板舱室系统是以复合岩棉板为主
体,包括壁板(独立围壁、衬板)系列、天花板系列、配套连接型材、构架件以及防火
门等构件。复合岩棉板舱室系统的特点是:

　　①满足防火要求,达到 B-0、B-15 级;

　　②满足隔声标准(隔声值>30 dB);

　　③尺度模数化;

　　④车间预制、现场组装,有利于缩短造船周期。

3.2.3.1　复合岩棉板的组成

　　复合岩棉板是由芯材-岩棉(密度 150 kg/m³,80 kg/m³),面材-镀锌钢板(厚度
0.6 mm)上复贴 PVC 薄膜(0.2 mm)通过胶黏加压复合而成。衬板厚度为
50 mm、30 mm 或 25 mm,独立围壁板厚度为 50 mm 或 75 mm,天花板厚度为
30 mm 或 25 mm。板长按实船需要设计生产,国产复合岩棉板长度可达 4 000 mm,
复合岩棉板的宽度以 50 mm 的倍数来确定。复合岩棉板的模数与宽度对照见
表 3-9。

表 3-9　复合岩棉板的模数与宽度对照

模数	1	2	3	4	5	6	7	8	9	10	11	12	13	14
宽度/mm	50	100	150	200	250	300	350	400	450	500	550	600	700	750

　　复合岩棉板衬板及独立围壁板的结构形式有 A 型和 C 型两种,其主要技术性
能指标基本相同,安装方式不同,表 3-10 为其结构形式和基本尺寸。

　　复合岩棉板天花板的结构形式分 A 型和 D 型两种,两者安装方式不同,表 3-
11 为天花板的结构形式和基本尺寸。

表 3-10　复合岩棉板衬板及独立围壁板的结构形式和基本尺寸　　　　(mm)

名称	代号	结构形式	名称	代号	结构形式
雌雄壁板	BA1	D　B	双面壁板	BC1	D　B-11

表 3-10 （续 1）

名称	代号	结构形式	名称	代号	结构形式
双雌壁板	BA2		单面壁板	BC2	
卫生壁板	BA3		单面端头壁板	BC3	
电缆壁板	BA4		双面端头壁板	BC4	
加强壁板	BA5		单面加强壁板	BC5	
双面壁板	BAC6		双面加强壁板	BC6	
LA转角板	BA7		卫生壁板	BC7	
LB转角板	BA8		L外转角板	BC8	

表 3-10　（续 2）

名称	代号	结构形式	名称	代号	结构形式
LE 转角板	BA9	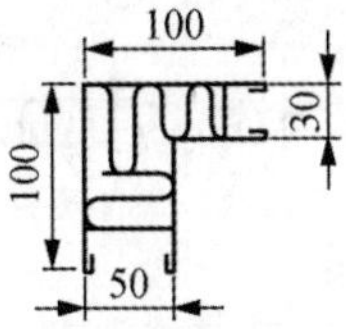	L 内转角板	BC9	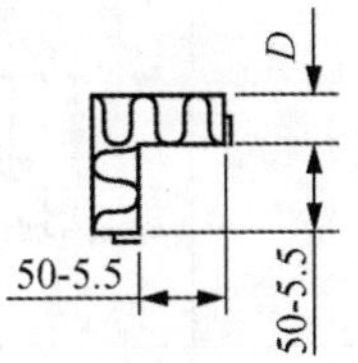
LA 转角板	BA10	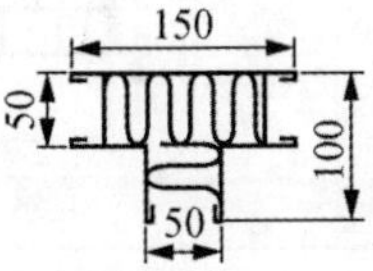	L 外转角板	BC10	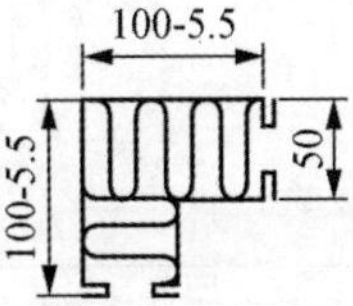
TB 转角板	BA11	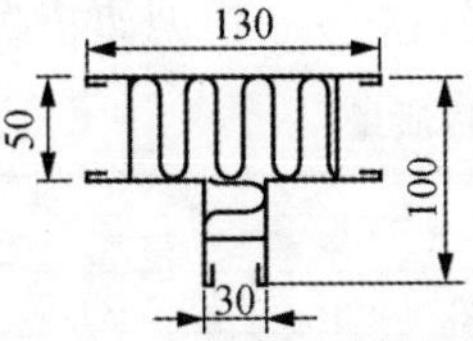	TA 转角板	BC11	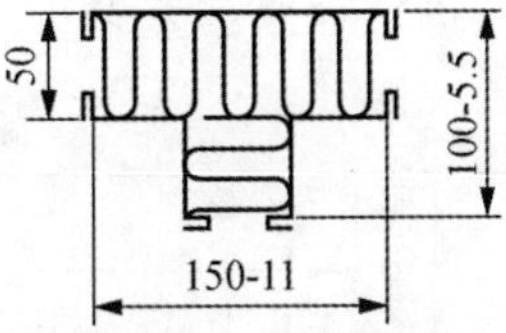
TC 转角板	BA12	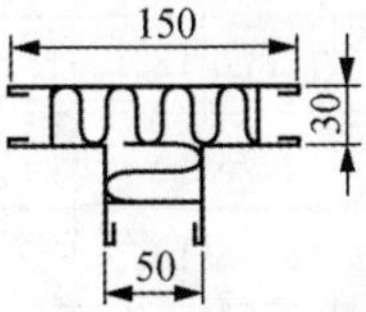	TB 转角板	BC12	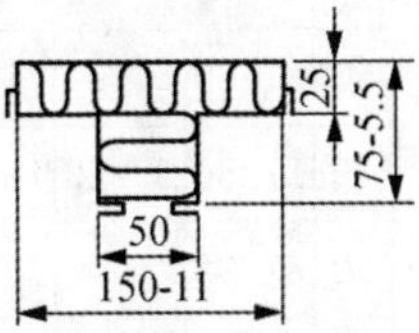
AC 转角板	BA13	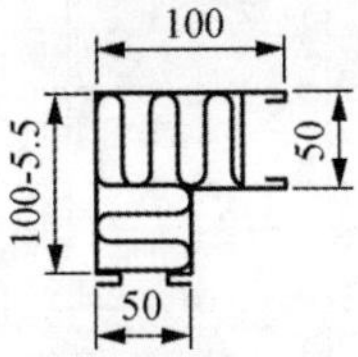	隔声壁板	BG1	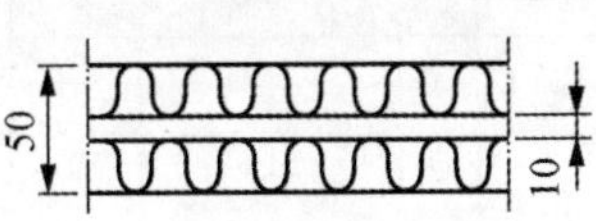
-	—	—	高隔声壁板	BG2	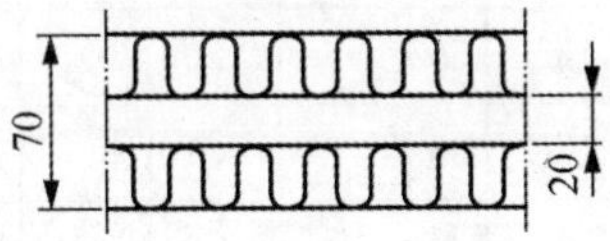

注：B 表示壁板；A，C，G 表示板型；数字表示壁板种类

表 3-11　复合岩棉板天花板的结构形式和基本尺寸　　　　（mm）

名称	代号	结构形式	名称	代号	结构形式
雌雄天花板	TA1	D, B	天花板	TD1	25, B-25, 42
端头天花板	TA2	D, B	端头天花板	TD2	25, B-25, 24

注：T 表示天花板；AD 表示板型；数字表示天花板种类

围壁板质量见表 3-12，转角板质量见表 3-13，天花板的质量见表 3-14。

表 3-12　围壁板质量

代号	厚度 D/mm	宽度 B/mm											
		50	100	150	200	250	300	350	400	450	500	550	600	750
		质量/(kg/m²)											
BA1	50	31.60	24.41	21.87	20.71	19.92	19.60	19.15	18.90	18.67	18.52	18.37	18.27	—
	30	27.86	20.63	18.35	17.32	16.61	16.34	15.92	15.71	15.50	15.37	15.22	15.14	18.27
BA2	50	31.22	24.03	20.62	20.52	19.77	19.34	18.98	18.76	18.54	18.41	18.26	18.17	
	30	27.78	20.55	18.30	17.28	16.58	16.18	15.84	15.64	15.43	15.31	15.17	15.09	
BA3	50	—	—	—	—	—	—	—	—	—	28.50	28.40	—	
BA4	50								21.20	21.05	20.90	20.80		
BA5	50	—	—	—	—	—	—	—	—	—	—	—	—	33.85
	30	—	—	—	—	—	—	—	—	—	—	—	—	29.50
BA6	50		22.94	20.89	19.87	19.42	18.98	18.73	18.49	18.34	18.19	18.10	17.87	—
BC1	50	—	22.06	20.31	19.53	18.99	18.69	18.48	18.27	18.15	18.01	17.94	17.84	
BC2	25	—	17.10	15.57	15.18	14.79	14.53	14.38	14.24	14.13	14.04	13.97	13.91	—
BC3	25	—	15.94	15.11	14.65	14.37	14.18	14.05	13.97	13.87	13.83	13.76	13.73	—

表 3-12　（续）

代号	厚度 D/mm	宽度 B/mm											
		50	100	150	200	250	300	350	400	450	500	550	600	750
		质量/(kg/m²)											
BC4	50	—	20.37	19.31	18.78	18.39	18.19	17.99	17.89	17.77	17.71	17.63	17.59	—
BC5	25	—	—	—	—	—	—	—	—	—	—	—	—	25.83
BC6	50	—	—	—	—	—	—	—	—	—	—	—	—	34.14
BC7	30	—	—	—	—	—	—	—	—	—	—	28.10	18.00	—

表 3-13　转角板质量

代号	BA7	BA8	BA9	BA10	BA11	BA12	BAC13	BC8	BC9	BC10	BC11	BC12
质量/(kg/m)	3.4	2.5	1.9	4.4	4.0	3.8	3.1	2.6	2.0	3.0	3.2	2.7

表 3-14　天花板质量

代号	厚度 D/mm	宽度 B/mm							
		200	250	300	350	400	450	500	550
		质量/(kg/m²)							
TA1 TA2	50	20.71	19.92	19.60	19.15	18.90	18.67	18.52	18.37
	40	19.42	18.31	18.07	17.62	17.41	17.20	17.07	16.92
	30	17.32	16.61	16.34	15.92	15.71	15.50	15.37	15.22
TD1 TD2	25	—	—	8.50	—	—	—	—	—

3.2.3.2　复合岩棉板的安装形式

安装复合岩棉板应根据不同的结构形式选用不同的构架件。

图 3-19 所示为复合岩棉板典型的连接形式；图 3-20 所示为复合岩棉板衬板及天花板的固定形式；图 3-21 及图 3-22 所示为复合岩棉板的各种节点形式及与之相应的顶型材连接形式；图 3-23 所示为衬板及独立围壁固定形式；图 3-24 所示为复合岩棉板围壁门的安装形式。

壁板与壁板连接

BA1雌雄壁板　　BA1雌雄壁板

BA1雌雄壁板　　CB5 N适配件　　BA1雌雄壁板

BA1雌雄壁板　GB8 L适配件　　BA1雌雄壁板

BC1双面壁板　　GB10嵌条　　BC1双面壁板

钢壁

BC2单面壁板　　GB10嵌条　　BC2单面壁板

天花板与天花板连接

TA1雌雄天花板　　TA1雌雄天花板

GA19吊挂梁　　TD1天花板

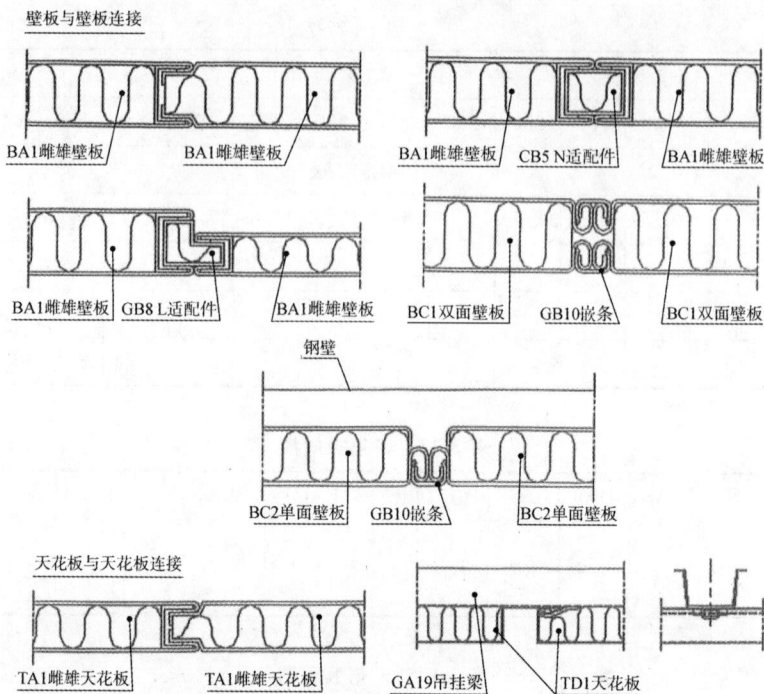

图 3-19　复合岩棉板的典型连接形式

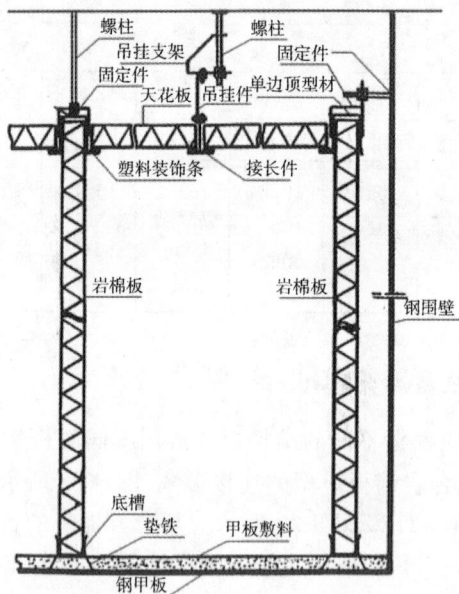

螺柱　　螺柱

吊挂支架　　固定件

固定件　　单边顶型材

天花板　　吊挂件

塑料装饰条　　接长件

岩棉板　　岩棉板　　钢围壁

底槽

垫铁　　甲板敷料

钢甲板

图 3-20　复合岩棉板衬板及天花板的固定

外转角节点

BA7 LA 转角板

BA1 雌雄壁板

BA1 雌雄壁板

钢壁

BC8 L 外转角板

GB10 嵌条

BC2 单面壁板

钢壁

内转角节点

BC9 L 内转角板

钢壁

BC2 单面壁板

GB10 嵌条

钢壁

BA1 雌雄壁板

BA1 雌雄壁板

BA8 LB 转角板

独立围壁转角节点

GB10 嵌条

BC1 双面壁板

BC1 双面壁板

BA10 L 转角板

BA1 雌雄壁板

BA1 雌雄壁板

BA7 LA 转角板

T 型转角节点

BA11 TB 转角板

BC1 双面壁板

BC1 双面壁板

GB10 嵌条

BA10 TA 转角板

BA1 雌雄壁板

BA1 雌雄壁板

BA1 雌雄壁板

BA1 雌雄壁板

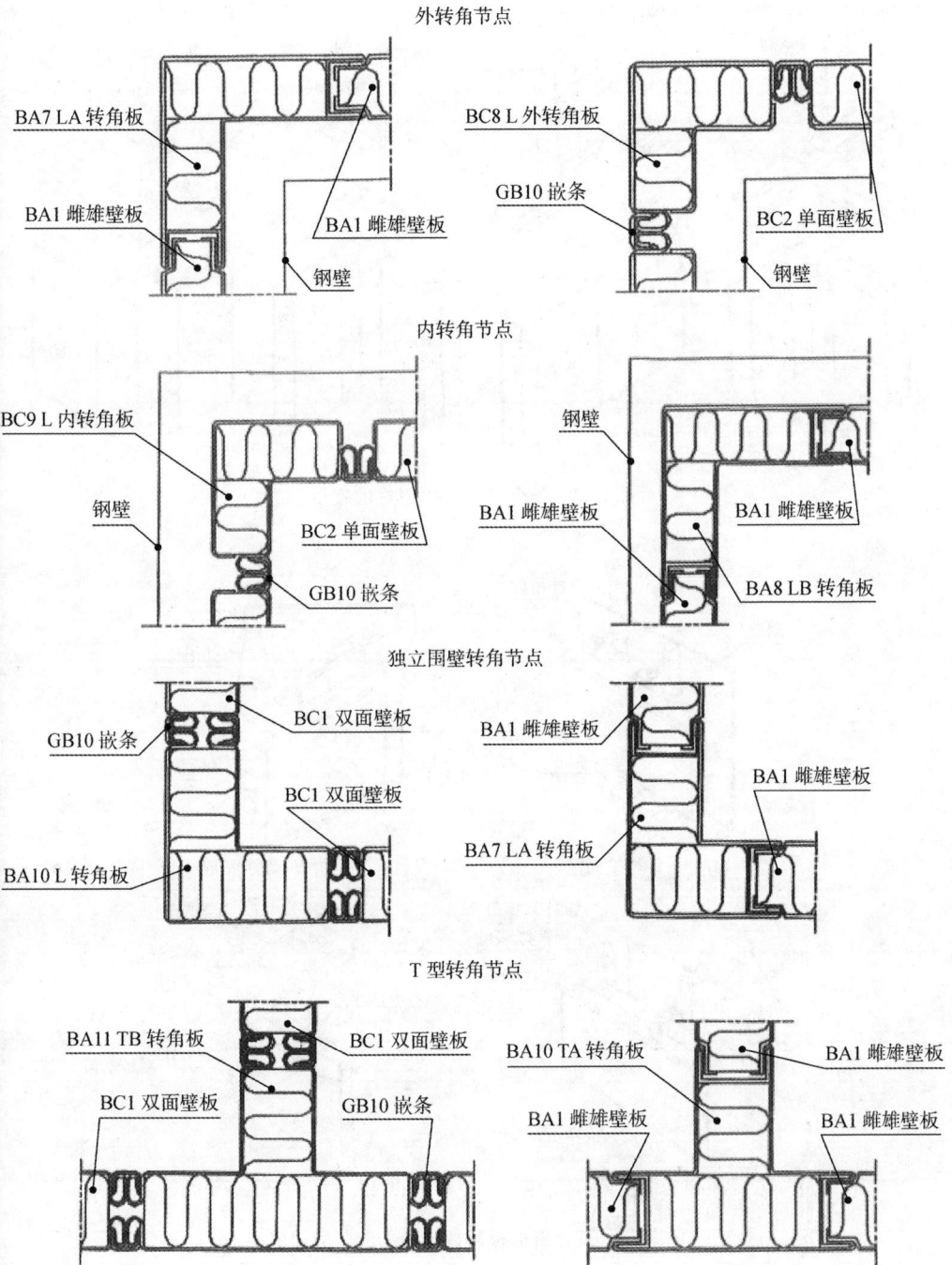

图 3-21　复合岩棉板主要节点形式

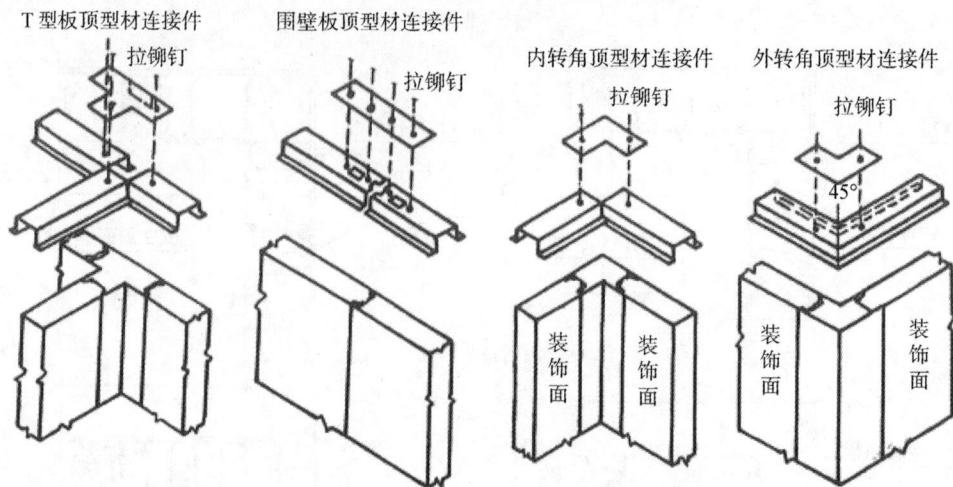

图 3-22　复合岩棉板顶型材的连接

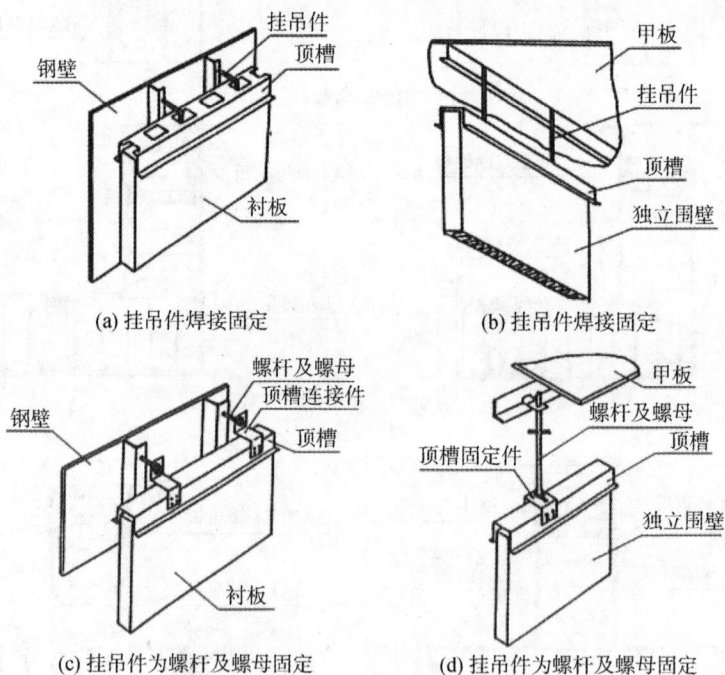

图 3-23　复合岩棉板衬板及独立围壁的固定

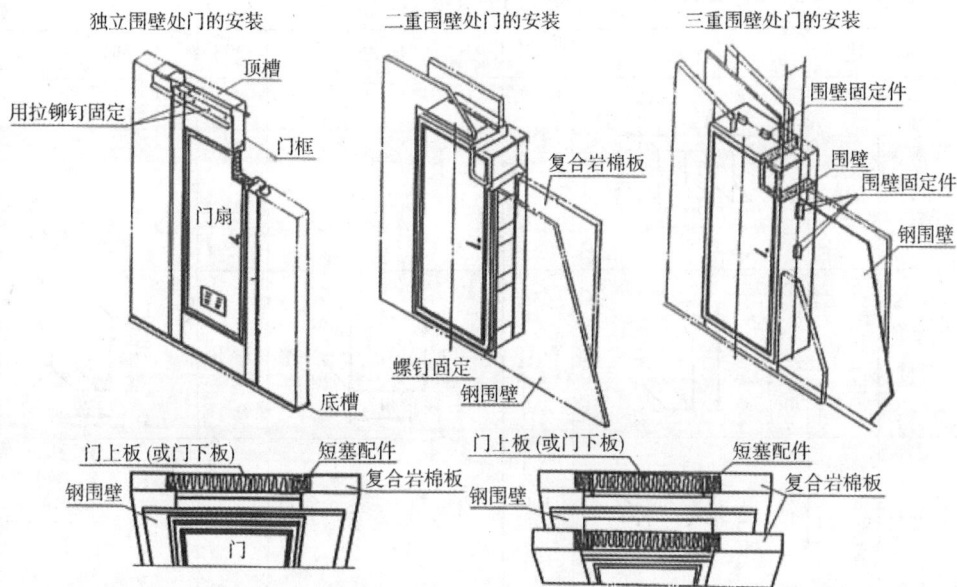

图 3-24　复合岩棉板围壁门的安装

复合岩棉板连接和固定构架件为钢质镀锌构件,装饰用的构件为复塑或涂塑钢质件。表 3-15 列出了国产复合岩棉板系统配套的构架件,表 3-16 列出了各种规格构架件的质量。

表 3-15　复合岩棉板构架件　　　　　　　　　　　　(mm)

名称	代号	形式	代号	形式	代号	形式
顶型材	GA1		GA2		GA3	
单边顶型材	GA4		GA5		GA6	

表 3-15 （续 1）

名称	代号	形式	代号	形式	代号	形式
双槽顶型材	GA7		—	—	—	—
钢壁顶型材	GA8		GA9		GA10	
底型材	GA11		—	—	—	—
L 形底型材	GA12		—	—	—	—
双槽底型材	GA13		—	—	—	—
角钢	GA14		—	—	—	—
切角角钢	GA15		—	—	—	—

表 3-15　（续 2）

名称	代号	形式	代号	形式	代号	形式
垫材	GA16		—	—	—	—
N 固定件	GA17		—	—	—	—
h 固定件	GA18		—	—	—	—
吊挂梁	GA19					
接长梁	GA20					
双耳中间梁	GA21		—	—	—	—
中间梁吊挂	GA22		—	—	—	—

表 3-15 （续 3）

名称	代号	形式	代号	形式	代号	形式
吊顶插件型材	GA23	 152	—	—	—	—
螺杆	GA24	L	GA25	L 50	—	—
定位套管	GA26	50 15	—	—	—	—
活动转架	GA27	78 250 L	—	—	—	—
吊顶型材	GB1	71 40	—	—	—	—
斜角吊顶型材	GB2	71 20 20	—	—	—	—
L 吊顶型材	GB3	71 D 20	—	—	—	—

表 3-15 （续 4）

名称	代号	形式	代号	形式	代号	形式
吊顶型材连接	GB4	200 40 4.5	—	—	—	—
N 适配件	GB5	D_1 38	—	—	—	—
M 适配件	GB6	D_1 12	—	—	—	—
K 适配件	GB7	D_1 α 20 D_1 20	—	—	—	—
L 适配件	GB8	18 44 24 32	—	—	—	—
H 型材	GB9	60 D	—	—	—	—
嵌条	GB10	14 L 11	—	—	—	—

表 3-15 （续 5）

名称	代号	形式	代号	形式	代号	形式
U形包边	GC1		GC2		—	—
内包角 A	GC3		—	—	—	—
内包角 B	GC4		—	—	—	—
内包角 C	GC5		—	—	—	—
外包角 A	GC6		GC7		—	—
外包角 C	GC8		—	—	—	—
外包角 D	GC9		GC10		GC11	

表 3-15　（续 6）

名称	代号	形式	代号	形式	代号	形式
包柱型材	GC12		—	—	—	—
一字覆盖材	GC13					
加强件	GC14					

表 3-16　复合岩棉板构架件的质量

代号	规格/mm				代号	规格/mm			
	$D=50$	$D=30$	$D=25$	—		$D=50$	$D=30$	$D=25$	—
	质量/(kg/m)					质量/(kg/m)			
GA1	1.62	—	—	—	GB2	—	—	—	6.32
GA2	1.45	1.31	1.25	—	GB3	8.05	7.02	6.98	—
GA3	1.62	—	—	—	GB4	—	—	—	0.48
GA4	1.46	1.27	1.20	—	GB5	1.21	0.81	—	—
GA5	1.37	1.23	0.72	—	GB6	0.46	0.32	—	—
GA6	1.62	1.45	1.41	—	GB7	1.30	1.00	—	—
GA7	—	—	1.20	—	GB8	—	—	0.97	—
GA8	—	—	—	0.63	GB9	2.67	2.30	2.20	—
GA9	—	—	—	1.17	GB10	—	—	—	1.60
GA10	—	—	—	0.85	GC1	0.56	0.47	0.45	—

表 3-16 （续）

代号	规格/mm				代号	规格/mm			
	$D=50$	$D=30$	$D=25$	—		$D=50$	$D=30$	$D=25$	—
	质量/(kg/m)					质量/(kg/m)			
GA11	0.68	0.49	0.33	—	GC2	—	0.47	0.45	—
GA12	0.60	0.44	0.40	—	GC3	—	—	—	0.51
GA13	—	—	1.68		GC4	0.82	0.73	0.70	—
GA14	—	—	—	1.27	GC5	—	—	—	0.33
GA15	—	—	—	1.27	GC6	1.24	—	—	—
GA19	—	—	—	0.81	GC7	—	0.96	0.88	—
GA20	—	—	—	0.19	GC8	—	—	—	0.80
GA21	—	—	—	1.50	GC9	0.94	—	—	—
GA22	—	—	—	0.09	GC10	—	0.75	—	—
GA26	—	—	—	0.03	GC11	—	—	—	0.71
GB1	—	—	—	5.89		—	—	—	—

3.2.3.3　复合岩棉板舱室系统设计要点

（1）设计准备

①参考图纸包括主要技术规格书、船体结构图、舱室布置图、电气系统图、管系图、空调系统图、甲板敷料布置图、门窗布置图等；

②选定的复合岩棉板生产厂的工厂标准节点图等相关图纸资料。

（2）设计图纸文件

①复合岩棉板排板图（包括围壁板、天花板排列图），明确板的型号、板宽、板长、板色、数量、次序以及节点号，还需要注明天花板开孔及吊顶型材布置（见图 3-25），图中常以六面图形式表示排板与布置设计。

②复合岩棉板系统配套明细表，即围壁板明细表、围壁板用型材明细表、天花板明细表以及天花板用型材明细表，供订货及施工配套之用。

（3）设计注意事项。尽量采用标准板材以减少现场过多切割，排板次序通常从舱室一角开始分别向纵横依次排列至门框处，门框两侧板应取雌口形式。天花板由门向窗方向排列，窗框处板材应取雄口形式。吸顶灯、风口等设备布置时应尽量安排在板材中间，壁板布置电气设备开关插座开孔，应离板缝 25～30 mm。

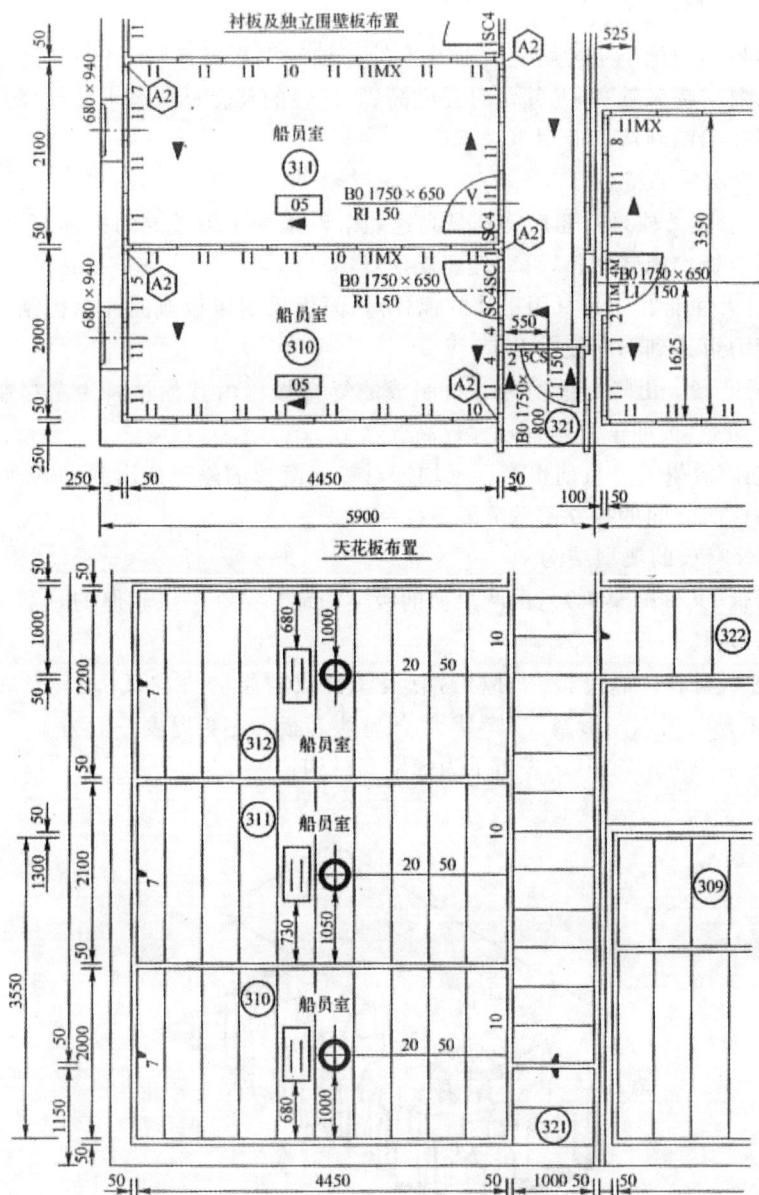

图 3-25 复合岩棉板排板图

3.2.4　蜂窝板结构

蜂窝板结构最早是为航空工业开发的一种轻型板材结构,目前高速船的发展对材料的要求越来越高,尤其是对强度高、质地轻的复合材料需求使得蜂窝板这种复合材料在船舶制造上应用越来越广泛。

（1）蜂窝板的特点

① 质量轻。质量对船舶特别是高速船来说是个至关重要的指标,采用蜂窝板结构的复合板作内装材料,可减轻船舶质量。

② 耐火性能好。芯材用铝片的铝蜂窝,面板采用铝板或镀锌钢板制成的复合板防火能力可达到 B-0 级或 B-15 级。

③ 强度高。由蜂窝结构为芯材制成的复合板比由其他材料为芯材制成的复合板抗剪切力、抗冲击力均有较大提高。

④ 隔声效果差。目前生产厂家均未对铝蜂窝板的隔声列出明确的性能指标,不适合做住舱之间的独立围壁分隔。

（2）蜂窝板的典型结构

蜂窝板（又称蜂巢板）是由两块薄的板牢固地黏结在一层较厚的蜂窝状芯材两面而成的板材。

① 芯材材料。蜂窝板芯材材料有浸渍合成树脂的牛皮纸、玻璃丝布和铝箔片,经加工黏合成六角形空腔（蜂巢状）的整块芯板。芯板厚度一般为 15～50 mm,空腔边长约 10 mm。图 3-26 所示为蜂窝芯材构造。

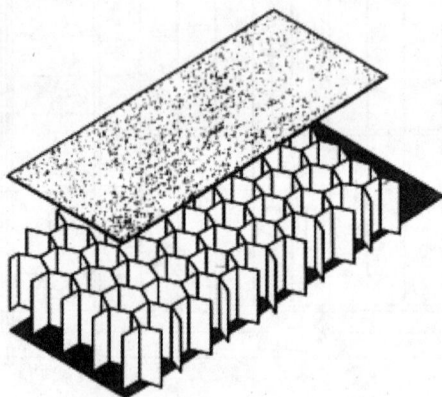

图 3-26　蜂窝芯材构造

② 面板材料。面板材料有浸渍合成树脂的牛皮纸、人造板、石膏板、增强塑

料、玻璃钢板、铝板和镀锌钢板等。

③ 饰面材料。根据需要,面板表面可由三聚氰胺、防火板、PVC 薄膜、木材切片等,也可直接喷涂油漆、塑料。

④ 用途。内装材料(围壁板、天花板、门板)及家具材料。

(3) 蜂窝板的船上应用

由于采用蜂窝为芯材的复合板比用岩棉为芯材的复合板在质量上要轻 $3\ kg/m^2 \sim 4\ kg/m^2$ 所以,近年来,高速船及对质量控制较紧的船(如调查船)的衬板,天花板均采用铝蜂窝复合板。目前船上使用的蜂窝芯材为铝合金箔片,成分含 98% 铝,1% 镁,掺杂少量铁和硅。面板采用 0.8 mm 铝板或 0.6 mm 镀锌钢板。根据需要面板可贴 PVC 薄膜或喷塑。

为了便于船厂施工,目前,采用岩棉为芯材的复合板和采用铝蜂窝为芯材的复合板,在结构形式、制作要求、构架件及安装方法等方面采用一个标准,所以,复合岩棉板的各种构架件和安装方法均适用铝蜂窝复合板。

目前为适应一些小型船舶,节约舱室内部空间及减轻重量,生产厂家开发了厚度更薄的蜂窝板,搭配适合小厚度的构架件。

图 3-27 为 A 型蜂窝雌雄围壁板,图 3-28 为 C 型蜂窝单面围壁板和双面围壁板。

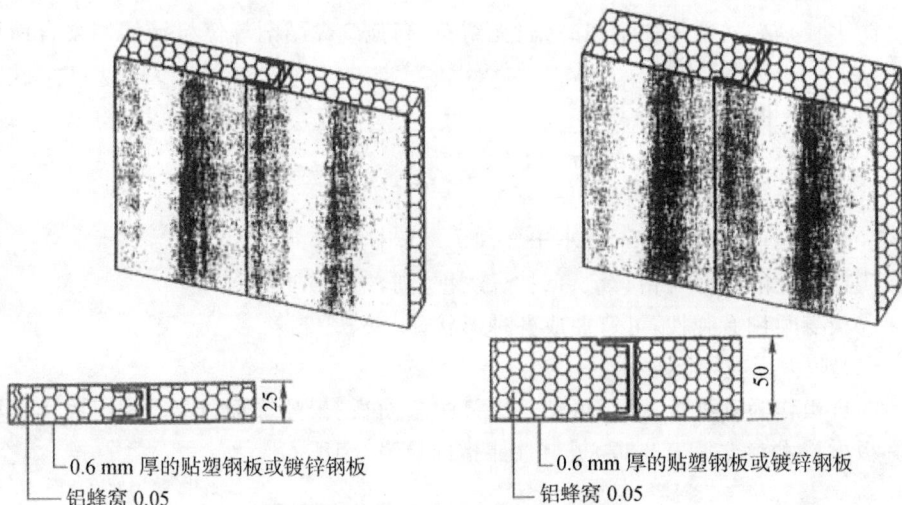

25

0.6 mm 厚的贴塑钢板或镀锌钢板
铝蜂窝 0.05

50

0.6 mm 厚的贴塑钢板或镀锌钢板
铝蜂窝 0.05

图 3-27 A 型蜂窝雌雄围壁板

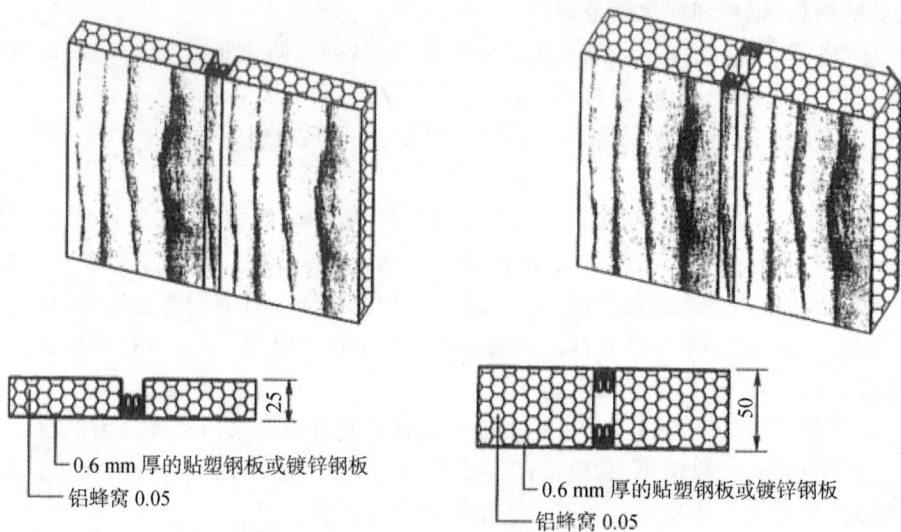

0.6 mm 厚的贴塑钢板或镀锌钢板
铝蜂窝 0.05

0.6 mm 厚的贴塑钢板或镀锌钢板
铝蜂窝 0.05

图 3-28　C 型蜂窝单面围壁板和双面围壁板

3.2.5　防火板结构

防火板是矿岩粉末加增强纤维、无纺布、高强度黏结剂等经机械磨制聚合而成的板材。

（1）防火板的特点

①超薄板。厚度最薄为 2 mm。

②防火性能高。不燃材料。

③耐潮性佳。线膨胀系数小于 3/10 000，不变形。

④加工性能好。可钻、裁、钉、粘、漆、锯、刨，施工方便。

⑤板身柔韧有弹性，可弯曲成各种形状。

（2）防火板技术参数

防火板作为基材板，面板可贴三聚氰胺塑面板、聚酯饰面、PVC 复塑镀锌钢板等。板材技术参数见表 3-17，板材性能指标见表 3-18。

表 3-17　防火板板材技术参数

名称	独立围板	衬板	天花板
耐火等级	B-15	B-0	C
基板厚度/mm	5～8	5～6	5

表 3-17　（续）

名称		独立围板		衬板		天花板	
标准规格/mm		2 400×600		2 400×600		1 200×600	
单位面积质量（含面板）/(kg/m²)		18	30	9～12	12～15	9	15
面板	材质	塑面板	PVC 复塑钢板	塑面板	PVC 复塑钢板	塑面板	PVC 复塑钢板
	厚度/mm	0.8	0.7	0.8	0.7	0.8	0.7
	塑面特征	低播焰性					

表 3-18　防火板板材性能指标

项目	指标	项目	指标
密度	1 350～1 450 kg/m³	热导率	0.717 W/(m·K)
抗折强度	38 MPa	憎水率	≥98%
加热线收缩	≤5%	吸湿率	≤5%
螺钉拔出力	≥50 N/mm	防火性能	不燃

3.2.5.3　防火板的安装形式

防火板的安装形式与硅酸钙板相似,板与板拼接配件采用欧米茄型材。表 3-19 为防火板构架件。天花板的连接形式见图 3-29。

图 3-30 和图 3-31 分别为独立围壁结构图和顶灯安装结构图。

表 3-19　防火板构架件　　　　　　　　　　　　　　　　　(mm)

代号	名称	断面外形	代号	名称	断面外形
01	钢质主衬板（1.0 kg/m）		02	钢质连接件（1.0 kg/m）	

表 3-19 （续）

代号	名称	断面外形	代号	名称	断面外形
03	钢质定位件 (1.95 kg/m)		04	铝质欧米 茄压条 (0.5 kg/m)	
05	铝质角压条 (0.54 kg/m)		06	铝质欧米茄 压条（橡塑 盖条） (0.25 kg/m)	
07	铝质包角 (0.44 kg/m)		08	塑料踢脚板 (1.1 kg/m)	
09	铝质外包角 (0.6 kg/m)		10	铝质内包角 (0.6 kg/m)	

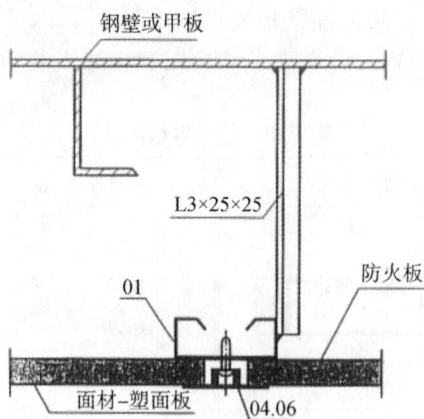

图 3-29 天花板典型结构

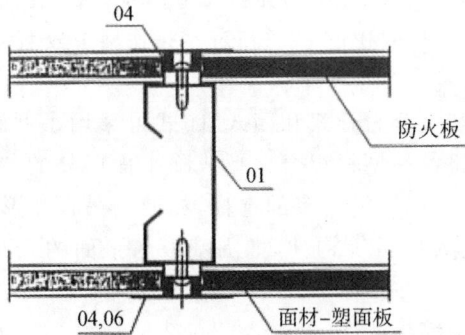

图 3-30 独立围壁典型结构

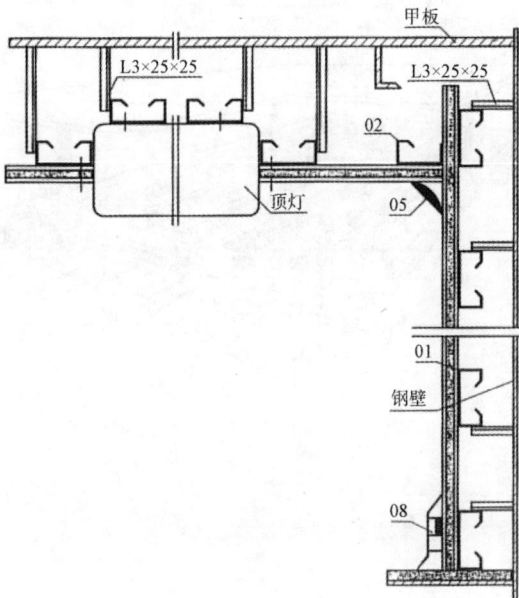

图 3-31 顶灯安装典型结构

3.2.6 金属条形板

金属条形板具有多种板型,可组成可拆卸式的舱室内装天花板。

金属条形板采用薄型铝板或钢板冷轧成型,铝板厚度通常为 0.5～0.6 mm,钢板厚度为 0.4～0.5 mm,标准长度为 1 000～6 000 mm,标准模数为 100 mm。表面处理分为烤漆、喷塑、阳极氧化等。每种板型分为穿孔型和非穿孔型,穿孔型又分为标准孔型和微孔型。标准孔型的孔径为 2 mm 左右,孔面积占 15％左右;微孔型孔径为 1.3 mm 左右,孔面积占 22％左右。穿孔型条板上可覆绝缘材料,以增强吸音和隔热功能。

金属条形板的安装可分为开式和闭式,闭式可采用小型嵌条封闭。金属条形板可利用其柔性骨架将各种型材组合以形成除平面以外的各种复杂形状,增强立体感,在舱室造型设计中可提供更多的选择,如使用吊顶弧形板,能将舱室顶角做成弧形,遮蔽结构上的大肘板等构件,把围壁板与平面的天花板完美和谐地连接起来。

金属条形板天花板结构严谨(见图 3-32),造型新颖,防火耐湿,装拆方便,易清洁,且出风口、回风口、音响、烟感器、灯具等可装置在天花板内,使天花板的整体性极好。铝合金条形板天花板由于质量很轻,特别适用于高速船内装。

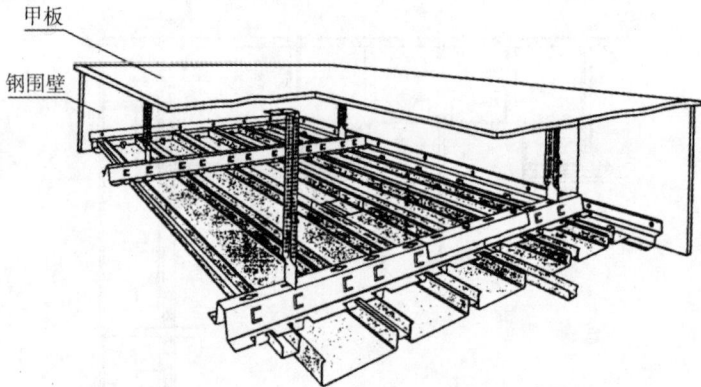

图 3-32　金属条形板吊顶典型结构形式

第4章　舱室隔热

4.1　舱室隔热的一般概念

4.1.1　船舶的外部热源

影响船舶的外部热源主要是太阳,太阳的辐射能经过转换变成热能通过暴露甲板和围壁而传入到舱室内,这是形成舱室热环境的主要因素。在夜间及低温季节,外界空气、舷外水又成为吸取舱室内热量的负热源。

太阳辐射热主要通过日照和大气辐射这两种形式传递,表4-1为这两种太阳辐射热造成的辐射量及其特点。

表4-1　直接日照和大气辐射的热辐射量及特点

传热形式	辐射期间	受热面	热辐射量/(W/m²)	热辐射特点
直接日照	白昼、晴天	日照面	0～977	(1) 早晚低、午后1时最高; (2) 夏日高、冬日低; (3) 晴天高、多云时低; (4) 热带高、寒带低。
大气辐射	阴天或夜间	一切与大气接触的面	116～175	辐射热量较稳定

船舶舱室结构材料为钢或铝质。这类金属甲板和围壁的吸热量大、传热快,对船舶舱室热环境影响极大。暴露甲板受日照时间长,接受热量较多。围壁的日照与太阳照射角度有关,受太阳辐射热量相对较少。根据日本有关实测资料,甲板温升8～12 ℃时,围壁温升仅2～5 ℃。

海洋昼夜温差变化比陆地大得多,所以对船舶舱室热环境影响较大,加之海洋空气潮湿,金属围壁内侧极易形成结露现象。

航速和风速可以加速船舶散热,所以在停泊与航行时外界大气和舷外水对船舶舱室热环境的影响是不同的。

各种色彩对太阳光的反射率不同,所以船舶外板的色彩不同对船舶舱室热环境的影响也不一样,白色的反射率最高,黑色的反射率最低。

船上水平暴露面及舷侧和围壁在日晒下的表面温升,即由于太阳辐射而引起的高于舱外的设计气温的数值见表4-2。

表 4-2　日晒面上的太阳辐射温升(室外空气温度为 35 ℃ 时)

暴露面	温升/(℃)
垂直淡色表面	16
垂直深色表面	29
水平淡色表面	12
水平深色表面	32

4.1.2　船舶的内部热源

船舶内部最大的热源是机舱,舱内温度往往高达 35~40 ℃,其中一部分热量通过大气和海水散失,另一部分热量则通过甲板和机舱棚围井的舱壁传入上层建筑居住区,对舱室热环境的影响极大。

厨房是船舶另一大热源,运作时室温也可达到 30 ℃ 以上,但具有时间性。

各种舱柜的温度也是一种热源或负热源。对热环境有影响的舱柜热源见表4-3。

表 4-3　舱柜热源

舱柜名称	柜内温度/℃	热源性质	对舱室影响
日用燃油柜(柴油或滑油)	60(加热)	热源	升温
清油柜(柴油)	40(加热)	热源	升温
清油柜(滑油)	50(加热)	热源	升温
蒸馏水柜	35~38	热源	升温
清水柜		负热源	降温,结露
冷藏舱	2~5 或-5~15	负热源	降温,结露

其他各种设备、照明灯具及人员都是热源。

4.1.3　舱室传热的基本原理及方式

舱室围壁的传热过程如图 4-1 所示。当舱壁一侧的热量为 Q_0 时,其中一部分(Q_R)被壁反射,另一部分(Q_A)被壁所吸收,剩余部分的热量(Q_D)则透过围壁(δ 为壁厚)到达另一侧,围壁传热可用下式表示。

$$Q_0 = Q_R + Q_A + Q_D \qquad (4.1.1)$$

热量的传递方式主要有三种,即热传导、热对流和热辐射。

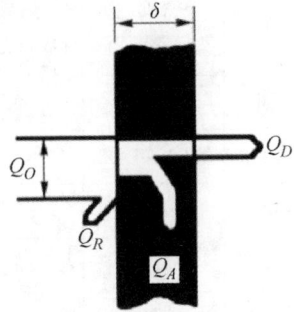

图 4-1　壁传热的过程

4.1.3.1　热传导

当物体内有温差或两个不同温度的物体接触时,在物体各部分之间不发生相对位移的情况下,物质微粒(分子、原子或自由电子)的热运动从高温处向低温处传递了热量,这种现象称为热传导,简称导热。图 4-2 反映了热量在物体中传递时温度的变化。单位面积穿过物体的热量 $q(\mathrm{w/m^2})$ 如下式所示:

$$q = \lambda \frac{T_0 - T_1}{\delta} \qquad (4.1.2)$$

式中　δ——壁的厚度,m;

　　　λ——壁的热导率,W/(m·K);

　　　T_0,T_1——壁两侧的温度,K。

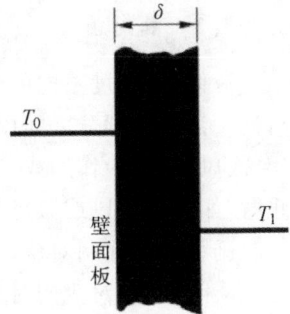

图 4-2　壁传热示意图

热导率是反映物体导热性能的重要参数,是材料固有的热物理性质,表征在稳态条件和单位温差的作用下,通过单位厚度、单位面积匀质材料的热流量。不同的材料具有不同的热导率,同一种物体的热导率也会随着温度和密度的变化而变化。一般来讲,热导率会随着温度的升高和密度的增加而增大。表 4-4 是常用材料的热导率。

表 4-4　常用材料的热导率

介质	密度/ (g·cm³)	热导率/ (W/(m·K))	备注	介质	密度/ (g·cm³)	热导率/ (W/(m·K))	备注
空气	1.293×10^{-3}	0.026	有对流	陶瓷棉	0.17	0.038~0.04	

表 4-4 （续）

介质	密度/ （g·cm³）	热导率/ （W/(m·K)）	备注	介质	密度/ （g·cm³）	热导率/ （W/(m·K)）	备注
水	1.00	0.58		岩棉	0.1～0.2	0.035～0.045	
海水	1.01～1.05	0.486		玻璃棉	0.03～0.07	0.035～0.045	
钢板	7.8	52～58		PVC	1.35～1.40	0.126～0.293	
碳钢	7.8	35～37		胶合板		0.13	
铜	8.89	384		硅酸钙板	0.9	0.183	
铝	2.7	222		乳胶敷料	1.8～2.0	0.17～0.58	

注：①热导率 λ，随密度增加而增大，随温度升高而增大。

②船用隔热材料，要求 $\lambda < 0.058$ W/(m·K)。

4.1.3.2　热对流

流体中，温度不同的各部分之间发生相对位移时所引起的热量传递过程叫热对流。流体各部分之间由于密度差而引起的相对运动称为自然对流；而由于机械（泵或风机等）的作用或其他压差而引起的相对运动称为强制对流。比如当物体静止时，如处于无风或微风的环境则认为是自然对流，如物体高速运动或周围风速较大时则认为是强制对流。

实际上，热对流同时伴随着热传导，构成复杂的热量传递过程。当流体内温度不同的各部分之间无相对运动（对流）时，该处传热可完全视作"热传导"。工程上经常遇到流体流过固体壁时的热传递过程，就是热对流和热传导联合作用的热量传递过程。

以图 4-3 为例，对物体左侧壁面来讲，单位面积单位时间内的换热量 $q(\text{W/m}^2)$ 可用下式表示。

$$q = \alpha(T_0' - T_0) \qquad (4.1.3)$$

图 4-3　壁面换热示意图

式中　α——表面换热系数（W/(m²·K)），常用换热系数如表 4-5 所示；

　　　T_0'——物体左侧邻近流体的温度，K；

　　　T_0——物体左侧壁面温度，K。

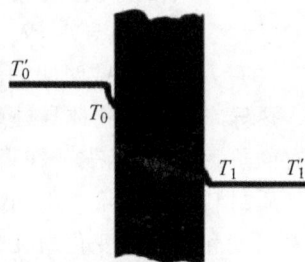

表 4-5　常用表面换热系数

介质	表面换热系数 $\alpha/(\mathrm{W}/(\mathrm{m}^2 \cdot \mathrm{K}))$	部位
钢板-空气	58～80	露天场所
	35	船内
木板-空气	9～9.5	壁面、冬季暖气室的天花板
	7	夏季冷空调室的天花板
玻璃纤维布-空气	3～3.5	

注:因热空气上升,冷空气下降,天花板处,夏季 α 值要小些。

4.1.3.3　热辐射换热

物体通过电磁波传递能量的过程称为辐射。物体会因各种原因发出辐射能。物体的内能转化成电磁波的能量而进行的辐射过程称为热辐射。任何物体,只要温度高于 0 K(K 氏零度),就会不停地向周围发出热辐射能。

同一物体,温度不同时的热辐射能力也不同,温度相同的不同物体的热辐射能力也不同。单位面积单位时间内辐射的热能 $q(\mathrm{W}/\mathrm{m}^2)$ 为

$$q = C \left(\frac{T_k}{100} \right)^4 \tag{4.1.4}$$

式中　T_k——物体温度,K;

　　　C——热辐射系数,$\mathrm{W}/(\mathrm{m}^2 \cdot \mathrm{K}^4)$。

常用材料的热辐射系数如表 4-6 所示。

表 4-6　常用材料的热辐射系数 C　　　　　　　　　$(\mathrm{W}/(\mathrm{m}^2 \cdot \mathrm{K}^4))$

材料	表面状况	热辐射系数 C	材料	表面状况	热辐射系数 C
钢	压延	3.84	镍	光洁	0.35
钢	研磨	1.4	镍	酸蚀	2.79
钢	锈蚀	5.67	木材	抛光	5.23
铜	压延	3.6～4.2	玻璃	光滑	5.12～5.41
铜	研磨	0.2～0.25	冰		5.52
铝	粗表面	0.41			

4.1.3.4　热辐射与热传导和热对流的比较

热辐射与热传导和热对流相比有如下特点:

（1）辐射换热可以不依靠物体的接触而进行热量传递,电磁波可以在真空中传播,传播时的速度为光速;而导热和对流都必须由冷/热物体直接接触或通过与中间介质相接触,才能传递热量。

（2）在辐射换热过程中,伴随着能量形式的两次转换,即物体把它的热能不断转换成电磁波发射出去,当电磁波到达另一物体表面而被吸收时,电磁波又转换成物体的热能。

（3）自然界中一切物体不论其温度高低都在不停地发射电磁波,同时也在不断地吸收其他物体发出的辐射能。

4.2　隔热设计原理

4.2.1　壁板的隔热

壁板一侧的热量,透过壁板到达壁板的另一侧的过程称为传热。传热包括两侧壁面的表面换热和壁板内部的导热。

4.2.1.1　热阻与传热系数

就单层板而言,壁板的隔热效能完全取决于其热阻值 $R(\mathrm{m}^2 \cdot \mathrm{K/W})$,热阻值的大小与其厚度和热导率有关。

$$R = \frac{1}{K} = \frac{\delta}{\lambda} \tag{4.2.1}$$

式中　R——壁板热阻值,$\mathrm{m}^2 \cdot \mathrm{K/W}$;

　　　δ——壁板厚度,m;

　　　λ——壁板热导率,$\mathrm{W/(m \cdot K)}$;

　　　K——壁板传热系数,$\mathrm{W/(m^2 \cdot K)}$。

从该式中可以看出,传热系数 K 与热阻值 R 互为倒数,即壁的传热系数 K 越小,则热阻值 R 越大,即壁的隔热性能越好。

实际上对于单层板而言,其传热过程不仅包括壁板内部的导热还包括壁板两侧壁面的表面换热,热阻与隔热结构总的传热系数互为倒数,表征整个隔热结构加上结构两侧空气边界层作为一个整体的阻抗传热能力的物理量,可按下式估算:

$$R = \frac{1}{K} = \frac{1}{\alpha_1} + \frac{\delta}{\lambda} + \frac{1}{\alpha_2} \tag{4.2.2}$$

式中　R——隔热结构传热阻,$\mathrm{m}^2 \cdot \mathrm{K/W}$;

　　　δ——壁板厚度,m;

　　　λ——壁板热导率,$\mathrm{W/(m \cdot K)}$;

K——隔热结构总传热系数，$W/(m^2 \cdot K)$；

α_1, α_2——隔热结构内外两侧的表面换热系数，$W/(m^2 \cdot K)$。

4.2.1.2　多层壁板的隔热

船舶隔热结构一般为多层壁板组成的复合结构，其隔热性能与每层壁板的热阻、内外两侧表面的换热系数及多层壁中间空气层热阻等因素有关。多层板隔热结构的传热阻可按下式估算。

$$R = \frac{1}{K} = \sum \frac{1}{\alpha} + \sum \frac{\delta_i}{\lambda_i} \qquad (4.2.3)$$

式中　R——隔热结构的传热阻，$m^2 \cdot K/W$；

$\quad\quad K$——隔热结构的总传热系数，$W/(m^2 \cdot K)$；

$\quad\quad R_i$——隔热结构中每个隔热层的热阻，$m^2 \cdot K/W$；

$\quad\quad \delta_i$——隔热结构中每个隔热层的厚度，m；

$\quad\quad \lambda_i$——隔热结构中每个隔热层的热导率，$W/(m \cdot K)$；

$\quad\quad \alpha$——内外两侧表面的换热系数，$W/(m^2 \cdot K)$。

$\quad\quad$一般情况下 α 取值如下：

$\quad\quad$外露表面：$\alpha = 80$，风速 20 m/s；

$\quad\quad$内表面：$\alpha = 8$，风速 0.5 m/s。

从式(4.2.3)中可以看出，在设计工况即温差不变、舱室容积不变的情况下，唯有改变隔热结构总传热系数 K 值方能使传热量减小，即 K 值越小，热阻值越大，传热量越小，隔热性能就越好；要使 K 值变小，在 α，$\frac{\delta_i}{\lambda_i}$ 这几个环节中，实践上最易改变的是 $\frac{\delta_i}{\lambda_i}$，即各层壁的厚度及热导率。由此得出，在隔热材料中应力求采用热导率小、厚度较大而密度较小的隔热材料。

在多层壁中，各种材料层的热阻 R_{λ_i} 比较见表 4-7。

表 4-7　多层壁各种材料层的热阻值 R_{λ_i} 比较

壁的材料	厚度 δ_i /m	热导率 λ_i /[W/(m·K)]	热阻 $R_{\lambda_i} = \dfrac{\delta_i}{\lambda_i}$	相对热阻	隔热效果	备注
钢板	0.008	36	0.22×10^{-3}	0.017	极差	其 R 值可忽略不计
玻璃棉	0.050	0.040	1.25	100	作用大	绝热计算的主要隔热层
空气层	0.050	0.22	0.227	18.3	有作用，效果小	有一定的隔热作用

表 4-7 （续）

壁的材料	厚度 δ_i/m	热导率 λ_i/[W/(m·K)]	热阻 $R_{\lambda_i}=\dfrac{\delta_i}{\lambda_i}$	相对热阻	隔热效果	备注
胶合板	0.006	0.13	0.046	3.7	效果差	简化计算中,通常不计
Σ			1.523			

4.2.1.3 多层壁板中空气层的隔热作用

空气层的厚度与热阻关系如图 4-4 所示。

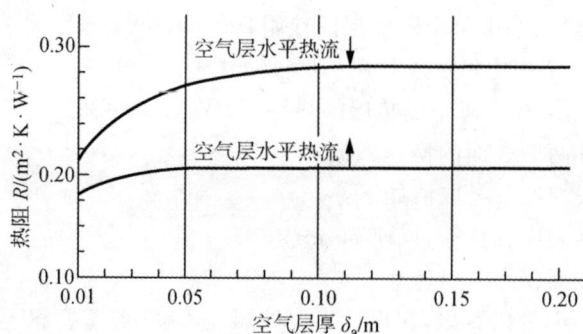

图 4-4　空气层的厚度与热阻关系

从图 4-4 可以看出,一般情况下,空气层热阻具有如下特点:

（1）当空气层厚度大于 0.05 m 时,热阻不再增大,成为一个常数,说明隔热效果不再提高。

（2）在室外热室内冷的工况下空气层水平（即天花板内）热流向下时,其热阻 R 大于在室外冷室内暖的工况下空气层水平热流向上时的热阻值。

由此可见从隔热效能上考虑,多层壁中的空气层 0.05 m 已完全足够,再加大空气层厚度对于提高隔热效果已无意义。此外,当空气层热阻 $R<0.3$(m²·K/W)时,相对热阻较小,在简化计算中可忽略不计。

4.2.1.4 许可的最大传热系数

在实际设计中,传热计算是一个复杂的过程。一般情况下,在进行传热计算时认为甲板、舱壁具有良好的隔热设施。表 4-8 给出了空调与采暖热负荷计算中不同部位甲板、舱壁隔热结构许可的最大总传热系数 K 值。

表 4-8　甲板、舱壁隔热结构许可的最大总传热系数 K 值

表面	总传热系数 $K/[W/(m^2 \cdot K)]$
船舷、外部舱壁及露天日阴面甲板	0.9
与机舱、货舱及其他非空调区相邻的甲板	0.8
与锅炉舱相邻的甲板	0.7
日晒开敞甲板、日晒露天甲板	0.6
单层玻璃矩形窗、舷窗	6.5
双层玻璃矩形窗、舷窗	3.5
与走廊相邻的非隔声舱壁	2.5
与走廊相邻的隔声舱壁	0.9

注：应用此系数进行传热计算时，导热系数应考虑材料受压和吸湿的影响。

4.2.2　船舶航线对隔热的要求

大气温度是船舶舱室的一大热源，由于船舶航线不同，大气温度相差较大，所以对于一般航线，夏季高温取值 40 ℃，冬季低温取值 −20 ℃，但对于专线定期船舶则需参考该区域的气温统计资料。表 4-9 所示为我国各航区的气温。

表 4-9　我国各航区的气温

区域	月平均最低气温		极端最低气温		月度平均最高气温		极端最高气温	
	$t_2/℃$	港名	$t_2/℃$	港名	$t_2/℃$	港名	$t_2/℃$	港名
渤海沿岸	−15.7	营口	−30	丹东	32.2	天津	42.9	天津
青岛至温州沿海	−4.5	青岛	−16.4	青岛	34.1	宁波	40.2	上海
温州以南沿海	4.8	温州	−3.0	温州	32.9	温州、福州	40.5	温州
台湾及海南岛	11.5	台中	−1.0	台中	34.3	海口	38.6	台北
长江中下游	−1.4	南京	−13.8	南京	35.2	安庆	43	南京
长江上游	1.2	宜昌	−6.7	宜昌	34.2	重庆	44	重庆
珠江	9.1	梧州	0.0	梧州、广州、香港	33.5	百色	41.4	梧州

表 4-9 （续）

区域	月平均最低气温		极端最低气温		月度平均最高气温		极端最高气温	
	$t_2/℃$	港名	$t_2/℃$	港名	$t_2/℃$	港名	$t_2/℃$	港名
黄河河套以东	−9.2	华山			34.4	洛阳	44	洛阳
黄河河套以西	−19.1	包头			31.0	靖远	40.3	中宁
黑龙江及松花江					28.7	哈尔滨、齐齐哈尔	39.1	哈尔滨

对于远洋航行的船舶，在红海、苏伊士区域高温可达 45 ℃，而在南极沿岸和格陵兰北部一带则低至 −40 ℃。表 4-10 所示为各纬度的平均气温。

表 4-10　各纬度的平均气温　　　　　　　　　　　　单位：℃

	年平均	1 月	7 月	较差	海面温度
北半球平均	−15.2	8.1	22.4	14.3	19.2
北极	−22.7	−41.0	−1.0	40.0	−1.7
80	−17.2	−32.2	2.0	34.2	−1.7
70	−10.7	−26.3	7.3	33.6	0.7
60	1.1	−16.1	14.1	30.2	4.8
50	5.8	−7.1	18.1	25.2	7.9
40	14.1	5.0	24.0	19.0	14.1
30	20.4	14.5	27.3	12.8	21.3
20	25.3	21.8	28.0	6.2	25.4
10	26.7	25.8	26.9	1.1	27.2
赤道	26.2	26.4	25.6	0.8	27.1
10	25.3	26.3	23.9	2.4	25.8
20	22.9	25.4	20.0	5.4	24.0
30	18.4	21.9	14.7	7.2	19.5
40	11.9	15.6	9.0	6.6	13.3
50	5.5	8.3	3.0	5.3	6.4
60	−4.1	−1.2	−10.3	9.1	0.0

表 4-10　（续）

	年平均	1 月	7 月	较差	海面温度
70	−13.3	−1.3	−23.9	22.6	−1.3
80	−24.7	−7.4	−36.3	28.9	−1.7
南极	−30.0	−11.0	−42.0	31.0	—
南半球平均	13.3	17.0	9.7	7.3	16.0

4.2.3　规范对隔热的要求

为保证船舶居住环境的舒适和安全，中国海事局以及国际劳工组织对船舶居住区隔热做了相应规定。表 4-11 为中国海事局及国际劳工组织对隔热的要求。

表 4-11　规范对舱室隔热的要求

船型	项目	中国海事局《国际航行海船法规》	中国海事局《国内航行海船法规》	国际劳工组织《2006 年海事劳工公约》
一般船舶	居住区的保护	起居舱室应予以充分隔热。卧室和餐厅的外部舱壁应适当隔热。卧室、餐厅和娱乐室的围板以及起居处所的通道应适当隔热，以防止蒸汽凝结或室温过高	起居舱室应予以充分隔热。卧室和餐厅的外部舱壁应适当隔热。卧室、餐厅和娱乐室的围板以及起居处所的通道应适当隔热，以防止蒸汽凝结或室温过高	起居舱室应予以充分隔热。卧室和餐厅的外部舱壁应适当隔热。卧室、餐厅、娱乐室和起居处所的通道应适当隔热，以防止蒸汽凝结或室温过高
	发热处所的保护	如对相邻起居舱室或过道处会产生发热影响，则厨房和其他发热处所的所有机器外罩和所有界限舱壁应予充分隔热	如对相邻起居舱室或过道处会产生发热影响，则厨房和其他发热处所的所有机器外罩和所有界限舱壁应予充分隔热	如果有可能在毗邻起居舱室或过道处产生发热影响，厨房和其他发热处所的所有机器外罩和所有界限舱壁应予充分隔热
	发热管路的保护	应采取措施防止蒸汽和（或）热水管道的发热影响	应采取措施防止蒸汽和（或）热水管道的发热影响	应采取措施防止蒸汽和（或）热水管道的发热影响

表 4-11 （续）

船型	项目	中国海事局 《国际航行海船法规》	中国海事局 《国内航行海船法规》	国际劳工组织 《2006 年海事劳工公约》
客船附加要求	发热处所的保护	厨房不应设在高温处所之上,否则,应特别注意绝热。 如公共盥洗室设在机炉舱附近,还应有良好的绝热结构	厨房不应设置在高温处所之上,否则,应特别注意绝热。 若炉灶设于舱壁处,则炉灶与舱壁之间至少应隔开 150 mm,且舱壁上要敷设绝热材料,且其外部包以镀锌钢板。 如公共盥洗室设在机炉舱附近,还应有良好的绝热结构	—
	储藏室	卧具储藏室应保证可靠的防潮与绝热	卧具储藏室应保证可靠的防潮与绝热	—
	管路的保护	为防止冬季结冰,供水管外面应包扎隔热敷料,暖气设备的主管和支管应有隔热包扎	为防止冬季结冰,供水管外面应包扎隔热敷料,暖气设备的主管和支管应有隔热包扎	—

4.3 舱室隔热设计

4.3.1 舱室隔热种类

4.3.1.1 隔热

对于舱室暴露界面以及毗邻内部热源系统的界面,为避免夏季外部太阳、大气环境及内部热源系统对舱室热环境的影响,此类部位应包覆隔热材料。

4.3.1.2 保温

在冬季,因舱室内外存在温差,热量由室内向室外传递,当舱室暴露界面内侧的温度降低到饱和湿空气温度时(相对湿度=100%),内表面便会出现露珠即结露现象。内外温差越大,结露现象越严重,导致隔热材料水分增加,热导率上升,隔热能力下降。为防止结露现象的产生,舱室暴露界面的内侧应包覆隔热材料。

另外,在冬季温度较低的情况下,因室内温度和暴露界面内侧存在温差,船员在舱室内会与暴露界面内侧存在热辐射换热,导致体感较差。为减小室内温度和暴露界面的温差,提高舒适度,暴露界面内侧应在防止结露产生的基础上继续酌情加厚隔热材料。

4.3.2 保温计算

4.3.2.1 估算公式

船舶保温设计以往一般以保证甲板和舱壁隔热结构内侧不产生结露为标准。参照陆地建筑设计经验,保温设计仅保证隔热结构内部不结露的标准偏低,因此本手册建议对于生活舱室将设计目标确定为不结露和基本热舒适两档,设计时可根据实际情况及船东需求酌情选用。

对船舶舱室的甲板和围壁的隔热层厚度 $\delta(m)$ 应不小于按下式计算所得之值:

$$\delta = \frac{\lambda}{\alpha}\left(\frac{T_a - T_r}{\Delta t}\right) \tag{4.3.1}$$

式中 T_a——冬季室外计算温度,℃;

　　　T_r——冬季室内计算温度,℃;

　　　Δt——室内温度 T_r 和室内壁面温度 T_{sr} 之差,℃;

　　　λ——热导率,W/(m·K),按式(4.3.2)计算;

　　　α——隔热材料表面与室内空气的换热系数,W/(m²·K)。

4.3.2.2 保温计算要求

根据陆用民用建筑最新标准(GB 50176—2016),基本热舒适的温差 Δt 建议值对于屋顶为 4 ℃,墙面为 3 ℃,这个建议对于船舶上由钢板和隔热材料组成的轻质隔热结构来讲,从经济性和空间利用率的角度来看均偏高,因此再结合陆用工业建筑和船舶实际条件,建议对 Δt 的基本热舒适推荐值按表 4-12 和表 4-13 选取,表中 T_{R0} 为露点温度。

表 4-12　围壁的内表面与室内空气温度之差的限值

舱室设计要求	防结露	基本热舒适（用于生活舱室）
允许温差 Δt	$\leqslant T_r - T_{R0}$	$\leqslant 6$

注:本表基本热舒适温度取值摘自陆地标准 GB 50176—1993,供船舶保温设计时参考使用。

表 4-13　天花板的内表面与室内空气温度之差的限值

舱室设计要求	防结露	基本热舒适（用于生活舱室）
允许温差 Δt	$\leqslant T_r - T_{R0}$	$\leqslant 4$

注:本表基本热舒适温度取值摘自陆地标准 GB 50 176—1993,供船舶保温设计时参考使用。

4.3.2.3　计算参考依据

（1）热导率的修正

因隔热材料安装时受挤压及长时间吸收湿气所造成的热导率值 λ 的增加,在计算前必须按下式修正。

$$\lambda = n\lambda_0 \tag{4.3.2}$$

式中　λ_0——出厂时隔热材料的热导率,W/(m·K);

　　　n——修正系数,一般取 1.1~1.3。

（2）室外计算温度 T_a

对于室外计算温度,根据热惰性指标 D 值的不同,隔热结构一般分为四种类型,每种类型的冬季室外计算温度按表 4-14 选取。

表 4-14　隔热结构冬季室外计算温度　　　　　　　　　　单位:℃

类型	热惰性指标 D	冬季室外计算温度 T_a
Ⅰ类	>6	$T_a = T_w$
Ⅱ类	4.1~6	$T_a = 0.4T_w + 0.6T_{min}$
Ⅲ类	1.6~4	$T_a = 0.3T_w + 0.7T_{min}$
Ⅳ类	<1.6	$T_a = T_{min}$

注:T_w—冬季室外平均温度,℃;T_{min}—冬季室外极端温度,℃。

热惰性指标 D 是反映受波动热作用时，材料层抵抗温度波动的能力，按下式确定：

$$D = \sum_{i=1}^{n} R_i S_i \tag{4.3.3}$$

式中　R_i ——隔热结构中每个隔热层的热阻值，$m^2 \cdot K/W$；

　　　S_i ——隔热结构中每个隔热层的蓄热系数，$W/(m^2 \cdot K)$。

常用隔热材料的蓄热系数见表 4-15。

表 4-15　常用隔热材料的蓄热系数

名称	密度/(kg/m^3)	热导率/$[W/(m \cdot K)]$	蓄热系数/$[W/(m^2 \cdot K)]$
矿棉板	80～180	0.050	0.60～0.89
岩棉板	60～160	0.041	0.47～0.76
岩棉带	80～120	0.045	—
玻璃棉板/毡	＜40	0.040	0.38
	≥40	0.035	0.35
聚乙烯泡沫塑料	100	0.047	0.70
聚苯乙烯泡沫塑料	20	0.033～0.039	0.28
聚氨酯硬泡沫塑料	35	0.024	0.29
聚氯乙烯硬泡沫塑料	130	0.048	0.79
泡沫玻璃	140	0.050	0.65
平板玻璃	2 500	0.76	10.69
玻璃钢	1 800	0.52	9.25

对于船舶隔热结构来讲，基本无热惰性，一般按室外极端温度 T_{min} 进行计算。

（3）环境条件

不同工况、不同航区的大气温度 T_a 及室内温度 T_r 参照表 4-16 选取。

表 4-16 舱内外空气设计温度

工况	航区	舱外 T_a		舱内 T_r	
		干球温度/℃	相对湿度/%	干球温度/℃	相对湿度/%
夏季	无限航区:货船	35	70	27~28	50
	无限航区:豪华客船	35	70	26	50
	南沙/西沙海域	35	80	27	50
	东海	35	60	27~28	50
	黄海	32	60	27~28	50
	长江航线	36	65	27~28	50
冬季	无限航区	−20	50	20~22	30~40
	黄海以北	−12~−10	60	20	30~40
	东海	−7~−5	60	20	30~40
	长江航线	−5	75	20	30~40

舱室适宜温度还应在人体生理适宜温度基础上视舱室类别、季节、航线不同而异,还应考虑到通风、空调等不同情况。表 4-17 给出各类舱室的冬季和夏季舒适温度参考值。

表 4-17 各类舱室的舒适温度   (℃)

季节	温 度 范 围				
	住舱、办公室、浴室	病房、医务室	影剧院、餐厅、娱乐室	厨房、洗涤	一般范围
冬季	23~24	22~23	20~22	19	20~24
夏季	25~26	24~25	23~24	19	23~26

(4) 露点温度 T_{RO}

1 个标准大气压下的湿空气焓湿图如图 4-5 所示,露点温度 T_{RO} 可通过查阅焓湿图获得。

如图 4-5 所示,湿空气的焓湿图已将一定的大气压力下的湿空气物理性能参数(热焓量 i、含湿量 d、温度 t、相对湿度等)以线图形式汇集在一起,可以渐变地根据给定的参数寻求其他参数。以室温 20 ℃,相对湿度 20% 的室内环境条件为例,查阅方法见图 4-6。

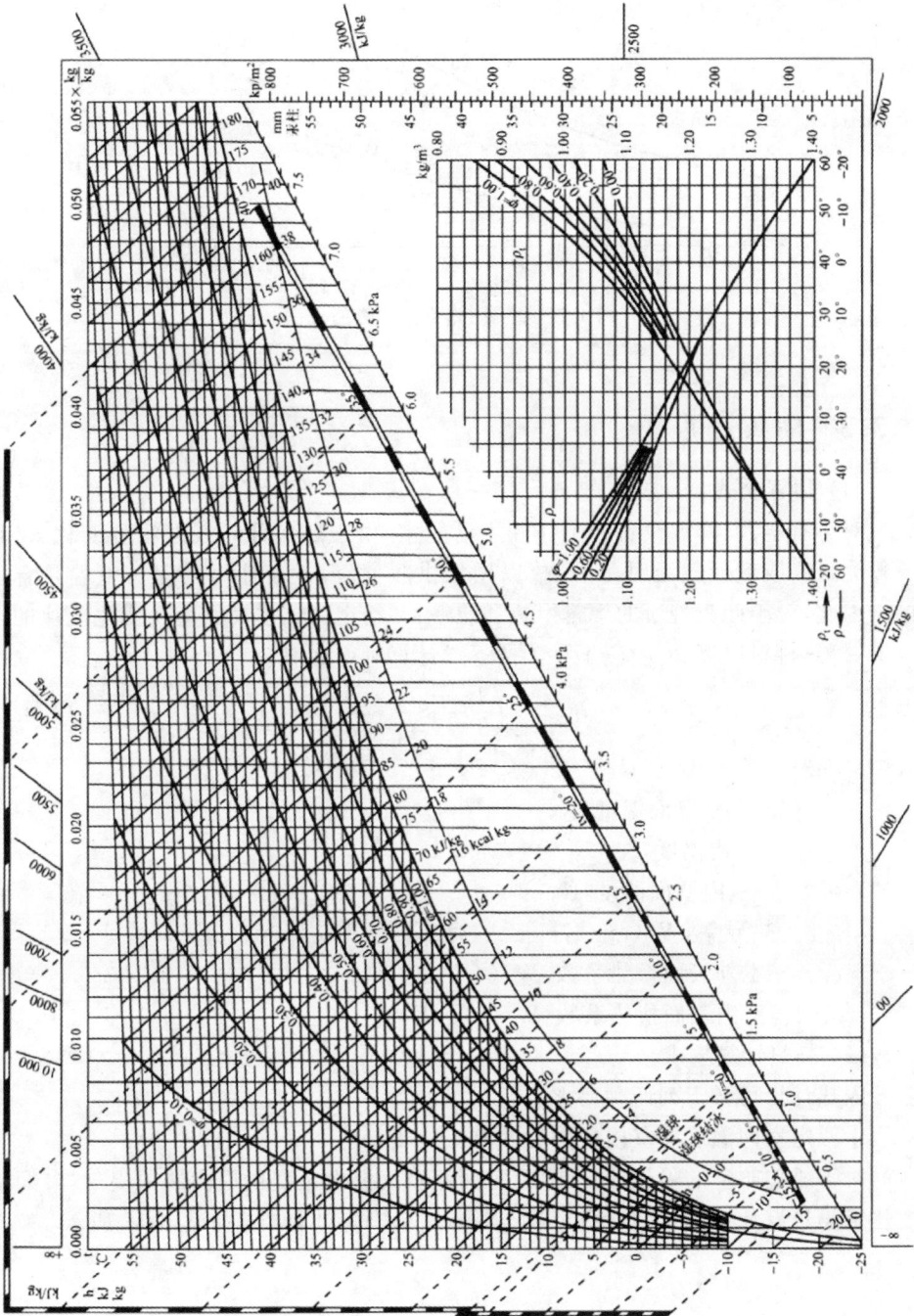

图 4-5　湿空气焓湿图

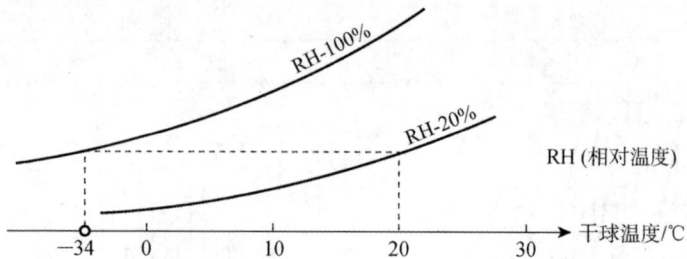

图 4-6　焓湿图露点温度查阅方法

4.3.3　隔热计算

（1）估算公式

对于有空调、降温设备的工作和生活舱室，由于船舶外界气温幅度变化大，且一般为最高或最低气温时又短，故以增大供暖、降温设备能力来保持室温是合理的。因此，对于此类处所的暴露甲板和舱壁，在给定两侧空气温度及变化规律的前提下，隔热材料厚度 δ（m）应不小于按下式计算所得之值：

$$\delta \geqslant \frac{\lambda}{\alpha_r}\left(\frac{T_{sa}-T_a}{T_{sr}-T_r}-\frac{\alpha_r}{\alpha_a}\right) \qquad (4.3.4)$$

式中　T_a——室外温度，K；

　　　T_{sa}——室外壁面温度，K；

　　　T_r——室内温度，K；

　　　T_{sr}——室内壁面温度，K；

　　　λ——热导率，W/（m·K），按式（4.3.2）计算；

　　　α_a——室外表面换热系数，W/（m²·K）；

　　　α_r——室内表面换热系数，W/（m²·K）。

（2）隔热计算要求

隔热计算可按下列两种要求进行。

①假定室内温度和室内壁面温度差法

对于船舶舱室的隔热计算，在给定两侧空气温度及变化规律的前提下，参照陆上建筑隔热设计标准，结合用户实际需求，建议隔热计算要求如表 4-18 所示。

表 4-18 隔热计算要求

舱室设计要求	围壁隔热要求	甲板隔热要求
允许温差 T_{sr}-T_r/K	≤3	≤3.5

本标准基本热舒适温度取值摘自陆用标准 GB 50176—2016。

②假定隔热结构允许的最大传热系数法

隔热层厚度 δ(m)应不小于按下式计算所得之值:

$$\delta \geqslant n\lambda \left(\frac{1}{K} - \frac{1}{\alpha_a} - \frac{1}{\alpha_r} - \sum R_i \right) \qquad (4.3.5)$$

式中　K——隔热结构总传热系数,W/(m² · K),按表 4-8 选取;

　　　α_a——室外表面换热系数,W/(m² · K);

　　　α_r——室内表面换热系数,W/(m² · K);

　　　$\sum R_i$——该壁各层结构的总热阻。

(3) 室外壁面温度

船体隔热结构的室外壁面受到室外温度和太阳辐射两部分的作用,考虑到太阳辐射对表面换热量的增强,相当于在室外气温上增加了一个太阳辐射的等效温度值 Δt。为计算方便推出的当量室外壁面温度 T_{sa}(K)按下式确定:

$$T_{sa} = T_a + \Delta t \qquad (4.3.6)$$

式中　T_a——室外温度,K;

　　　Δt——日晒面上太阳辐射温升,K,取值参照表 4-2。

(4) 室内壁表面温度 T_{sr}(K)按下式估算

$$T_{sr} = \frac{K}{\alpha_r}(T_{sa} - T_r) + T_r \qquad (4.3.7)$$

式中　T_{sa}——室外壁面温度,K;

　　　T_r——室内温度,K;

　　　K——隔热结构总传热系数,W/(m² · K),按表 4-8 选取;

　　　α_r——室内表面换热系数,W/(m² · K)。

4.3.4 隔热材料的应用范围及其厚度推荐值

(1) 隔热材料的应用范围

① 居住区的暴露围壁和甲板,其他舱室的暴露甲板。

② 机舱(包括机舱棚)、厨房等热源舱与住舱、通道之间。

③ 通过机舱、通道的水管和风管等管道。

（2）隔热材料的厚度推荐值

隔热材料的厚度推荐值见表 4-19。

表 4-19　隔热材料厚度推荐值

施工区域	施工部位		隔热厚度/mm	
			一般航线	热带航线
除本表列出之专用舱室外的起居及公共处所	露天部位	外围壁	50	50～75
		天花板	75	75～100
		扶强材、横梁	25	25
厨房、卫生间	露天部位	外围壁	50	50
		天花板	75	75～100
		扶强材、横梁	25	25
通道	露天部位	外围壁	50	50
		天花板	75	75～100
		扶强材、横梁	25	25
粮库、干粮库	露天部位	外围壁	50	50
		天花板	50	50～75
		扶强材、横梁	25	25
海关储藏室、被服间、居住区内仓库	露天部位	外围壁	50	50
		天花板	50	75
		扶强材、横梁	25	25
电罗经室、电器设备室、CO_2 灭火设备室、干衣室	露天部位	外围壁	50	50
		天花板	50	75
		扶强材、横梁	25	25
空调器室、应急发电机室	露天部位	外围壁	50	50
		天花板	50	75
		扶强材、横梁	25	25

注：① 一般航线，主要指温带、寒带海域，但南极、北极、北欧除外。

　　② 热带航线系指温带以南，主要为波斯湾、印度洋、东南亚、澳大利亚、非洲、中美洲。

表列数值为一般隔热材料的厚度,若同时作为防火材料使用时,应按本节保温和隔热要求核算其厚度是否满足要求。若不满足要求,则应加厚防火材料或在防火材料表面加设一层隔热材料,以满足船舶舒适性及安全性的要求。

4.3.5　防结露设计

4.3.5.1　隔热材料厚度足够时的结露现象

结露现象可归结为湿空气由高温处向低温处传递的一个过程,当低温处的湿度超过 100% 时便产生了结露现象。通过上述计算,选用的隔热材料厚度应不会产生结露现象。但实际情况并非如此,主要有以下原因。

(1) 外部原因的影响。水管、风管、空调管路一般位于装饰板背后与隔热材料相邻,虽然隔热材料的厚度已足够,但因管路滴水、空调管路产生的冷凝水会破坏隔热材料的性能,导致材料性能下降,时间久了便会产生结露现象。

(2) 当隔热材料按一般方式包覆扶强材时,扶强材和隔热材料之间有一明显的空气层。因钢板热导率大,扶强材内侧和外侧的温度可认为近似相等。施工中如果碰钉密度分布小,在扶强材处的隔热材料和主隔热层之间可能会有缝隙,产生热量的传递,易造成结露。

(3) 隔热材料安装时并非一个整体,而是分成很多规格大致相同的小块,安装时如不注意,隔热材料间会产生缝隙,造成热量流失,导致产生结露现象。

(4) 墙角处、隔热材料安装截止处,比如隔热材料敷设到门框、窗框以及底部流水沟等处,因现场处理不当,易产生结露现象。

4.3.5.2　防结露设计

根据以上分析,隔热材料厚度足够时的结露现象主要是由布置和安装工艺的原因所造成,因此在保证隔热材料厚度的基础上,防结露设计中需着重考虑以下几点:

(1) 加强通风换气,降低室内空气湿度,从源头上防止结露现象的产生。

(2) 合理的铺设方式,如扶强材等构件应铺设隔热材料,否则成为"热桥"流失热能引起结露,又如隔热材料应直接铺设在外壁内侧,否则极易结露(见图 4-7)。

(3) 采用喷涂式隔热材料安装形式,使隔热材料和船体结构紧密贴实,减小因缝隙产生热传递导致的结露现象。

(4) 虽然喷涂式隔热材料可增加与船体结构间的密实度,但因隔热材料一般密度较小,孔隙率较大,隔热材料不可能与船体结构紧密贴实。在这种情况下,可先在船体结构上喷涂一种密度较大、孔隙率低的防结露喷涂式涂料作为"保暖内

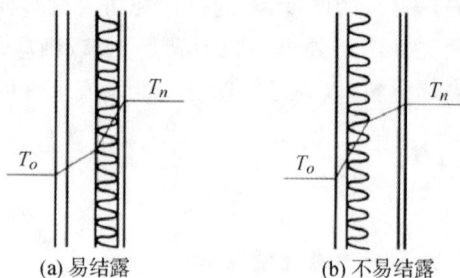

(a) 易结露　　　　　　　(b) 不易结露

图 4-7　　隔热材料铺设不同的影响

衣",防止结露现象的产生。

（5）对于墙角处,隔热材料应向相交的相邻舱壁或甲板延伸一定的长度,并在延伸终止处用扁钢压紧。对于门框和窗框处,隔热材料应有效紧贴门框和窗框,避免湿气的渗入引起的结露。

4.4　隔热材料及隔热结构

4.4.1　舱室隔热材料分类

隔热材料是依靠其松软组织中的气泡产生隔热作用,所以密度小以及气泡多而密的材料,其热导率较低。

隔热材料的分类方法很多,可按属性、形态、结构和安装方式等分类。

按属性可分为无机材料、有机材料和金属夹层材料。

按形态可分为多孔状隔热材料、气泡状隔热材料、纤维状隔热材料、粉末状隔热材料和层状隔热材料。

按结构可分为闭孔结构隔热材料、开孔结构隔热材料以及纤维状和多层结构隔热材料。

按安装方式可分为碰钉/胶钉固定隔热材料、喷涂安装隔热材料以及嵌入固定安装隔热材料。

防火材料、吸声材料和隔热材料虽然使用的目的和要求不同,但是许多隔热材料在实际使用时既能满足防火要求又具有一定吸声效能或隔热作用,所以理想的隔热材料是密度小、热导率低、吸湿率低,又具有一定强度、无腐蚀性、吸声、耐振、不燃的材料。

4.4.2　无机隔热材料

船用无机隔热材料包括矿物棉及其制品、微孔硅酸钙制品以及泡沫无机塑料等。

4.4.2.1　矿物棉及其制品

矿物棉及其制品是用熔融状无机非金属矿物制成的纤维材料,总称矿物纤维。目前国内生产的矿物棉有岩棉、玻璃棉和硅酸铝纤维(陶瓷棉)等。

矿物棉制品的安全使用温度较高,硅酸铝纤维制品是防火隔热的首选材料之一,岩棉和玻璃棉是目前使用最为广泛的隔热材料。

(1)矿渣棉和岩棉

矿渣棉和岩棉是两种性能及制造工艺基本相同的矿物棉,具有密度小、强度好、隔热、吸声、防火、耐蚀等优良性能,是良好的隔热、吸声、防火材料。

这两种矿物棉的主要成分是二氧化硅、氧化钙等,如表 4-20 所示。

表 4-20　岩棉的主要化学成分

名称	成分含量/%					
	SiO_2	Al_2O_3	CaO	MgO	Fe_2O_3	K_2O+Na_2O
岩棉	40～42	12～14	18～20	11～13	4～6	由原料带入约2%

矿渣棉是以高炉炉渣为主要原料,其成分中铁含量较低而钙含量较高,所以烧结温度比岩棉低,使用温度也相对岩棉较低。

岩棉是利用火山岩、玄武岩、辉绿岩等天然岩石作为原材料,经高温熔融,甩丝成纤,最后根据不同的用途将纤维热固化定型制成的板材、型材和管、壳等制品。

为了提高矿渣棉及岩棉制品的强度和防潮性能,在制棉过程中常采用酚醛树脂作为粘接剂和有机硅作为防潮剂相互混合后掺入原棉。由于含有粘接剂的矿渣棉和岩棉的使用温度比同类的原棉低,所以作为耐火隔热使用的矿渣棉及岩棉制品应严格控制粘接剂的掺入量,一般不超过3%。

然而,一般工艺生产的矿渣棉及岩棉制品只能作为隔热、吸声材料。而以玄武岩为主要原料,通过高速离心机甩丝生产的岩棉纤维可用作 A 级耐火分隔的隔热材料。与陶瓷棉相比,它克服了陶瓷棉纤维过细易吸入人体造成的危害,现已逐步推广岩棉作为防火隔热材料在船上使用。

矿渣棉和岩棉通常可制成密度为 70～90 kg/m³ 的棉毡、密度为 100～140 kg/m³ 的缝毡和密度为 120 kg/m³ 的半硬质板或半硬质带,亦可以制成密度为 150～

180 kg/m³的管、壳等制品。适用于船体舱室内表面、加强筋、电缆支架、冷冻管、热水管、蒸汽管、热油管、排气管等部位。

（2）玻璃棉

玻璃棉是利用石英砂、石英砂岩、石灰石、白云石等天然矿石及辅助添加剂经高温熔融，高速离心，甩丝成纤维，热固化成型而得到的板材、型材和管材等制品。有时为了降低玻璃熔融温度、热膨胀系数和析晶性，提高其化学稳定性，玻璃棉制品中还适当添加长石、蜡石、纯碱和硼砂等辅助原料。

玻璃棉制造方法有离心盘法、蒸汽立吹法、火焰喷吹法、离心喷吹法等。其中火焰喷吹法和离心喷吹法制成的玻璃纤维直径在$3\sim4\ \mu m$之间，即超细玻璃棉。

玻璃棉制棉过程中常以酚醛树脂作为黏结剂、有机硅作为防潮剂掺入，以提高玻璃棉的憎水性和制成较高密度的玻璃棉制品。

玻璃棉的含碱量可影响其安全使用温度，含碱量低于5%的无碱超细玻璃棉的耐腐性、耐温性均比有碱玻璃棉好。

玻璃棉可加工制成密度为$30\sim40\ kg/m^3$的棉毡、密度为$40\sim60\ kg/m^3$的棉板和密度为$50\sim80\ kg/m^3$的管、壳制品，也可以制成密度为$80\sim90\ kg/m^3$的半硬板。可用于船体舱室内表面、加强筋、电缆支架等部位及管径不大于$100\ mm$，介质温度不高于250℃的低温管道，包括冷冻管、热水管、蒸汽管、油管等部位。

玻璃棉虽然是不燃性的无机纤维材料，但是不耐高温，所以不能用作防火隔热材料。

（3）硅酸铝纤维（陶瓷棉）

硅酸铝纤维（陶瓷棉）主要原料是高岭土、耐火粘土等天然矿物煅烧材料，煅烧后的主要化学成分是Al_2O_3和SiO_2，占92%～97%。

硅酸铝纤维制造过程中，原料的熔融方法有电弧炉法和电阻炉法，其中电阻炉法电能利用率较高，熔融的原料的成纤工艺有压缩空气吹制法、高压蒸汽喷吹法和离心甩丝法。

硅酸铝棉的黏结剂有无机物和有机物两类，防潮剂常用水乳化硅油，黏结剂和防潮剂的总含量控制在3%以内。

硅酸铝纤维加工成硅酸铝棉制品的工艺方法有两种，即湿法生产和干法生产。湿法生产是将原棉经多次漂洗、除渣后，加黏结剂，经真空吸滤水分后成型烘干，制成湿法制品。湿法制品经多次漂洗后含渣率低于2%，纤维短，密度较大，抗弯能力较差，稍经折曲极易产生裂纹或干脆断裂。干法生产的工艺类似岩棉，原料经熔融后喷吹成棉，同时喷吹黏结剂、防潮剂，除渣后烘干固化成干法制品。干法制品密度小，纤维长，产量高，性能优良，其与湿法制品密度相同时抗拉强度是湿法制品的2～3倍，热导率也比湿法制品低。用于船舶耐火分隔的陶瓷棉制品均为干法生产的陶瓷棉产品。

　　硅酸铝干法制品和湿法制品的热导率等主要技术性能如表 4-21 所示。

表 4-21　硅酸铝纤维毡技术性能

项目	湿法	干法	备注
密度/(kg/m³)	$50\sim200$	$60\sim220$	
纤维平均直径/(μm)	$\leqslant5$	<5	
渣球含量/%	<5	<8	65 目(直径 0.25 mm) 筛上的残留量
残留水分/%	<1	<0.2	—
受热线收缩率/%	<4	<4	1 150 ℃ 6 h
热导率/[W/(m·K)]	<0.116 $T=700$ ℃	<0.076，$T=425$ ℃ <0.034，$T=15$ ℃	平均温度
憎水率/%	>98	>98	—
吸湿率/%	<5	<5	—
防潮剂含量/%	<2	<2.5	
不燃性	合格	合格	—
尺度($L\times B$)/(mm×mm)	$1\,000\times500$	$1\,000\times500$	—
安全使用温度/℃		$>1\,000$	—

4.4.2.2　微孔硅酸钙制品

　　微孔硅酸钙制品是以二氧化硅为主要成分的硅质材料。微孔硅酸钙制品之所以具有较好的隔热性能，主要是在于其封闭微孔结构。微孔硅酸钙板可根据不同要求制成块、管、板及异型制品，施工方便，可进行锯、切、钻等加工。

　　微孔硅酸钙制品由于具有密度小、热导率低、强度高及不燃等特点，所以是一种较好的硬质保温材料，主要性能见表 4-22。

表 4-22　微孔硅酸钙制品的主要性能

项目	指标	项目	指标
密度	$220\sim240$ kg/m³	常温热导率	0.065 1 W/(m·K)
线收缩率	小于 2%	含水率	小于 7.5%
抗折强度	0.3 MPa	抗压强度	0.50 MPa

4.4.2.3 泡沫无机塑料

（1）泡沫玻璃。泡沫玻璃是采用玻璃边角料及碎片，掺入珍珠岩微矿粉或其他硅质材料，再放在模具中经高温发泡后成型的一种轻质、高强度、热导率低的隔热材料。

泡沫玻璃密度通常为 180 kg/m³。

（2）膨胀珍珠岩。这种材料是采用珍珠岩为原料，经过三级粉碎、颗粒分级、预热、高温熔烧、成品整理等工序制成具有质轻、防火、隔声、隔热等优异性能，还具有无毒、无味的特性。

4.4.3 有机隔热材料

船用有机隔热材料主要系指发泡塑料制品。发泡塑料是高分子化合物或高聚物的一种，以各种树脂为基料，加入定量的发泡剂、催化剂、稳定剂等辅助原料经加热发泡而制成的一种轻质隔热材料，如聚苯乙烯发泡塑料、聚氯乙烯发泡塑料、聚氨酯发泡塑料、聚乙烯发泡塑料、聚酰亚胺发泡塑料等。

发泡塑料质轻、热导率低、吸声率高，曾广泛用于舱室、冷库的隔热，但在高温下会分解或释放有毒气体，所以近年来逐渐被矿物棉等无机隔热材料所取代。现在一般仅在船用冷库板生产中采用发泡塑料作为隔热材料。

（1）聚苯乙烯发泡塑料

聚苯乙烯发泡塑料是以低沸点的可发性聚苯乙烯树脂为原料，经预发泡后在模具中加热而制成的一种有微细闭孔结构的材料，在加入自熄增效剂、火焰熄灭剂后可制成自熄性的聚苯乙烯发泡塑料。

聚苯乙烯发泡塑料具有质轻、吸水性小、隔热、防振性能好的特点，加工方便可用电锯、电阻丝随意切割，主要性能见表 4-23。

表 4-23　聚苯乙烯泡沫塑料主要性能

项目	指标	项目	指标
密度	30 kg/m³	热导率	0.022 W/(m·K)
使用温度	−40~70 ℃	可燃性	离火自熄

（2）聚氯乙烯发泡塑料

聚氯乙烯发泡塑料是以聚氯乙烯树脂为原料，加入适量的发泡剂、稳定剂后，经过捏合球磨，模塑发泡而成的一种轻质隔热材料，具有热导率低、不吸水、能自熄的优点，隔热、隔声、防振和耐油、耐酸碱等性能良好，强度优于聚苯乙烯发泡塑料。

聚氯乙烯发泡塑料的加工性能好,可根据需要随意用电锯、电阻丝切割或胶黏成各种形状,主要性能见表 4-24。

表 4-24　聚氯乙烯泡沫塑料主要性能

项目	指标	项目	指标
密度	40 kg/m³	热导率	0.037 W/(m·K)
线收缩率	小于 4%	可燃性	离火自熄
延伸率	大于等于 10%	耐油、耐酸碱性	均好

(3) 聚氨酯泡沫塑料

聚氨酯泡沫塑料是以聚醚树脂为基料与适当的甲苯、二异氰酸酯、催化剂和稳定剂等经混合搅拌发泡而成的一种开孔型隔热材料。聚氨酯发泡塑料具有质轻、柔软、弹性好、热导率小等优点,同时透气、吸尘、吸油、吸水性能均佳,故使用温度范围较广,其主要性能见表 4-25。

表 4-25　聚氨酯泡沫塑料主要性能

项目	指标	项目	指标
密度	60 kg/m³	热导率	小于 0.025 W/(m·K)
使用温度	−60~120 ℃	可燃性	离火自熄
耐腐蚀、耐酸碱性	均好		

(4) 聚乙烯发泡塑料

聚乙烯发泡塑料是以聚乙烯为原料加入稳定剂、发泡剂后制成的一种具有独立气泡结构的隔热材料。聚乙烯发泡塑料具有不吸水、能自熄的优点。热导率小、不受潮湿和温度变化的影响,所以较多地应用在保冷工程中作隔热材料。

聚乙烯发泡塑料的主要性能见表 4-26。

表 4-26　聚乙烯 PE 泡沫塑料主要性能

项目	指标	项目	指标
密度	30~35 kg/m³	热导率	0.027 W/(m·K)
吸水率	0.018 8 g/cm³	伸长率	5%
加热尺寸变化	+2.3%	可燃性	离火自熄

（5）聚酰亚胺泡沫塑料

聚酰亚胺泡沫塑料是以聚酰亚胺树脂为原料，在一定条件下经发泡制成的泡沫体。聚酰亚胺泡沫是聚合物中稳定性最好的泡沫塑料之一。

作为一种新型轻质高性能保温材料，其具有密度低、导热系数低、阻燃性好、发烟量低、施工便捷等优点。

聚酰亚胺泡沫塑料主要性能见表 4-27。

表 4-27　聚酰亚胺泡沫塑料主要性能

项目	指标	项目	指标
密度	$4.5 \sim 30 \ kg/m^3$	热导率	小于 $0.046 \ W/(m \cdot K)$
耐温性	$300 \ ℃/24 \ h$，表面不发黏，允许有色差；$-55 \ ℃/12 \ h$，无龟裂	可燃性	离火自熄，氧指数$\geqslant 36$

4.4.4　影响隔热材料性能的主要因素

隔热材料的热导率受到材料结构、多孔度、湿度和温度等因素的影响。

（1）温度对热导率的影响

大多数材料随着温度的升高，导热系数 λ 亦随之增大，经验证明一般都呈直线关系，如下式所示：

$$\lambda = \lambda_0 + bt_{cp} \tag{4.4.1}$$

式中　λ——在该温度时的导热系数；

　　　λ_0——在 0 ℃时的导热系数；

　　　b——常数，温度每升高 1 ℃时，该材料的导热系数增加值；

　　　t_{cp}——平均温度，即材料内表面和外表面温度的平均值。

岩棉、矿渣棉（密度在 $100 \sim 120 \ kg/m^3$ 时）以及密度为 $50 \ kg/m^3$ 的玻璃棉制品的热导率见表 4-28。

表 4-28　岩棉、矿渣棉及玻璃棉制品的热导率与温度的关系

试样平均温度/℃	热导率/[W/(m·K)]			
	矿渣棉	岩棉	离心玻璃棉	超细玻璃棉
25	0.040 50	0.036 00	0.032 5	0.035 7
75	0.051 50	0.046 00	0.048 5	0.045 2

表 4-28 （续）

试样平均温度/℃	热导率/[W/(m·K)]			
	矿渣棉	岩棉	离心玻璃棉	超细玻璃棉
150	0.068 00	0.061 00	0.065 0	0.059 2
200	—	—	0.076 0	0.069 0
225	0.084 50	0.076 00	—	—
250	—	—	0.087 0	0.078 5
300	0.101 00	0.091 00		

（2）密度对热导率的影响

根据密度可以得到材料的多孔度大小。材料的热导率与其多孔度大小有着密切的关系，一般情况下多孔度越大，即密度越小，则热导率的数值就越小。

通常情况下，玻璃棉的热导率随着密度的增加而下降。当密度达到 50 kg/m³ 后，热导率趋于平稳。然而，密度一旦超过 120 kg/m³ 后，热导率又呈增大的趋势。所以玻璃棉具有最佳密度，如超细玻璃棉的最佳密度为 64 kg/m³。

（3）湿度对热导率的影响

湿度是表示材料含水的程度。水分多，其热导率就急剧增加，因为水分取代了其中的部分空气，而水的热导率比空气大。防止隔热材料因受潮而使湿度增加，无论在材料制造过程中或施工过程中都具有重大意义。

4.4.5 隔热结构的基本形式

船体结构是由钢板（船壳板、舱壁板、围壁、甲板等）和骨架（肋骨、扶强材、横梁、桁材等）组成。在船舶设计中，隔热结构主要有四种形式，如图 4-8 所示。

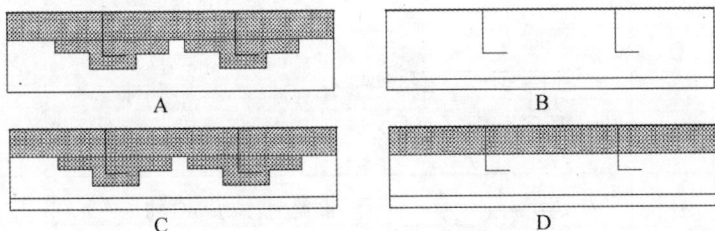

图 4-8 典型隔热结构图

A 型：隔热材料敷设在钢板上并包覆骨架，隔热面不设衬板或天花板。

B 型：钢结构不敷隔热材料，但设置衬板或天花板。

C 型：隔热材料敷设在钢板上并包覆骨架，隔热面设衬板或天花板（A 型和 B 型的组合结构）。

D 型：隔热材料敷设在钢板上但不包覆骨架，隔热面设置衬板或天花板。

在实际设计中，传热计算是一个复杂的过程，表 4-29 列出了隔热结构的传热系数（摘自 GB/T 13409—92《船舶起居处所空气调节与通风设计参数和计算方法》附录 A）。

表 4-29　典型隔热结构的总传热系数 K 值

序号	表面	隔热结构编号	隔热结构形式	隔热状态	总传热系数 K/[W/(m²·K)]
1	日晒甲板	A		甲板：75 mm 厚岩棉 梁：25 mm 岩棉 天花板：30 mm 复合岩棉板	0.65
2		B		甲板：50 mm 岩棉 梁：25 mm 岩棉 天花板：30 mm 复合岩棉板	0.8
3		C		甲板：75 mm 岩棉 梁：25 mm 岩棉 天花板：6 mm 硅酸钙板	0.85
4		D		甲板：50 mm 岩棉 梁：25 mm 岩棉 天花板：6 mm 硅酸钙板	1.2
5	外露舱壁及舷侧	E		舱壁：50 mm 岩棉 扶强材：25 mm 岩棉 内壁：30 mm 复合岩棉板	0.85
6		F		舱壁：50 mm 岩棉 扶强材：25 mm 岩棉 内壁：22 mm 硅酸钙板	1.1

表 4-29　（续 1）

序号	表面	隔热结构编号	隔热结构形式	隔热状态	总传热系数 K/$[W/(m^2 \cdot K)]$
7	舱内壁	G		舱壁:50 mm 岩棉 内壁:6 mm 胶合板	1.45
8		H		内壁:30 mm 复合岩棉板	1.35
9		I		内壁:50 mm 复合岩棉板	1.0
10		J		内壁:22 mm 硅酸钙板	2.5
11	耐火舱壁	K		舱壁:35 mm 硅酸铝耐火纤维 内壁:30 mm 复合岩棉板	1.0
12		L		舱壁:50 mm 硅酸铝耐火纤维 内壁:30 mm 复合岩棉板	0.9
13	机炉舱壁	M		舱壁:3 5 mm 硅酸铝耐火纤维 内壁:30 mm 复合岩棉板	0.9
14		N		舱壁:50 mm 硅酸铝耐火纤维 内壁:30 mm 复合岩棉板	0.8
15		O		舱壁:35 mm 硅酸铝耐火纤维 内壁:22 mm 硅酸钙板	1.25

表 4-29 （续 2）

序号	表面	隔热结构编号	隔热结构形式	隔热状态	总传热系数 $K/$ $[W/(m^2 \cdot K)]$
16	机炉舱顶甲板	P		A-60 浮动甲板敷料（岩棉层）	1.2
17		Q		A-60 浮动甲板敷料（硅酸铝层）	1.5
18		R		A-60 甲板： 50～60 mm 敷料	2.5
19	隔壁	S		隔壁：50 mm 复合岩棉板	1.0
20		T		隔壁：25 mm 硅酸钙板	1.8

4.4.6 隔热材料固定方法

如前所述，隔热材料是依靠其松软组织中的气泡产生隔热作用，因此，密度小以及气泡小而密的隔热材料，其导热系数相对较低。同时，为使隔热材料较好地起到隔热作用，隔热材料和甲板及围壁板之间不应有空隙，即隔热材料和钢板之间应全部有效地紧贴。

船舶长期处在大风大浪的海洋里，不停地横摇、纵摇，加上各种机械的运转，使船舶长期处在振动的环境里。甲板、围壁的振动会引起隔热材料的脱落，从而降低绝热材料的隔热性能。

所以，为使隔热材料较好地起到隔热作用，隔热材料必须牢靠地固定。无论什么情况下，保证在船舶运行期间，隔热材料不会脱落。

4.4.6.1 支撑固定法

支撑固定法是采用金属条或其他支撑物将隔热材料与舱室顶部或围壁板支撑牢固。具体工序是将隔热材料按肋骨间距现场配切割好，嵌入型材之间，而后将配好的支撑条贴紧隔热材料，使隔热材料紧贴顶部甲板或围壁板，最后将支撑条固定好即可。支撑固定法一般适用于隔热面积较大的硬质发泡隔热材料。

支撑固定法的优点是简便易行,施工快捷,费用低廉。缺点是隔热材料因船舶振动容易脱落,尤其是敷设在甲板(顶板)上的隔热材料更易脱落,因此影响隔热的效果。目前此种固定法只有在一些振动较小的船上应用,如船坞、囤船等。

4.4.6.2 嵌入固定法

顾名思义,嵌入固定法是将隔热材料填满相应的隔热部位,因为隔热材料基体填塞牢固,通常不会发生隔热材料位移而影响隔热的效果。在围壁隔热采用嵌入固定法工艺时,隔热材料宜选用硬质块状材料,而不宜采用密度小的纤维状隔热材料,主要原因是密度小的纤维状隔热材料易因重力作用产生松动下坠位移,从而影响隔热材料的隔热效果。

嵌入固定法的优点是施工简便,辅助材料少。缺点是局限性大,难以大面积使用,一般用于隔热材料充填的场所,如冷库的地面、围壁和顶板的保冷隔热。

4.4.6.3 碰钉固定法

碰钉固定法是目前船舶使用最广泛的隔热材料固定方法,碰钉的密度视骨架间距而定,一般为 $15\sim20$ 只$/m^2$。碰钉的排列如图 4-9 所示。

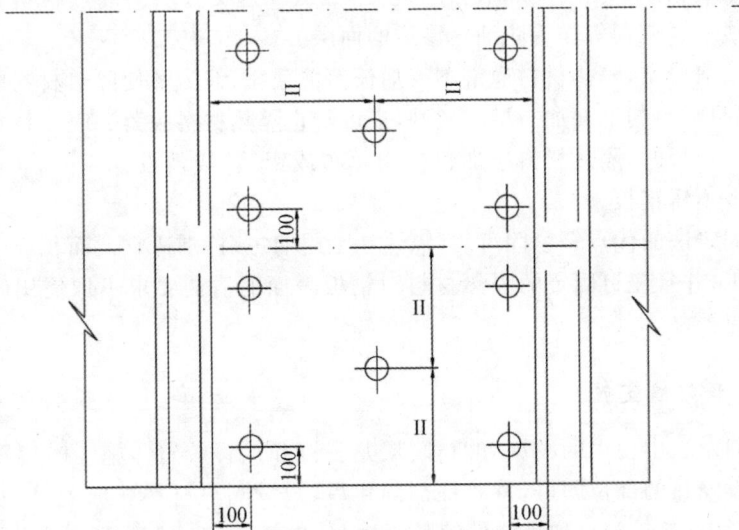

图 4-9 碰钉排列示意图

碰钉固定的隔热材料主要是纤维状的隔热材料,隔热材料按船舶加强型材间距的尺寸预制。外面包玻璃丝布或者贴玻璃丝布,也可包贴铝箔。敷设后,并加盖弹性锁紧片(见图 4-10),翘起的弹性钢压片卡在碰钉的螺纹中可防止其回弹脱落。

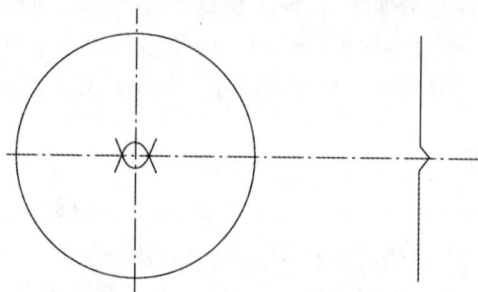

图 4-10　弹性钢质紧锁片示意图

如需要敷设两层以上隔热材料时可将锁紧压片作第一层紧固,然后再敷下一层,最外层可采用加大的锁紧压片紧固,这样能有效地防止隔热材料下坠,以致影响隔热效能。在敷设多层隔热材料时,上、下层之间的接缝应错开约 100 mm。

机舱等工作或设备舱室的隔热材料一般是裸露的(不设衬板或天花板),而这些舱室内往往混杂有大量的油气,一旦渗入纤维状隔热材料中就会改变隔热材料的特性。为防止油气渗透,使用较多的方法是用铝箔贴在隔热材料的表面,并在其接缝和转角处粘贴铝箔玻璃布胶带。此外,也可在这类处所的隔热材料表面敷设镀锌铁皮或不锈钢板等作为防油气渗透的面层。

对于一般舱室,隔热材料通常不需加任何覆盖物,但为了使隔热材料贴紧钢结构,可在隔热材料的上面加一层钢丝网,也可防止隔热材料脱落。隔热材料外面不设衬板或天花板时,隔热材料应加包玻璃丝布或铝箔,或敷设 0.4~0.6 mm 厚的镀锌钢板或不锈钢板。

碰钉固定法的优点是紧固可靠,隔热施工周期短,特别适宜大面积纤维状隔热材料的施工;并且碰钉固定的隔热材料对钢板表面的清洁要求不像使用胶水固定时的要求更严格。

4.4.6.4　胶钉固定法

胶钉固定法中使用的胶钉有两种:尼龙胶钉和镀锌胶钉。施工时用氯丁胶胶黏在需敷设隔热的部位即可,待胶黏剂固化后,敷设隔热材料并加盖,尼龙胶钉加盖尼龙盖形帽,镀锌胶钉加盖弹性锁紧压片。

镀锌胶钉材料为低碳钢,表面镀锌以防锈蚀,直径为 $\phi5$ mm,长度按隔热材料的厚度确定。底板为 $\phi50×1$ mm,底板上钻 5 个 $\phi5$ mm 的孔,便于增加胶钉的黏结强度,胶钉的强度、刚度必须保证。另外镀锌胶钉的底座应平整,不得变形,便于与钢板紧密胶贴。盖帽弹性锁紧压片,材料为 SUS304 不锈钢,厚度为 0.35 mm,

表面喷塑,盖帽制作应光滑和光顺,无褶皱。

尼龙胶钉除材质外,其他和镀锌胶钉相似。近年来由于尼龙容易老化,影响使用寿命,因此在船上已很少使用。但对于铝质或玻璃钢等非钢质船体,因无法用钢质碰钉,也可以采用不锈钢胶钉固定隔热材料。

胶钉固定法的特点是施工简便,无需电源和设备,但因胶黏剂固化需要一定的时间,所以施工速度相对较慢。此外胶钉与钢板胶结的牢固度比碰钉与钢板焊接的牢固度要差些。

4.4.6.5　胶粘固定法

将胶水均匀地涂在需敷设隔热材料的钢板上,然后将隔热材料直接贴上去压紧即可。施工时要求钢板清洁,不得有油污、灰尘等。

碰钉固定法和胶钉固定法施工时隔热材料与船体结构板的接触面均不涂胶黏剂。如果将碰钉固定法、胶钉固定法和胶黏固定法联合起来用,在使用碰钉固定法和胶钉固定法时,在钢板上涂有胶黏剂,又加碰钉或胶钉,这样隔热材料和钢板连接更牢固,特别是隔热胶贴后可避免和减少结露造成的气凝水。但这种施工方法一般适用于隔热套块。施工前预制好扶强材的隔热套块,现场施工时先涂胶敷设加强型材的套块,再敷设平面隔热,所以整个工艺比较烦琐,施工速度较慢。目前,一般仅使用在小型船舶和重要的船舶上。由于考虑到用了胶黏剂,所以碰钉或胶钉的数量可减少,一般每平方米用 10 只碰钉或胶钉即可。

4.4.6.6　喷涂固定法

喷涂固定法是将玻璃棉或矿物棉与专用的胶水按一定的比例调和均匀成胶糊状,然后用专用的喷涂机和喷涂枪以一定的压力将胶糊状的隔热材料喷涂到甲板和围壁板上。喷涂厚度按设计要求,喷涂好后由人工找平、压实。

喷涂施工固定法的优点是隔热材料和钢板之间黏结好,可做到无缝施工。尤其是为狭小的角落和各种型材的扶强材的隔热包覆提供了很大的方便。施工中完全不用碰钉,减少了一定的质量。施工速度也很快,可缩短造船周期。但施工中要有相关的喷涂机和喷涂枪,并对施工人员进行专门的培训(一般由设备厂派来的人员施工),还要求喷涂的表面清洁,不得有油污、灰尘等,所有这些均增加了船厂的开支,增加了成本,提高了船价,所以,现在国内船舶隔热材料的施工中很少使用该方法。

第 5 章　舱室甲板铺材与敷料

5.1　概述

　　船舶某些露天甲板和舱室内甲板,由于工作和生活的需要,应敷设适当的甲板铺材或甲板敷料。对于某些具有防火分隔要求的甲板,也可以通过敷设适当的防火甲板敷料以满足各种防火等级的要求。敷设甲板铺材和敷料可起到防滑和装饰地面的效果,而且也具有一定的隔热和隔声作用。同时可保护甲板免受磨耗和碰撞,修正船体建造时甲板的不平度等。

　　甲板铺材和敷料应具有一定的抗折强度和承压能力,并应具有耐冲击、耐磨损、耐油、耐酸碱等性能。尤其是敷料,当甲板受冷热和外力的影响而变形时,仍能牢固黏接,不开裂,不透水。

　　甲板铺材是指可以直接铺在钢甲板上或甲板基层敷料上的作为表面防护和装饰用的天然或化学合成材料制作的板材。主要有:木地板、塑料地板、橡胶地板、陶瓷地砖及地毯等。

　　甲板敷料是指涂敷式敷层或是含有填料和垫料的复合结构层,它又可分为基层敷料和流平敷料,前者直接敷设在钢甲板上,后者敷在基层敷料面上起到改善甲板基层敷料表面不平度的作用,提升敷料与甲板铺材的黏结力。

　　甲板基层敷料类型很多,采用的材料有:水泥、乳胶、膨胀珍珠岩、岩棉、陶瓷棉、石英砂及其他辅助材料等。

5.2　有关规则对甲板铺材和敷料的要求

　　《SOLAS公约》对甲板铺材和甲板敷料的要求:

　　(1) 防火分隔的甲板应满足 A 级耐火分隔完整性的要求。根据甲板上下处所的性质,公约规定了甲板的防火级别(A-60 级,A-30 级,A-15 级,A-0 级),敷设的甲板敷料应满足这些相应的耐火分隔的要求。在设计中,厚度为 4.5 mm 的钢甲板可以达到 A-0 级,而 A-15 级、A-30 级和 A-60 级甲板均须在钢甲板上加设甲板敷料才能满足要求。

（2）公约规定起居处所、服务处所及控制站内的甲板基层敷料应为在高温下不致产生烟、有毒物体或爆炸危险的认可材料。该材料应按照 IMO A687(17)决议通过的《甲板基层敷料可燃性耐火试验程序》进行试验,并经主管机关认可。

5.3　甲板铺材的性能和典型结构

5.3.1　木铺板

5.3.1.1　甲板木铺材

木材作为甲板铺材曾广泛地用于客船上有遮蔽的游步甲板和旅客露天甲板,也用于货船上层建筑的露天甲板。但其致命的弱点是不防火,且价格昂贵,所以近几十年来已逐渐为各种人工合成敷料所替代。

但从旅客舒适的角度来看,甲板木铺板是一种最理想的露天甲板覆盖材料,行走舒适,清洗方便,但是需定期捻缝及涂刷桐油保护,防止开裂及腐烂。甲板木铺板尤其适合于在热带航线上航行的船舶,因为在热带航行时,船上游泳池附近的浴场甲板上敷设的釉地砖和塑胶制品甲板覆盖会烫热得无法忍受,难以落脚。

甲板木铺板铺设形式,有连续纵向铺设和间断铺设两种类型,连续纵向铺设的铺板的端接头和螺栓固定处所可不受限制,为了施工方便大多采用排列于一道（见图 5-1）。间断纵向铺设的铺板靠压盖板紧固,这种方法较前者省工省料（见图 5-2）。

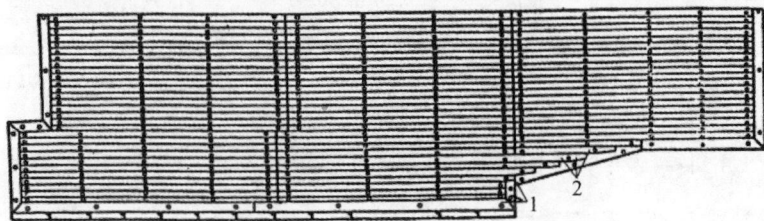

1—水沟板;2—甲板铺材。

图 5-1　连续纵向铺设的木铺板

甲板木铺板结构上要注意材芯和表层分别相同贴合（见图 5-3）。在与围壁或各种座架邻接处,铺板应稍高出（见图 5-4）。铺板交角处结构如图 5-5 所示。图 5-

6 所示为甲板边木铺板的流水沟形式。

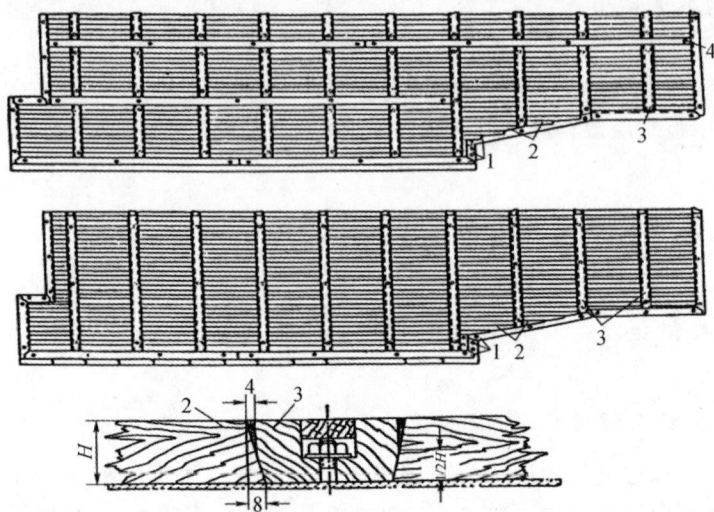

1—水沟板;2—铺板;3—压盖板;4—纵通铺板。

图 5-2　间断的木铺板

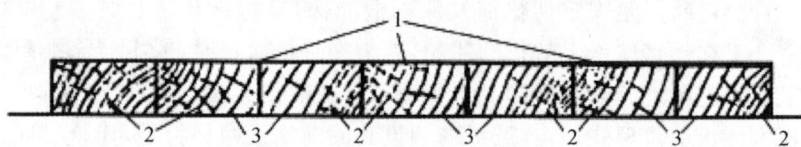

1—铺板表面;2—材芯;3—表层。

图 5-3　铺板材芯和表层的邻接

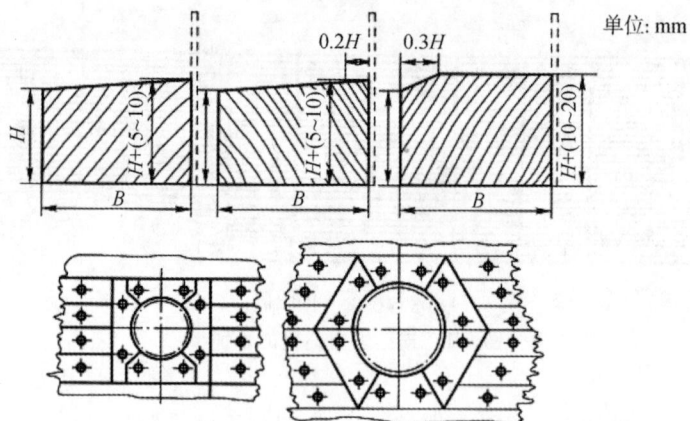

图 5-4　邻接围壁及圆筒处的铺板

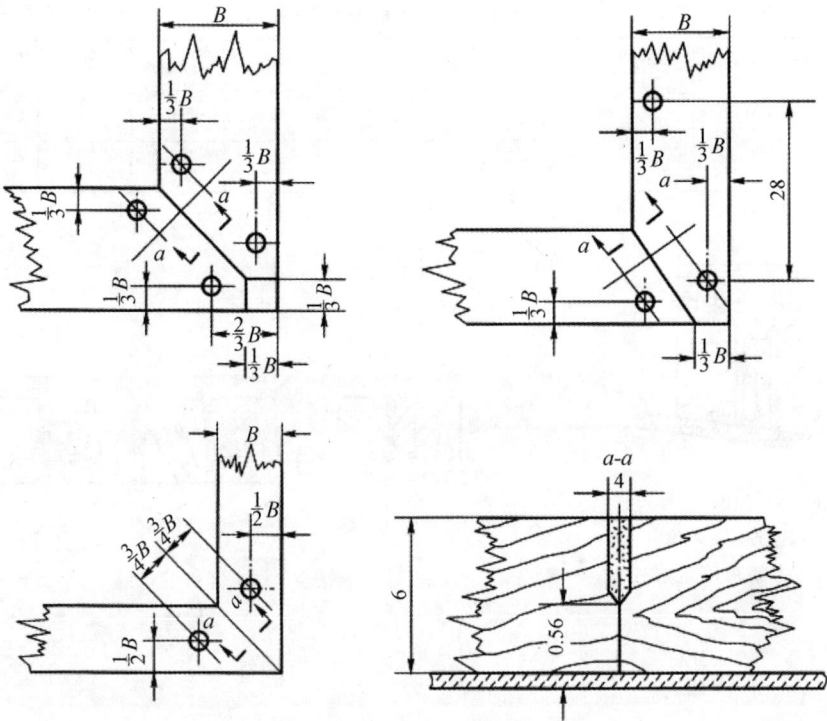

图 5-5　铺板交角处结构

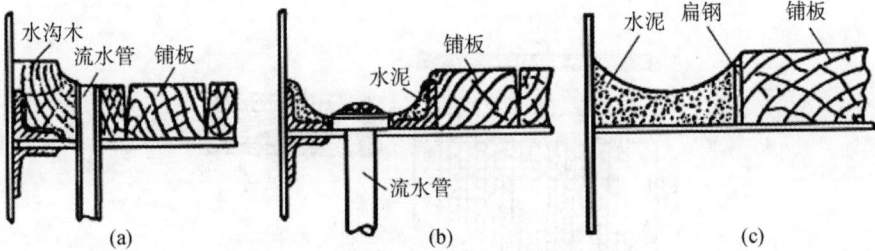

图 5-6　木铺甲板边的流水沟结构

　　甲板木铺板采用焊在甲板上的螺柱加以固定,不同板厚的固定螺柱的规格见表 5-1。

　　螺柱孔用与铺板相同的材料制成木塞,塞入时要注意使木塞的木纹与铺板一致(见图 5-7)。木铺板的捻缝形式如图 5-8 所示。

表 5-1　木铺板紧固件规格 （mm）

板厚		40	45	50	55	60	65	70	75
螺柱	长度	30	35	35	40	45	50	55	60
	直径	8	8	10	10	10	10	10	10

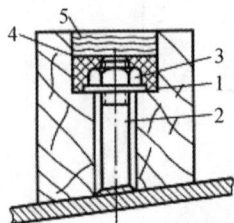

1—垫圈；2—螺柱；3—螺母；
4—厚漆或沥青；5—木塞。

图 5-7　木铺板固定形式

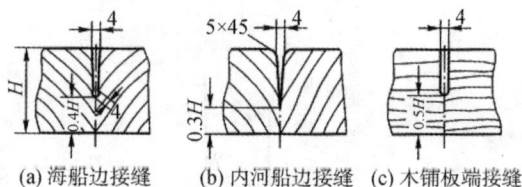

(a) 海船边接缝　(b) 内河船边接缝　(c) 木铺板端接缝

图 5-8　木铺板的捻缝

5.3.1.2　木格栅

船舶的某些处所如储藏室、冷库、粮库和工作舱室等需铺设防滑、隔湿的木格栅。图 5-9 所示为典型的木格栅，简便型木格栅如图 5-10 所示。

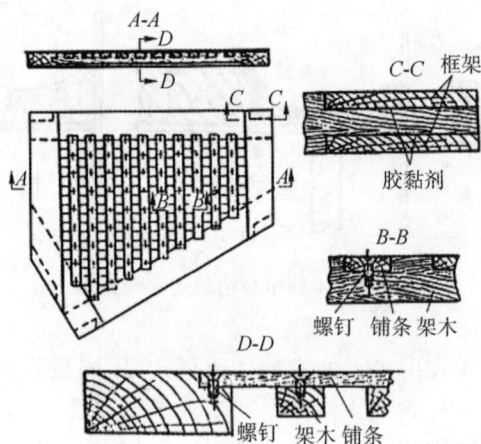

图 5-9　典型的木格栅

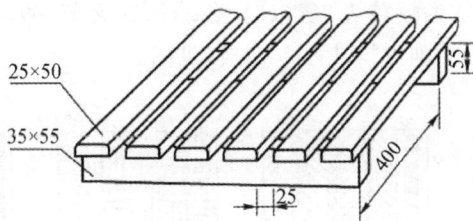

图 5-10　简便型木格栅

　　木格栅通常选用优质松木制作,露天木格栅常需在其四周焊接扁钢或铁耳环加以固定,以防止船舶摇晃时移动。

5.3.1.3　舱底铺板

　　在锚链舱和一些货舱的底部铺设木质舱底板(见图 5-11)。舱底铺板的垫木一般为 50 mm×100 mm,间距为 600~800 mm,用固定螺栓将其固定在甲板上。垫木一般为横向敷设,舱底板纵向敷设,敷设从中心线向两边展开,舱底板相邻接缝处要镶木嵌条,接头处要有垫木。

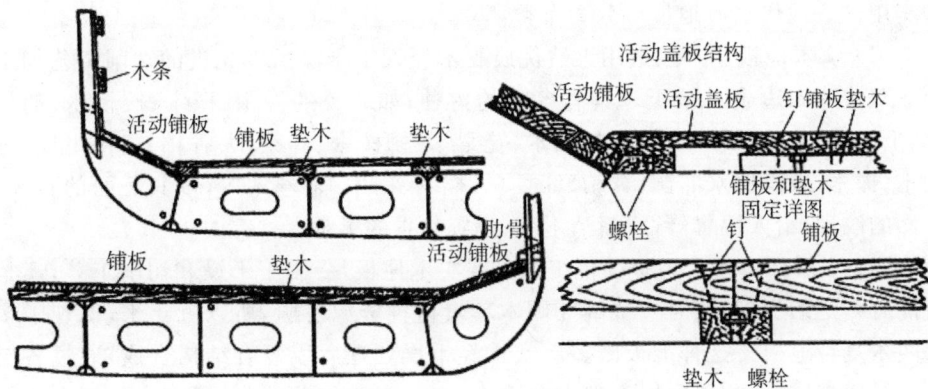

图 5-11　舱底铺板

5.3.1.4　装饰型木地板

　　木质地板的质感介于冷硬的陶瓷地砖与柔软的地毯之间,具有朴实温厚的美感,行走舒适,并传递自然原始气息。木地板还具备调节温度与湿度的功能,能顾及人体的视觉、听觉和触觉上的各项生理要求;同时木质地板可达到高精度加工,企口有自锁能力,安装方便,加之有着自然美的各种木质纹理图案,从而成为其他铺地材料无法与之相比的佼佼者,所以时至今日,在客船、旅游船的高级舱室如舞厅、酒吧等处还常常选择铺设拼花硬木地板(见图 5-12)。

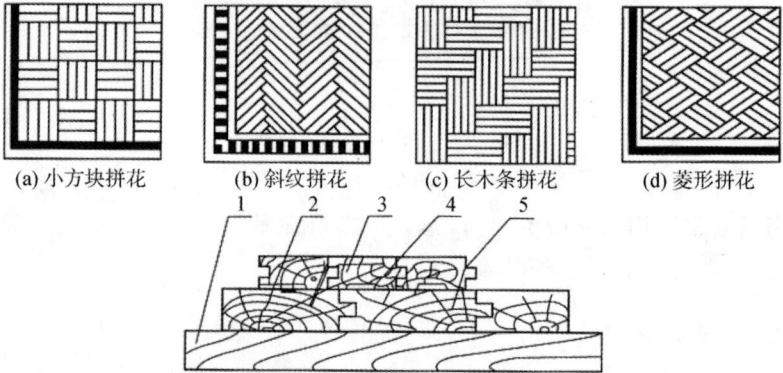

(a) 小方块拼花　(b) 斜纹拼花　(c) 长木条拼花　(d) 菱形拼花

1—地板欄栅;2—企口毛地板;3—拼花地板;4—拼花地板及面缺口;5—圆钉。

图 5-12　拼花地板

当今地板的材料已在不断更新换代,多种款式和材质的木质地板更具装饰性和实用性。现代木质地板可分 3 大类:

(1) 实木地板。一般选用天然优质硬木经人工干燥后以先进的切削工艺加工而成双边或四边企口地板。具有多款的树种,如北美的橡木、枫木、樱桃木、胡桃木、毛榉;南美的象牙木;亚非的柚木、花梨木、柳桉木、春茶木、香柏、门格里斯、昆甸木、榉木;中国的水曲柳、香柏、红豆杉、柞木、柯木、金丝木等,以其美丽的花纹、天然的纹理,给人温馨舒适、清洁干爽、雍容华贵的感觉。

(2) 多层实木复合地板。传统的单层实木地板,受制于干燥和切削工艺,还是可能有一定的变形,同时一些阔叶硬木珍贵树种资源有限,所以近年来,出现了多层实木复合地板。这种地板由多层实木经干燥处理后以复合结构合成,通过各层单板纵横交错,即相邻两层木理方向垂直,互相牵制彼此的收缩膨胀,从而真正做到不弯曲变形;面板为优质高档树种木材,芯材则为普通木材,经压制成型再用先进设备进行精细加工而成。

这种多层实木复合地板既完全保留了单层实木地板的优点,又彻底解决了由于海上航行空气温度和湿度变化剧烈容易导致木材本身吸湿或干燥后变形的缺陷。

(3) 耐磨复合地板。该地板是以高密度纤维板为基材,能承受强大撞击及负压重力,对人体无害。板材底部用防潮底层,面板用三聚氰胺装饰板,覆贴 PEP 木纹纸,另喷涂三氧化二铝细颗粒涂层,增加其表面硬度,其装饰层厚度从 0.1～

0.7 mm,耐磨率从 7 000～15 000转,有的可达 30 000转,具有表面层不露底、防火、抗紫外线、耐冲击、不褪色、阻燃、隔声等特性,还有易于清洁、保养方便的优点。

木质地板敷设前应在钢甲板上铺设木衬档,木衬档的规格一般为 35 mm×55 mm,用钢质耳板焊接在钢甲板上以螺丝钉与木衬档加以固定,随后在木衬档上铺设一层 20 mm 厚的企口毛地板,再在其上敷设拼花硬木地板,近年来为减轻重量、降低成本,铺设长条硬木地板时将其直接铺在木衬档上,省去企口毛地板。

5.3.2　塑料地板

5.3.2.1　PVC 地板

当代各种船舶采用 PVC 地板作为甲板覆盖饰面层最为广泛。PVC 地板就是指采用聚氯乙烯材料,再加入添加剂和矿物填充料组合而成的,应用于地面铺设的聚氯乙烯混合物生产的地板。这种材料具有弹性舒适、洁净抗菌、安全防滑、花色丰富、容易安装、健康环保等优点。PVC 地板由于其优越的性能和对环境的保护,已成为地面装修材料的首选,适用于船舶的公共场所、居住舱室等区域。

PVC 地板从结构上可分为同质透心和多层复合两种类型。

顾名思义,同质透心 PVC 地板,为同质结构,即从表到里材质花纹一样,全部厚度均为耐磨层,表面有聚胺脂涂层,产品总厚度约 2 mm,有很好的耐重压能力,较好的柔韧性,容易切割和安装,可翻新,表面损坏易修复。单位平方米的质量是衡量同质透芯产品性能的重要指标,单位平方米质量越轻,代表产品的 PVC 含量高,矿物质填充物较少,产品的质量性能就越好。耐磨等级也是衡量同质透心地板的重要性能指标,磨损级别从高至低分为:T 级,P 级,M 级,F 级。同质透心地板还分为方向性花纹和无方向性花纹,将所有原材料混合搅拌后,通过生产线将产品压延出来,生产工艺的不同,决定了产品花纹的方向性,无方向性花纹可以随意拼接而不会显得混乱,更有利于节约材料。

而多层复合 PVC 地板,则由背层、PVC 内层、印刷层、透明 PVC 内层和聚氨脂保护层组成,背层及内层由 PVC 及添料组成,有的增加了发泡背层产品,总厚度为 1.5～8 mm 不等。船用市场较少使用带发泡背层的地板,因很难达到低播焰性的要求。耐磨性和残留凹陷度也是衡量复合地板的重要指标,要根据使用区域选取适用的地板。目前市场上的木纹复合地板可以达到较强的装饰效果。

从形态上,PVC 地板可分为卷材地板和块材地板。PVC 卷材地板材质较软,有一定弹性,脚感舒适,柔韧性相对于块材更佳。卷材地板可根据实际长度切割,接缝较少,美观性更佳,敷设后接缝处以塑胶焊条热熔黏接,可防止尘埃及湿气渗入。PVC 块材地板多采用大理石粉构成高密度、高纤维网状结构的基层,表面覆以 PVC 耐磨层,拼装时材料损耗小,且地板损坏容易更换。

5.3.2.2 防静电塑料地板

该产品用塑料粒子界面间形成的导静电网络,使其具有永久性防静电功能,产品耐腐蚀性能好。产品规格尺寸约 600 mm×600 mm,表面厚度 1.5～3 mm。适用于计算机房、电控室、洁净净化室等要求净化和防静电的舱室。

5.3.3 橡胶地板

橡胶是一种优质的原材料,而橡胶地板则是完美耐用的新型铺地材料。橡胶地板主要特性如下:

(1) 耐磨:磨耗量在 5 N 负荷下为 90～115 mm³;

(2) 尺寸稳定性好,因为不含增塑剂,故不会收缩;

(3) 抗烫伤、香烟头烧伤,不会损伤表面;

(4) 抗老化性能稳定;

(5) 抗静电,步行时不产生明显的静电电荷;

(6) 耐化学药物,短期接触溶剂、稀酸或稀碱,不会损伤地板;

(7) 防火性能好,符合有关规则的要求,具有燃烧时不产生有毒气体的安全性能;

(8) 脚步吸声性能改善 8～20 dB;

(9) 防滑性能好,耐油污、防油及油脂混合物,特别是突粒结构形式的地板尤佳;

(10) 符合环境保护,因不含聚氯乙烯,所以当废弃时易处理,不会对环境造成污染。

橡胶地板按其适用场所环境形成众多的系列和不同形式的功能,涵盖了非常大的使用范围,加上不同的结构形式和色彩范畴来满足不同的设计要求,是一种良好的船舶内装新型铺地材料。橡胶地板规格有卷材型,宽度为 1 000～1 220 mm。块材地板的基本尺寸有 503 mm×503 mm,610 mm×610 mm 及 1 000 mm×1 000 mm 等多种。

用于楼梯的橡胶地板,也有整体式梯道踏步覆面层,它由踏步、十凸沿、竖板和踏步板组成(见图 5-13),并可配以专用的楼梯角材及收饰条等配件。

橡胶地板配套使用的热熔焊条可将其接缝黏合,形成整体地面,可防止尘埃和潮气渗入。

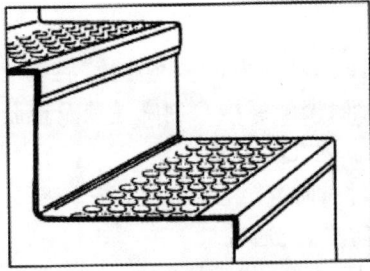

图 5-13　整体式橡胶踏步

5.3.4　陶瓷墙地砖

在舱壁和甲板上铺设陶瓷墙地砖,除了持久耐用、防水湿之外,还极具装饰性。

用于舱壁的釉面瓷砖,是用磨细的长石、石英、瓷土粉经高温烧制而成,结构细密,气孔少,吸水率小,表面多重印花,上釉后富有装饰性。目前普遍使用 200 mm ×250 mm、200 mm×300 mm、300 mm×600 mm 的大型釉面砖,用于厕浴室、盥洗室和洗衣房等处所。但随着复合岩棉板的密性增强,防水性能提升,目前在舱壁上使用瓷砖已经越来越少了。

潮湿处所的甲板面上多使用防滑地砖,一般为亚光,其表面有专门的防滑材质,不会打滑,吸水性低,耐磨损。要防滑效果更好的还可以选择有凹凸感的亚抛地砖,用于厨房、更衣室、厕浴室、盥洗室和洗衣房等处所。

5.3.5　天然石材

天然大理石等石材以往很少用于船舶内装工程,原因是天然石材虽然花纹典雅,经久耐用,但板材较厚、重量较大,难以用于对重量控制要求较严的船舶。

近年来石材加工设备的进步,切割技术的提高,目前已能加工制作大平面超薄型装饰天然石板,如大理石、花岗岩薄板,使这种天然石材的应用如同陶瓷墙地砖一样简单、方便。这种超薄型装饰石材厚度通常为 6 mm 左右,因此在铺装时和普通陶瓷墙地砖同样施工。还有一种复合型超薄装饰石材,是将厚度仅 3 mm 的天然大理石薄板黏在 5.5 mm 厚的铝质波纹夹板上,总厚度为 8.5 mm,质量仅为 13 kg/m²,在安装上具有很强的优越性,为天然装饰石材在船舶内装工程中应用创造了良好的条件。

5.3.6 地毯

地毯按其制造原料的不同可分为纯羊毛地毯、混纺地毯（羊毛与化纤）、化纤地毯（聚酰胺纤维、聚丙烯纤维、聚酯纤维）、剑麻地毯及橡胶地毯等。

地毯的选用主要考虑下列几大要素：

（1）基本要求：低播焰性、防静电性能等；

（2）环境要求：防污、防霉、交通流量；

（3）舱室整体设计要求：协调，装饰效果。

各类地毯的特性如下：

（1）纯羊毛地毯

① 手工织造的纯羊毛地毯。手工织造的纯羊毛地毯是以道数表明其档次的高低，这里以典型的90道手工打结纯羊毛地毯为例：

特点——弹力大、拉力强、变形小、抗静电、抗老化、耐磨、耐热、低播焰性、脚感柔软、色彩艳丽、图案美观、易清洗保养，是地毯中的珍品，价格较贵。

花色——京式、美术式、彩花式、素凸式、仿古式等。

规格——按厚度分为9.53 mm、12.7 mm、15.9 mm等3种。

性能——日晒牢度：4级～5级；刷洗牢度：4级～5级；摩擦牢度：3级～4级。

② 机织纯羊毛地毯。机织纯羊毛地毯有麻底型、提花美术型等类型，适用范围广，可用于防火要求较高的场所。

特点——平整光泽，富有弹性，足感舒适，吸音防滑，耐磨耐热，经久耐用，其抗静电、抗老化、回弹性及低播焰性均优于化纤地毯，价格低于手工织造羊毛地毯。

花色——各种颜色和提花型。

规格——厚度7 mm左右，质量1.5 kg/m² 左右。

但羊毛地毯的防虫性、耐菌性和耐潮湿性较差，较难打理。

（2）化纤地毯

化纤地毯一般用簇绒法生产，以丙纶长纤维、晴纶等化学纤维（或加入部分羊毛原料，即为混纺地毯）用簇绒法制作面层，基层用麻底、胶底或麻胶底复合制成的地毯，具有色彩艳丽、质轻、耐磨、耐腐蚀、不易脱毛、富有弹性、铺设简便、价格较低的特点，有圈绒、割绒等品种。

另有采用无纺针刺工艺生产的，通常以丙纶短纤维经先进的无纺针刺工艺精制而成，品种除了圈绒、平纹、条纹、双层双色提花外，还有天鹅绒等新型地毯。这类产品具有色泽鲜艳、毛绒感强、阻燃、抗静电、耐腐蚀、防水、防霉、防蛀等特点。

化纤簇绒地毯和丙纶无纺针刺地毯的品种及规格见表5-2和表5-3。

表 5-2　化纤簇绒地毯品种及规格

品名	规格		
	长/m	宽/m	厚/m
腈纶、丙纶簇绒地毯	20	0.9	7～12
丙纶簇绒（切绒、圈绒提花）地毯	20	2 和 4（提花）	7～10
单色圈绒、提花圈绒、单色割绒、提花割绒、混色圈绒、混色割绒地毯	20	2	
裁绒、提花编织地毯	20～30	≤4	
化纤簇绒地毯		2	5～10（绒高）

表 5-3　丙纶针刺地毯品种及规格

品名	规　格		质量/(kg·m^{-2})
	幅宽/m	厚/mm	
圈绒地毯	2～2.1		0.65 0.80 1.00
花纹地毯	2～2.1		0.65 0.80 1.00
天鹅绒地毯 双色提花地毯	2～2.1		0.8 1.00
单浸渍平纹地毯	2	5	0.9
单浸渍条纹地毯	2	4.5	0.95
单浸渍提花地毯	2	4.5	1.05
单浸渍天鹅绒地毯	2	6.5	1.15
单胶针刺地毯	2,4		1.00
泡沫针刺地毯	2,4		1.00

（3）橡胶地毯

橡胶地毯是以橡胶为原料在一层薄胶垫上树立密集的扁平带尖的毛刺，该类产品具有色泽鲜艳、图案美观、柔软、耐磨、耐老化、弹性适中等特点。橡胶地毯不怕水、隔潮、耐腐蚀、清洗方便,这些都是羊毛地毯、化纤地毯所不能比拟的,因此在一些潮湿、常与水接触的处所(如卫生间、浴室、化验室等)尤为适用,又鉴于橡胶地毯是由各种绝缘材料制成,因此极为适合于配电间、控制室、电子计算机室等处所。橡胶地毯分阻燃和非阻燃两种,尺寸可按需拼接。其主要技术性能和规格见表5-4。

表 5-4　橡胶地毯主要技术性能及规格

性能		参数
密度/(kg/m²)		12.10
扯断力/(N/cm²)		1 382
硬度/(邵氏 A)		52
伸长率/%		526
永久变形/%		36
老化系数/(100 ℃,24 h)		0.879
规格/mm:	短毛	480×480×5
	长毛	700×600×20
		1 000×700×20
	防滑垫	600×350×6
每块质量/kg:	短毛	0.8
	长毛	2.8
	防滑垫	0.7

(4) 橡胶防滑垫和多孔橡胶垫

橡胶防滑垫是以橡胶为主要原料制作的,可替代传统的木格栅,常用于驾驶室外两翼走道入口处,也适用于船上的厕所、浴室、盥洗室及露天甲板等处作为疏水防滑设施。其主要技术性能及规格见表5-5。

表 5-5　橡胶防滑垫主要技术性能及规格

性能	参数
质量/(kg/m²)	13.64
扯断力/(N/cm²)	428
硬度/(邵氏)	54
伸长率/%	393

表 5-5　（续）

性能	参数
永久变形/%	4.5
老化系数/(70 ℃，40 h)	0.938
耐油系数/%	5.57
击穿电压/V	>12 000
规格/mm	660×660×30
每块质量/kg	5～5.1

多孔橡胶垫具有结构新颖、泄水性强、防滑等特点，底面有排水槽以保证水流畅通，无腐味，并配有专门的连接件，以备在铺设面积较大时，用一定数量的标准尺寸多孔橡胶垫块用专用连接件连成一体。

5.3.7　升高活动地板

在某些船舶的驾驶室、控制室、配电间及电气设备间内，需要布置电缆。为电缆的维护检修方便，经常会采用升高活动地板，要求如下：

（1）超高的静电释放材料；

（2）布线灵活性高，能容纳的电缆数量多；

（3）轻便的地板及系统质量，能承载重型设备；

（4）地板安装便捷，方便日后增加设施；

（5）提供地板下部安装空间，有利于设备的维修；

（6）高效的防火性能及隔音性能；

（7）可调的地板高度（按需要高度为 80～1 000 mm），可消除地面不平度，保证地板表面的平整度；

（8）有各种不同种类的地板装饰可供选择。

升高活动地板由支架和块状地板组成。支架可随意调节高度，可调高度范围可以达到 80～1 000 mm，若高度超过 500 mm，建议使用横梁。所有的支架均需要经过镀锌及防腐处理。地板由上板、芯材和底板组成，边缘经过倒角处理，并以合成材料包边，加强防潮及防撞能力。地板厚度可根据需要选择从 28～38 mm 不等，地板尺寸的标准规格为 600 mm×600 mm，也可定制为 750 mm×750 mm。表面可装饰各种饰面，如 PVC、地毯、橡胶、陶瓷及 HPL 等。

升高活动地板的缺点是行走时会产生共鸣效应，影响工作环境，如果支架强度不够，还可能产生脚感较软、地面不平整的问题。

5.4　甲板基层敷料的性能和典型结构

5.4.1　水泥

水泥是最基本的传统甲板敷料,水泥用作甲板基层敷料的优点是价廉、耐用、抗磨性强、耐水湿、化学性能稳定、易于清洗和消毒,但缺点是密度大、振动下易松碎及龟裂。

水泥主要用作厨房、配餐间、厕所、浴室、盥洗室、洗衣房、烘衣间等处所的甲板基层敷料,作为铺砌陶瓷地砖的黏固底层。船用水泥多为含不超过 5％三铝酸钙和 5％～15％活性二氧化硅添加料的防酸水泥,为了防水可另加憎水性添加料,标号在 300～500 号之间,水泥敷层厚度大于 35 mm 时,水泥与砂的配比为 1∶3。厚度小于 35 mm 时,水泥与砂的配比为 1∶2。一般敷层要在甲板上先焊装金属马脚(见图 5-14)。在敷设水泥前应仔细清除甲板表面的氧化皮、锈层。

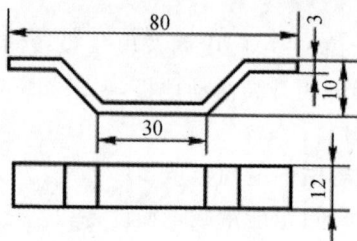

图 5-14　金属马脚

近年出现的一种彩色水泥处理剂是一种高科技产品,能在原本普通的水泥表层上创造出风格迥异、自然逼真的大理石、花岗岩、陶瓷地砖等效果,具有古朴自然的风采,又克服了天然材料价格昂贵、施工麻烦、拼接缝处容易渗水损坏、不宜受重压之不足。这种材料的施工十分方便,只要将搅拌好的水泥砂浆敷设在需要的甲板上,将表面抹平并撒上彩色强化料和脱模剂,然后将选择好的图案模具压在水泥敷层的表面,待水泥砂浆干后用水冲洗干净,喷上配套的彩色水泥表层保护剂,就这样,几可乱真的彩色大理石、花岗岩、彩砖地坪即刻展现在眼前。这种新材料的特点是能使普通水泥地坪快速达到多姿多彩的效果,而强度是其他材料无法相比的,且价格又相当便宜。

5.4.2　乳胶类甲板基层敷料

由于普通水泥敷层有种种缺点,所以在水泥中掺拌各种添加物,以改善水泥的技术性能。乳胶类甲板敷料就是在水泥砂浆(水泥＋骨料＋水)中加入一定比例的乳胶制成,故俗称乳胶水泥。骨料可以采用普通石英砂,也可用珍珠岩或浮石之类。乳胶一般系指高聚物分散在水介质中所形成的乳液。

乳胶甲板敷料因其乳胶品种不同可分为:

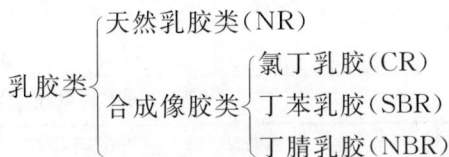

$$乳胶类 \begin{cases} 天然乳胶类(NR) \\ 合成像胶类 \begin{cases} 氯丁乳胶(CR) \\ 丁苯乳胶(SBR) \\ 丁腈乳胶(NBR) \end{cases} \end{cases}$$

乳胶类甲板敷料中乳胶的含量高则弹性、抗折、抗冲击、耐水性能提高,但耐磨性降低,收缩变形增加。通常乳胶含量控制在 $10\% \sim 20\%$。

乳胶在加工过程中分子没有受到机械损坏,因此保持高聚物原有的优良性能。乳胶类甲板敷料由于掺入了乳胶,改善了水泥的原有性能,其耐压、抗折、耐磨、抗冲击性能极大地提高,特别是增强了敷料与甲板的黏结力,省去了原来水泥敷料所需要的金属马脚,可直接涂敷薄层(6~20 mm),不仅简化了施工工序,而且减轻了质量,这对于改善船舶总体性能有很大的意义。此外,耐水、耐候性也有所改善。

乳胶类甲板敷料中掺入阻燃剂,则成为"不易着火的甲板基层敷料"。

乳胶类甲板敷料中加入适当的稳定剂,便于控制凝固时间。

近年来,船舶建造类型出现了很大拓展,一些科考船、物探船、公务船等大量建造。相比以往的运输船及大型工程船,这些船型对船体本身的材料种类控制非常严格,而甲板敷料的质量在内装总体质量中占比较高,故生产厂家陆续开发出了密度低于 $1\,000$ kg/m^3 的轻质甲板基层敷料,甚至有密度为 650 kg/m^3 的超轻质甲板基层敷料,相比普通乳胶甲板敷料减重效果非常明显。此类敷料的抗压强度稍差一些。表 5-6 所示为常用的甲板敷料的主要性能。

表 5-6　常用甲板敷料的主要性能

型号	HH-2	HQ-1	SD-1	G	HQ-2	YB-4
乳胶类型	乳胶		氯丁乳胶		乳胶	
密度/(kg·m^{-3})	≤2 000	≤1 300	≤2 100	≤800	≤800	≤800
抗折强度/MPa	≥3	≥3	≥4.5	≥3	≥3	≥3
抗压强度/MPa	≥10	≥10	≥10	≥8	≥10	≥8

表 5-6 （续）

型号	HH-2	HQ-1	SD-1	G	HQ-2	YB-4
吸水率/%	≤10	≤13	≤10		≤10	
吸油率/%	≤5	≤13	≤6		≤5	
热导率/(W·m⁻¹·K⁻¹)	≤1.2	≤1.3	≤1.2		≤1.2	
初凝时间/h	≥1	≥1	≥1		≥1	
终凝时间/h	≤12	≤12			≤12	
敷设厚度/mm	8～12	8～12	10～12		8～12	
耐火类别	不易着火甲板基层敷料					

乳胶类甲板敷料除了可作为甲板基层敷料外，还可直接在钢甲板上做薄层涂敷。

乳胶类甲板敷料主要用于舱室内甲板，但不适宜用于蓄电池舱，因为乳胶类甲板敷料耐酸性较差。

5.4.3 耐火甲板基层敷料

耐火甲板基层敷料应具有良好的耐火和抗振性能，且能有效地隔热和隔声。按耐火性能可分为 A-60 级、A-30 级和 A-15 级。按结构形式可分为混合型、浮动地板型甲板敷料和加强型浮动地板系统。

（1）混合型甲板基层敷料

混合型甲板敷料通常由干料和水按一定比例混合制成，干料的主要成分为水泥，掺合适当数量的填充料，因此具有较好的防水性能，特别适用于厨房、盥洗室、浴室及厕所等潮湿处所。

国产的 A-60 级耐火甲板基层敷料是单层结构的混合型敷料，由干料（改性混凝土、陶粒、助剂等）与水按一定比例混合后直接涂敷于安装马脚的钢甲板上，如图 5-15 所示，其主要性能列于表 5-7。

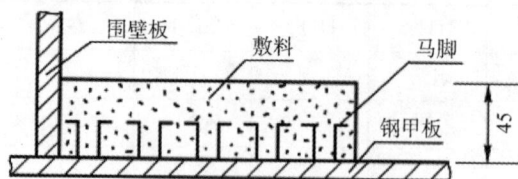

图 5-15 单层结构耐火甲板基层敷料（A-60 级）

双层结构的混合型甲板敷料由底层和面层的混合浆分层涂敷而成。底层是促凝粉剂(改性混凝土)及经高温烧结膨胀的比较轻的膨胀珍珠岩颗粒组成,面层则由促凝粉剂(改性混凝土及填充料)和充填骨料(如石英砂或陶粒)组成。底、面层敷料均按比例掺水混合成浆,并予以分别涂敷。

目前常用的国产双层结构的混合型 A-60 级甲板基层敷料如图 5-16 所示,主要性能列于表 5-7。

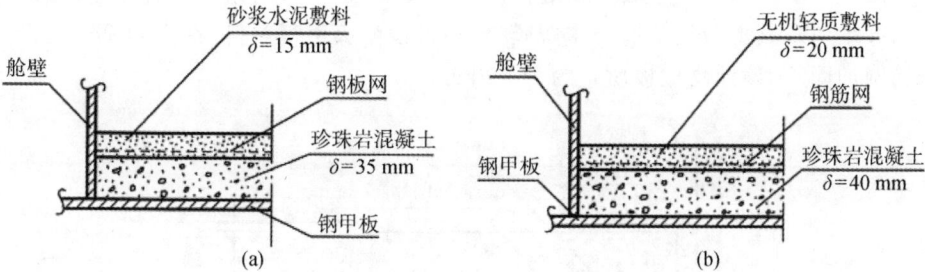

图 5-16 双层结构的混合型耐火甲板基层敷料(A-60 级)

表 5-7 单层结构及双层混合型耐火甲板基层敷料主要性能

敷料型号	单层结构	双层混合型(a)		双层混合型(b)	
		面层	底层	面层	底层
密度/(kg·m⁻³)	$\leqslant 1\,600$	$\leqslant 2\,100$	$\leqslant 800$	$\leqslant 1\,500$	$\leqslant 800$
抗折强度/MPa	5	$\geqslant 5$	$\geqslant 1.4$	$\geqslant 5$	$\geqslant 1.4$
抗压强度/MPa	$\geqslant 20$	$\geqslant 20$	$\geqslant 3.5$	$\geqslant 10$	$\geqslant 3.5$
吸水率/%	$\leqslant 10$	$\leqslant 10$		$\leqslant 15$	
吸油率/%		$\leqslant 6$		$\leqslant 10$	
热导率/(W·m⁻¹·K⁻¹)	$\leqslant 1.3$	$\leqslant 1.2$	$\leqslant 0.8$	$\leqslant 1.2$	$\leqslant 0.8$
初凝时间/h	$\geqslant 1$	$\geqslant 1$	$\geqslant 1$	$\geqslant 1$	$\geqslant 1$
终凝时间/h	$\leqslant 12$	$\leqslant 12$	$\leqslant 24$	$\leqslant 24$	$\leqslant 24$
敷设厚度/mm	45	15	35	20	40
加强材	钢马脚	厚 1 mm 钢板网,网眼 10 mm×10 mm		$\phi 2.5$ mm 钢筋网,网眼 40 mm×40 mm	
耐火级别	A-60	A-60		A-60	

混合型甲板敷料敷设后,根据不同处所的要求,表面可敷设水泥、陶(瓷)砖或塑料地板。

(2)浮动地板型甲板敷料

浮动地板型甲板敷料富有弹性,具有良好的抗振、隔声、隔热等特性。

浮动地板均为多层结构,形式很多,这里介绍几种常用的国产浮动地板的构造。

图 5-17 所示的 A-60 级浮动地板的底层是密度为 170 kg/m^3 的陶瓷棉板(硅酸铝纤维毡),其上敷设一层防水薄膜,然后敷设耐火甲板敷料(在高约 1/3 处设有钢筋网加固)。该浮动地板质量约为 50 kg/m^2。

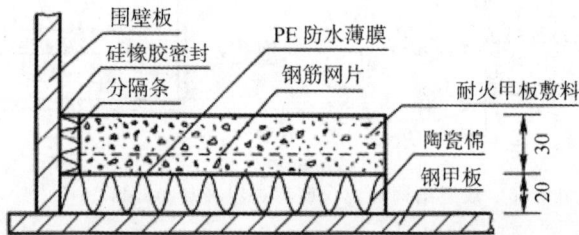

图 5-17　浮动地板(A-60 级)

图 5-18 及图 5-19 所示的 A-60 级浮动地板,底层均是密度为 170 kg/m^3 的陶瓷棉板,其上敷一层防水纸,再敷设面层料。其中,图 5-18 的面层敷料为改性混凝土(密度为 2 300 kg/m^3),图 5-19 的面层材料为无机轻质敷料。浮动地板敷设以后,可根据不同处所的要求敷设塑料地板等面材。

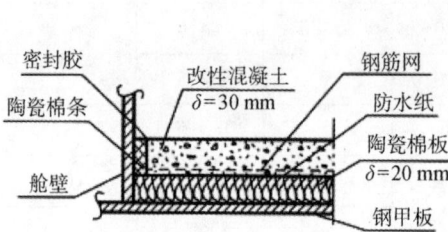

图 5-18　浮动地板(A-60 级)

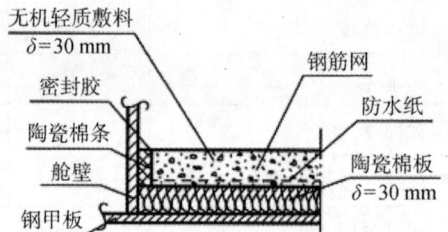

图 5-19　浮动地板(A-60 级)

5.4.4　聚酯类甲板基层敷料

聚酯类甲板基层敷料有聚氨酯类和环氧类。

（1）聚氨酯类甲板基层敷料

聚氨酯类甲板基层敷料是以氨基甲酸（乙）酯（尿烷）为基料,加入填充料混合后涂敷在甲板上,通常用作露天甲板敷料,也可以在聚氨酯基料中加入颜色糊膏、橡胶末等填充料混合后用作室内敷料或者实验室敷料,富有弹性,防滑性佳。

聚氨酯类甲板基层敷料耐水、耐磨、耐油、与甲板黏结力强、不易开裂,所以经常振动的甲板采用纯氨基甲酸（乙）酯树脂涂层后效果很好。适用温度为$-40\sim+70\ ℃$

（2）环氧树脂类甲板基层敷料

环氧树脂类甲板基层敷料是以环氧树脂为主料,掺入膨胀珍珠岩、石英砂等填充料及固化剂混合后敷设,固化成型后质地坚硬。环氧树脂是高分子化合物,力学性能、耐酸碱腐蚀性能及电绝缘性能相当好,特别是与甲板的黏结力极强,不易脱落,其耐磨、耐火、防滑、防冻等性能优异,是露天甲板及滚装船、渡船的车辆甲板的敷料。

聚酯类甲板基层敷料敷设时,以环氧或氨基树脂打底,然后敷设敷料,最后一道表面层可涂刷树脂涂料。

（3）薄型环氧甲板敷料

薄型环氧甲板敷料是一种彩色甲板敷料,由环氧树脂、细砂及彩砂为主要原料配置而成,具有良好的防水性和耐化学腐蚀性,良好的黏结性和耐磨性,且质量小、色彩华丽。标准敷设厚度为 5 mm,最小敷设厚度为 3 mm,最大敷设厚度为 25 mm。当厚度为 5 mm 时,每平方米质量约为 8 kg,对于质量控制较严的船舶和高速船,潮湿舱室和耐化学性舱室选用这种薄型环氧敷料是一种很好的选择。

但是,环氧敷料作为面层使用也有一定的缺点,如不耐尖锐物品碰撞,易被烫伤及损坏,不易修补等。

（4）聚氨酯室内外装饰地坪

传统的室外木质地板造价昂贵,不防火,敷设麻烦且需后期维护。在新型的邮轮、商船和游艇上,室内和室外都可以看到聚氨酯装饰地坪的身影。

这种新的产品系列涵盖多种不同的颜色和设计,其中包括仿柚木甲板效果系列,其优点是使用寿命长、重量轻、在干燥和潮湿的环境中都具有出色的吸附力、防油、有弹性、折弯不易破裂、易清洁、易维护,完全可替代传统的柚木地板。这种装饰地坪有较严格的施工工艺:甲板表面在找平前需使用喷砂除锈并涂底漆,然后使用 6～8 mm 自流平聚氨酯平垫层将甲板找平,最后采用液体浇筑的方式,将液体刮平,固化后开槽,再浇筑液体填缝剂,将开槽处填平,刮去多余填缝剂,最后使用机械打磨,为呈现出真实的实木地板肌理效果,一般沿着同一方向打磨。

5.4.5 流平甲板敷料

流平甲板敷料是各类甲板基层敷料表面的工艺性平整材料。由于甲板基层敷料在施工时难以达到十分平整的程度，因此在黏结甲板铺材前，若在甲板基层敷料上面涂敷流平甲板敷料予以平整，可大大提高舱室地板的平整度和甲板铺材及甲板基层敷料的黏结力。

流平甲板敷料由液料（丁苯乳胶、流平剂）及干固料（石英粉等）双组分按比例混合搅匀而成。其混合后的密度约为 $1\,800\ kg/m^3$，敷设厚度不大于 3 mm，用量约 $4.8\ kg/m^2$。施工环境温度为 $0\sim35\ ℃$，初凝时间超过 1 h，终凝时间不大于 8 h。

5.4.6 自流平甲板敷料

近几年，市场上出现了一种可以自动找平的、水泥基的甲板基层敷料，可替代基层甲板敷料和流平敷料的组合，称为自流平甲板敷料。其为柔性、耐久性材料，相比普通乳胶类甲板敷料，可以承受较高的应力；其抗折强度≥5.0 MPa，抗压强度≥20 MPa；适用于钢质甲板、镀锌钢板和铝质甲板表面。该敷料通过泵送机泵送至各个舱室，缩减人工，大幅提高敷设效率。从耐火性能上分为 A60 级自流平耐火甲板敷料和自流平甲板敷料；从密度上又可分为普通自流平甲板敷料和轻质自流平甲板敷料，轻质自流平甲板敷料在抗折强度、抗压强度上稍微逊色一些。

5.5 铺地材料的黏合剂

船舶甲板铺材，如塑料地板、橡胶地板、地毯等与甲板基层敷料采用黏合剂牢固黏合。这里列举常用的黏合剂。

（1）825 胶黏剂

825 胶黏剂以氯丁橡胶为主体原料，加入稳定剂、氧化剂、热反应性树脂等助剂，经混炼切片溶解于卤代烃烃类溶剂而制成的室温型硫化单组分胶黏剂，状如淡黄色黏稠液体。其主要技术性能为：拉伸强度约 $25\ N/cm^2$，抗剪强度为 $160\ N/cm^2$。其特点是低黏度易于涂刷，便于大面积施工，且无火灾危险。

825 胶黏剂主要用于塑料地板与甲板基层敷料的黏结，施工前应将施工表面的灰尘和油污清除干净，在甲板敷料及铺材表面上均需涂胶。用胶量为 $150\sim200\ g/m^2$。

（2）水性 EP 胶

EP-05 胶黏剂是改性环氧树酯胶黏剂，具有高黏接强度，耐寒，耐水，耐酸碱腐蚀，并能在潮湿面上施工等特点，适用于各种塑料地板、地毯及地砖的黏合。涂布

量为 $1\,200\sim1\,800$ g/m^2。

EP-06 地板胶是由丙烯酸改性聚合而成的乳状单组份胶黏剂。主要用于各种地板、塑料小方块、PVC 卷材、油地毡、地毯等材料的黏合。该胶除具有一般水性乳胶的特点外,还具有黏度适中,活性期长,初黏力高,无毒、无味、不燃不爆、涂布量少,使用方便等特性。涂布量为 $800\sim1\,000$ g/m^2。

(3) HSJ-2 型船用地板胶黏剂

这种胶黏剂主要由水性环氧树脂、丙烯酸酯共聚乳液等高分子合成树脂和有关改性助剂组成的水乳状单组分胶黏剂。除具有一般水性乳胶的特点外,还具有含固量适中、有效期长、初黏力强、耐水、耐油、耐振以及使用极为方便等特点。在普通潮湿环境中或在 0 ℃的低温下仍可使用;并具有无毒和不燃、不爆等特性,施工相当安全。其综合性能明显优于溶剂型及压敏型胶黏剂。其主要技术性能为:初黏强度 $\geqslant 5$ N/cm^2;剥离强度 >200 N/25 mm;抗拉强度 >0.8 MPa,密度 $1\,000\sim1\,150$ kg/m^3。

HSJ-2 型胶黏剂主要用于各种 PVC 地板、卷材、地毡等铺材的黏结,也可用于PVC 薄膜、发泡塑料等保温隔热材料的黏合。涂胶量为 $300\sim400$ g/m^2。

(4) 856 胶黏剂

856 胶黏剂是双组分酮醛聚氨酯胶黏剂,用于塑料地板、地毯等黏接。其主要技术性能为:抗拉强度 $\geqslant 49$ kPa;抗剪强度 $\geqslant 6.37$ MPa;固化时间 >4 h,氧指数 25%。

(5) 999 多用途船用胶黏剂

999 多用途船用胶黏剂系氯丁酚醛型,系采用氯丁橡胶为主料,加入硫化剂、促进剂、防老剂等辅料,先通过塑炼切片与阻燃溶剂反应,再与优质树脂进行热反应接枝而成的单组分胶黏剂,其耐老化及阻燃性俱佳。其主要技术性能列于表 5-8。

表 5-8　999 多用途胶黏剂主要技术性能

外观颜色	淡黄色黏稠液体
20 ℃时密度/(kg・m^{-3})	$1\,400\sim1\,500$
25 ℃时黏度/(Pa・s)	$1.1\sim1.3$
不挥发物含量/%	$22.0\sim23.0$
氧指数	37
耐酸碱性	标准酸碱溶液浸 72 h 无变化

表 5-8 （续）

剥离 强度/ MPa	T 剥离强度:钢板与 PVC	≥0.61
	装饰板与 PVC	≥0.35
	木材与 PVC	≥0.22
	帆布革与帆布革	≥0.62
	钢板与钢板	≥2.05
	钢板与帆布革	≥0.61
	装饰板与木材	≥1.13
	橡胶与水泥	≥0.26

999 多用途船用胶黏剂主要用于塑料地板与水泥、甲板敷料之间的黏结,也可用于木材、三聚氰胺装饰板、钢板、陶瓷等材料的黏结。

（6）222 有机硅地板胶

222 有机硅地板胶是一种单组分聚氨酯改性地板胶,具有初黏高、黏接强度大、耐水、耐油、耐腐蚀等特点。适用于各种地毡、地毯及各种保温材料与甲板敷料、钢板的粘接。拉伸强度≥1.5 MPa,涂布量 1 200～1 800 g/m²。

（7）船用陶瓷面砖黏结剂

水泥陶瓷面砖黏结剂用于陶瓷面砖与水泥底层的黏结,具有无毒、耐水、防火、粘结快(粘贴 0.5 h 后不脱落)、耐寒(可在 −15 ℃以下储存和施工)等特点。常用于船上厨房、厕所、浴室、洗衣房、烘衣间等处所,使用量约 2 kg/m²。

在大量使用铺地材料黏结剂时,安全是个重要问题。如 825 胶黏剂在涂胶过程中会产生大量挥发性溶剂气体,溶剂卤代烯烃在室温硫化过程中散发出刺鼻的气味,在密闭、狭小不易通风的舱室中,易使操作者感觉头晕目眩、口舌干燥。有的黏结剂使用时会大量挥发可燃性气体,在密闭、狭小的舱室空间中一旦遇上火星就会发生爆炸或火灾。

5.6 甲板基层敷料的选用

甲板基层敷料由于组成材料及结构形式的不同,因而性能不同,因此应按不同环境场所的特点选用甲板敷料。

乳胶类甲板基层敷料质地较软,接触感较舒适,但耐油、耐酸碱、耐光和隔声隔热性能一般,加入阻燃剂后可达到不易着火的要求,通常用于除盥洗室以外的起居处所。

混合型耐火甲板基层敷料耐水性较好,可用于潮湿的环境,如厨房、盥洗室、厕所、浴室等(如果这些处所的地板须符合耐火分隔的要求)。

浮动地板的隔热隔声性能远比其他类型的敷料要好。因此特别适用于对防振、隔声等性能有严格要求的船员舱室、公共处所、集控室等处所。但浮动地板耐水性能差,施工复杂,必须配合周边的绝缘安装,通常采用纤维材料填充周边的缝隙,并用硫化硅橡胶加以表面密封。并要注意固定件及连接件的安装,防止产生声桥和热桥。此外浮动地板价格较高。

聚酯类甲板基层敷料中环氧类和聚氨酯类的性能较接近,其耐压、耐水、耐油、耐磨损等性能均较好,耐光及防滑性能也相当不错,施工较方便。

薄型环氧敷料具有质量轻、防水性好、施工也较方便,适合用在高速船舶,质量控制较严的船舶,如调查船、自升式平台等的潮湿处所。

第6章 舱室隔声与吸声

6.1 船舶噪声的一般概念

6.1.1 概述

声音是人类与许多其他生物感知外界的主要媒介,是由物体(固体、液体、气体)的振动引起的。物体的振动使周围的空气压力发生周期性的起伏变化,这种交变的压力,在空气中以疏密波的形式向外传播,人耳接收后,便引起了听觉。一般说来,节奏有调的声称为音,杂乱无节奏的声称为噪声。

噪声污染是国际公认的三大公害之一,影响人们的工作,生活和休息,强烈的噪声还会损伤人的听觉和引起其他疾病,因此必须采取各种措施对噪声加以控制和预防。表 6-1 为噪声对交谈和通信的影响。

表 6-1 噪声对交谈和通信的影响

噪声级/dB(A)	主要反应	保持正常谈话的距离/m	通信质量
45	安静	11	很好
55	稍吵	3.5	好
65	吵	1.2	较困难
75	很吵	0.3	困难
85	大吵	0.1	不可能

6.1.2 声学的一般概念

声音的强弱与单位时间内,单位面积上通过的声能量,即单位面积上的声压大小有关。压力变化大小的量值是以帕(Pa)来度量,声音的高低则是由频率,也就是由空气介质每秒振动的次数决定的,以赫兹(Hz)表示。可闻声的频率为 20～

20 000 Hz,人耳最敏感的频率为 1 000 Hz,在声学中把人耳在 1 000 Hz 时刚能听到的一个极小的声压 2×10^{-5} Pa(称为阈声压)作为基准声压 P_0,并以此时单位时间通过单位面积的声能量 $I_0 = 10^{-12}$ W/m² 作为基准声强。

从听阈到痛阈之间的声压的绝对值相差一百万倍,用声压的绝对值表示声音的强度很不方便;因此声的量度用对比基准量的倍数取对数来表示,其单位为贝尔,由于贝尔单位较大,使用不便,再取贝尔的 1/10 即分贝(dB)作为声学量度的基本单位。这样便引入级的概念,用以表示声音的强度,即声压级、声强级和声功率级。

6.1.2.1 实用的表示声音强度的单位

(1)声压 P　单位面积上所承受的声音压力的大小,单位为 Pa,由于声压是随时间起伏变化的,一般情况下,声压如不加特别注明均指有效声压,为声压的最大值除以 $\sqrt{2}$。

(2)声压级 L_p　声压 P 对基准声压 P_0 之比,其常用对数的 20 倍称为声压级(dB)。

$$L_P = 20\lg \frac{P}{P_0} \tag{6.1.1}$$

式中　P_0——基准声压,$P_0 = 2 \times 10^{-5}$ Pa。

(3)声强 I　通过单位面积的声能通量,W/m²。

$$I = \frac{P^2}{\rho c} \tag{6.1.2}$$

式中　P——有效声压,Pa;

　　　ρ——空气密度,kg/m³;

　　　c——声速,m/s。

(4)声强级 L_I　声强 I 对基准声强 I_0 之比,其常用对数的 10 倍称为声强级(dB)。

$$L_I = 10\lg \frac{I}{I_0} \tag{6.1.3}$$

式中　I——声强,W/m²;

　　　I_0——基准声强,$I_0 = 10^{-12}$ W/m²。

(5)声功率 W　声源在单位时间内辐射的总能量,W。

$$W = SPu \tag{6.1.4}$$

式中　S——波阵面的面积,m²;

　　　P——声压,N/m²;

　　　u——媒介质的振动速度,m/s。

（6）声功率级 L_W　声功率对基准声功率之比，其常用对数的 10 倍称为声功率级（dB）。

$$L_W = 10\lg\frac{W}{W_0} \tag{6.1.5}$$

式中　W——声功率，W；

　　　W_0——基准声功率，$W_0 = 10^{-12}$ W。

人从能听到的声音（听阈）到感觉疼痛的声音（痛阈）之间，耳朵对声压级相同而频率不同的声音有不同的响度感觉，即相同声压级的不同频率的声音，听起来完全不同。而不同频率的声音在相应的不同的声压级时可能听起来一样响（声响），这就引出响度级这一概念。

（7）响度级　各分贝声等响曲线，在频率为 1 000 Hz 时的声压级称为响度级，单位为方（Phon）。

图 6-1 所示为国际标准化组织（ISO）确定的一组听感等响曲线，它是指不同频率、不同声压级但具有同等响度的能量曲线。

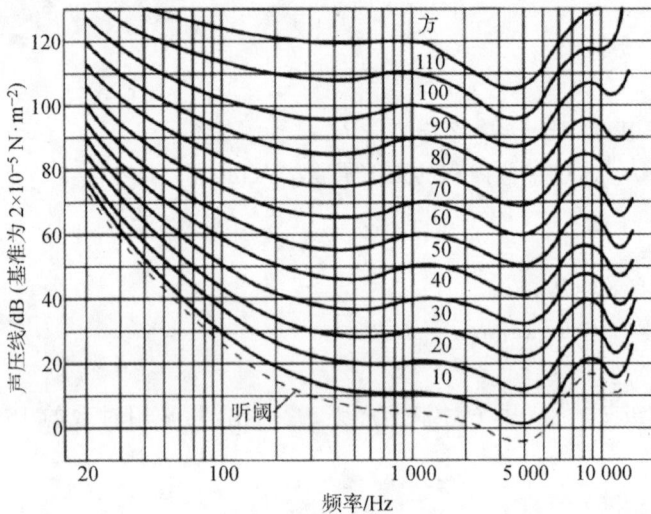

图 6-1　描述人耳灵敏度的等响曲线（方）

噪声响度。噪声的响度不像纯音那么简单，因为噪声包括各种频率成分并各自相互干扰之故，所以纯音响度易得，而噪声响度难求。噪声响度是受声刺激的听觉反应量，采用量度的单位为宋（Sone）。1 宋表示 40 方响度级所对应的响度，宋与方之间可按图 6-2 的换算尺进行换算。

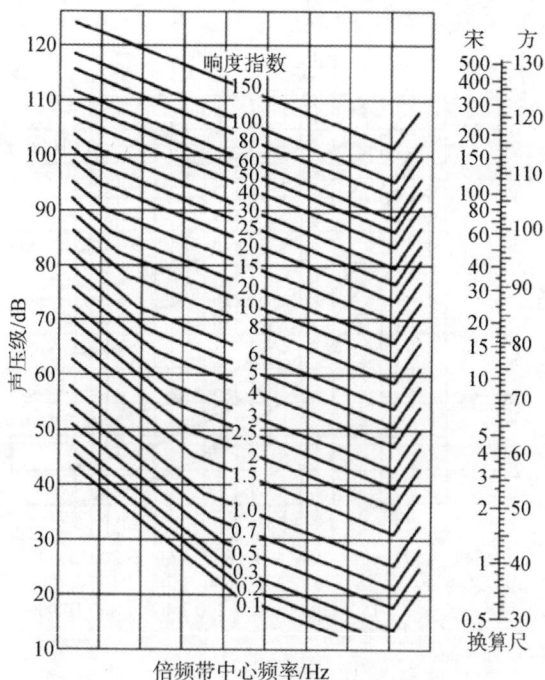

图 6-2 响度指数（宋）

依据 ISO-R532(1966)编制

6.1.2.2 噪声评价曲线

因为响度与频率密切相关,声压级的高低并不能正确反映人的主观感受,为了解决这个问题,又为了可用 dB 来统一度量,实际上采用仪器进行噪声测量时均已按图 6-1 所示的等响曲线进行了计权修正。按国际电工委员会(IEC)规定,目前存在 A、B、C、D 四种计权网络。

计权后的声级是一个单值评价量,是噪声所有频率影响的综合反映,但船舶工程上处理噪声问题时,通常需了解存在问题的频带及其声压级,为此需要按照频带声压级定出标准来进行评价。这就引出了噪声评价曲线的概念。

目前常用的有 3 种噪声评价曲线:

(1) NC 曲线。1957 年白瑞纳克(L. L. Beranek)提出的噪声标准 NC 曲线(见图 6-3)作为室内噪声标准的基础数值。

用 NC 数表示噪声标准,就是把某噪声经过频率分析,将其每个频率的声压级以曲线的形式标示在 NC 曲线图上,取其 NC 数的最大值表示。NC 数值适用于稳定的噪声,并对每倍频程的某一指定 NC 曲线规定最大容许噪声级。

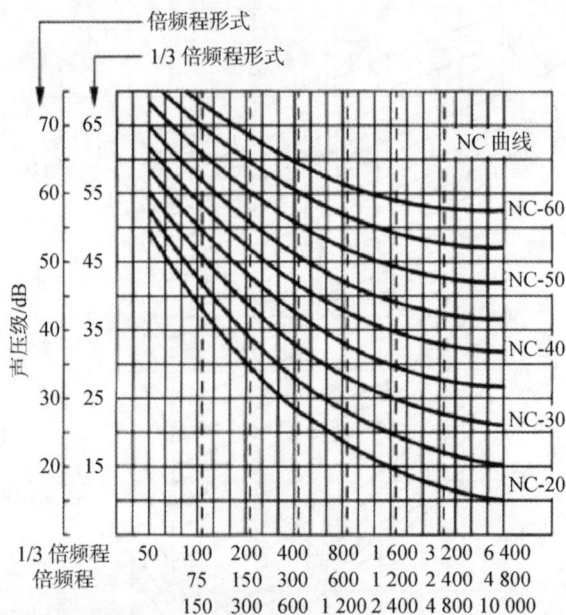

倍频程形式

1/3 倍频程形式

图 6-3　NC 曲线

（2）NCA 曲线。考虑到经济性和其他原因，采用 NC 曲线作标准有困难时可采用折中值 NCA 曲线（见图 6-4）表示，该曲线相当于响度级 90 方以下。

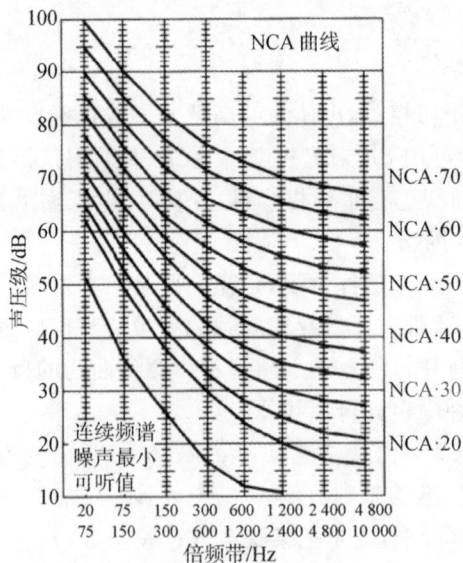

图 6-4　NCA 曲线

（3）NR 曲线。该评价曲线为 ISO 所推荐，如图 6-5 所示，图中每条曲线与 1 000 Hz 交点的倍频带声压数为噪声评价数 NR 号数，表 6-2 为从倍频带声压级直接查出 NR 评价曲线号数的表。

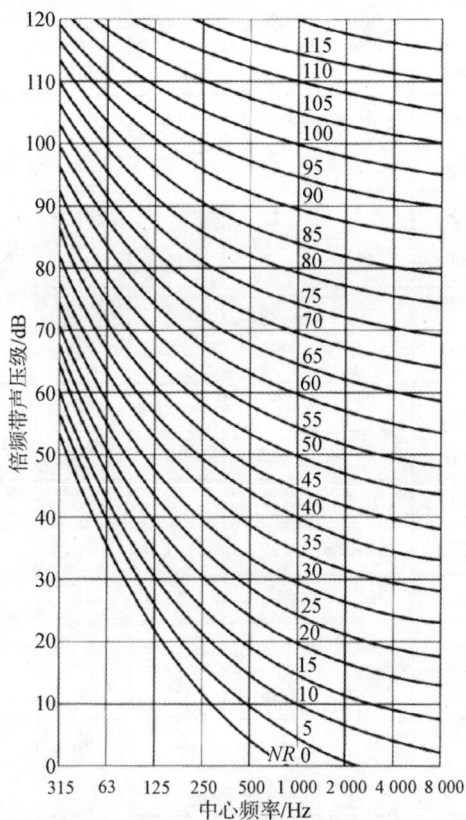

图 6-5　NR 噪声评价曲线

表 6-2　噪声评价曲线 NR(N)数对应的各倍频带声压级　　　　　　　　(dB)

NR(N)	倍频带中心频率/Hz								
	31.5	63	125	250	500	1 000	2 000	4 000	8 000
NR-0	55	35	22	12	4	0	−4	−6	−7
NR-5	58	39	26	16	9	5	1	−1	−2
NR-10	62	43	30	21	14	10	6	4	3
NR-15	65	47	35	25	19	15	11	9	8

表 6-2 （续）

NR(N)	倍频带中心频率/Hz								
	31.5	63	125	250	500	1 000	2 000	4 000	8 000
NR-20	69	51	39	30	24	20	16	14	13
NR-25	72	55	43	35	29	25	21	19	18
NR-30	76	59	48	39	34	30	26	25	23
NR-35	79	63	52	44	38	35	32	30	28
NR-40	82	67	56	49	43	40	37	35	33
NR-45	86	71	61	53	48	45	42	40	38
NR-50	89	75	65	58	53	50	47	45	44
NR-55	93	79	70	63	58	55	52	50	49
NR-60	96	83	74	68	63	60	57	55	54
NR-65	100	87	78	72	68	65	62	60	59
NR-70	103	91	83	77	73	70	67	65	64
NR-75	106	95	87	82	78	75	72	70	69
NR-80	110	99	92	86	82	80	77	76	74
NR-85	113	103	96	91	87	85	82	81	79
NR-90	117	107	100	95	92	90	87	86	84
NR-95	120	111	105	100	97	95	92	91	89
NR-100	123	115	109	105	102	100	97	96	94
NR-105	127	119	113	110	107	105	103	101	100
NR-110	130	122	118	115	112	110	108	106	105
NR-115	134	126	122	119	117	115	113	111	110
NR-120	137	130	127	124	121	120	118	116	115

6.2 船舶舱室噪声舒适性的衡准

6.2.1 IMO 对船舶噪声级的规定

噪声是评定船舶舒适性的命题之一（另一个命题是振动）。如前所述，严重的噪声将影响船上人员的工作、生活和休息，因此，在船舶设计中应十分重视噪声的防止和控制。为此，国际海事组织（IMO）第 91 届海安会（MSC91）通过了第 338 号关于 SOLAS 公约修正案的决议，自 2014 年 7 月 1 日起生效，新增了 SOLAS Ⅱ-1/3-12 条，要求船舶构造应符合 MSC.337(91)决议通过的《船上噪声等级规则》，以保护人员免受噪声的伤害。该规则主要包括以下几个方面：

（1）不同处所的噪声级限值（dB(A)）

不同处所的噪声级限值（dB(A)）规定按表 6-3 所示。

表 6-3　IMO 对不同处所噪声级限值的规定　　　　〔dB(A)〕

舱室和处所的名称		船 舶 尺 度	
		1 600～10 000 总吨	≥10 000 总吨
工作处所	机器处所	110	110
	机器控制室	75	75
	并非机器处所组成部分的工作间	85	85
	未规定的工作处所（其他工作区域）	85	85
驾驶处所	驾驶室和海图室	65	65
	瞭望位置，包括驾驶室两翼和窗口	70	70
	无线电室（无线电设备工作，但不产生声响信号）	60	60
	雷达室	65	65
居住处所	居住舱室和医务室	60	55
	餐厅	65	60
	娱乐室	65	60
	露天娱乐区域（外部娱乐区域）	75	75
	办公室	65	60
服务处所	厨房（食物加工设备不工作）	75	75
	备膳室和配膳间	75	75
通常无人处所	通常无人处所	90	90

（2）隔声指数

居住处所的舱壁和甲板的空气隔声特性，应至少符合下列计权隔声指数（R_w）：

从居住舱室到居住舱室 $R_w = 35$；

餐厅、娱乐室、公共处所和从娱乐区域到居住舱室和医疗室 $R_w = 45$；

从走廊到居住舱室 $R_w = 30$；

从居住舱室到带有交通门的居住舱室 $R_w = 30$。

（3）噪声暴露限值

船员不可暴露于超过 80 dB(A) 的 $L_{ex(24)}$，即在每天或 24 h 期间内，等效连续噪声暴露将不超过 80 dB(A)。

在声压级超过 85 dB(A) 的处所内，应采取适当的听力保护或规定暴露时间限值，如图 6-6 所示。

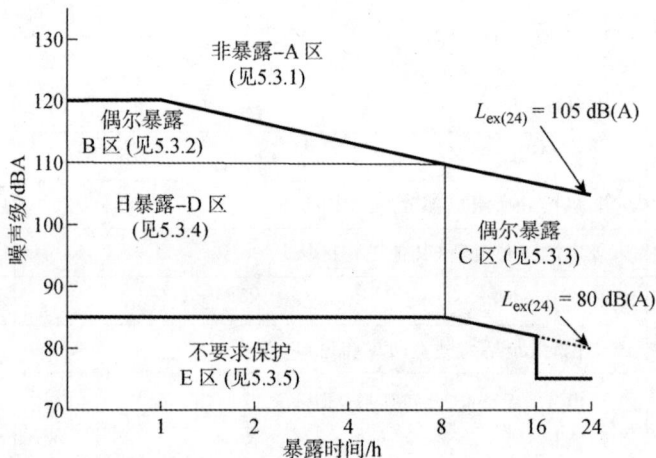

图 6-6　许可的每日和偶尔工作区

①有保护的最大暴露（A 区）

即使是配戴听力保护器的船员，也不应暴露于超过 120 dB(A) 的噪声级或超过 105 dB(A) 的 $L_{ex(24)}$。

②偶尔暴露（B 区）

在 B 区内，仅允许偶尔暴露，并应使用带有 25～35 dB(A) 之间隔声器的听力保护器。

③偶尔暴露（C 区）

在 C 区内，仅允许偶尔暴露，并应使用带有至少 25 dB(A) 隔声器的听力保护器。

④日暴露（D 区）

如果船员的例行工作（日暴露）在噪声级位于 D 区的处所内进行，应使用带有至少达到 25 dB(A) 的隔声器的听力保护器，并且可以考虑进行风险评估和编制听力保护方案。

⑤无保护的最大暴露(E 区)

对于暴露时间少于 8 h,没有采取听力保护措施的船员,不应暴露于超过 85 dB(A)噪声级的环境中。当船员在高噪声处所停留超过 8 h 时,不应超过 80 dB(A)的 $L_{eq(24)}$ 的噪声级。因此,在每 24 h 中至少有三分之一时间内,每个船员应处于噪声级不超过 75 dB(A)的环境中。

6.2.2　船级社规范对噪声舒适度的要求

为改善船员在海上的生活和工作条件,提高舒适度,各大船级社比如 CCS、DNV GL、BV、ABS 等均颁布了适用于不同等级噪声舒适度要求的规定,对于符合不同等级舒适度要求的船舶可授予相应的附加船舶标志。

CCS《钢质海船入级规范》规定船舶的噪声舒适度分为 3 个等级:1 级表示舒适度最高等级,3 级表示可接受舒适度等级,界于两者之间的为 2 级。经测量满足相关要求的船舶可授予噪声舒适度附加标志 COMF(NOISE N),括号中 N 为舒适度等级。

(1) CCS 噪声舒适度附加标志对乘客处所的要求

①客船乘客处所允许的最大噪声等级(dB(A))如表 6-4 所示。

②乘客处所舱壁和甲板的空气隔声指数

依据 ISO R717/1 计算所得的乘客处所舱壁和甲板的空气声隔声指数 R_w 应符合表 6-5 的规定。

表 6-4　客船乘客处所允许的最大噪声量级　　　　　　　　[dB(A)]

位　置	噪声舒适度等级		
	1	2	3
乘客高级舱室	45	47	50
乘客标准舱室	49	52	55
乘客公共处所	55	58	62
医务室	49	52	55
剧院	53	55	60
露天甲板休闲场所①②③	65	69	73

注：①对运动场所可以接受 5 dB(A)的偏差;

②当在距离通风进出口 3 m 内测量时可以接受 5 dB(A)的偏差;

③露天甲板休闲场所噪声量级应为船舶所产生的噪声。不考虑风、波浪等其他噪声的影响。

表 6-5　客船最小空气声隔声指数 R_w

位　　置	噪声舒适度等级		
	1	2	3
乘客高级舱室之间	45	42	40
乘客标准舱室之间	40	38	36
乘客高级舱室与走廊之间	42	40	37
乘客标准舱室与走廊之间	38	36	34
乘客高级舱室与楼梯之间	50	47	45
乘客标准舱室与楼梯之间	47	45	43
乘客高级舱室与乘客/船员公共处所之间	55	50	50
乘客标准舱室与乘客/船员公共处所之间	52	48	48
乘客舱室与舞厅之间	60	60	60
乘客舱室与机器处所之间	55	53	50
舞厅与楼梯间以及乘客/船员公共处所之间	52	52	52

注:不超过 20% 的测量位置的舱壁和甲板的隔声指数可以比本表中的最小空气声隔声指数小 3 dB(A)。

（2）CCS 噪声舒适度附加标志对船员处所的要求

①船员处所允许的最大噪声等级（dB(A)）见表 6-6。

表 6-6　船员舱室与船员工作场所所允许的最大噪声量级　　　　单位:dB(A)

位　　置	噪声舒适度等级		
	1	2	3
船员卧室	49	52	55
医务室	49	52	55
会议室、办公室、船员餐厅	55	57	60
船员公共处所	57	60	65
厨房、更衣室、洗衣房、浴室	70	73	75
露天甲板休闲场所[①]	70	73	75

表 6-6 （续）

位 置	噪声舒适度等级		
	1	2	3
机舱控制室	70	73	75
驾驶室	60	63	65
报务室	55	57	60
机修间	85	85	85
机器处所	110	110	110

注：①当在距离通风进出口 3 m 内测量时可以接受 5 dB(A) 的偏差。

②船员处所舱壁和甲板的空气隔声指数

依据 ISO R717/1 计算所得的乘客处所舱壁和甲板的空气声隔声指数 R_w 应符合表 6-7 的规定。

表 6-7　船员处所最小空气声隔声指数 R_w

位 置	噪声舒适度等级		
	1	2	3
船员舱室之间	40	38	35
船员舱室与走廊之间	35	32	30
船员舱室与楼梯之间	35	32	30
船员舱室与乘客/船员公共处所之间	45	45	45

注：不超过 20% 的测量位置的舱壁和甲板的隔声指数可以比本表中的最小空气声隔声指数小 3 dB(A)。

6.3　船舶噪声及其声级估算

6.3.1　船舶噪声的类别

6.3.1.1　按噪声源的性质分类

（1）流体噪声。由流体运动所引起的，如主、辅机的排气、吸气，风机、空调、通风及其他管道中的涡流脉冲运动等产生的噪声。

（2）固体噪声。由固体振动、撞击所引起的，如机械运转中的部件撞击，船体振动等造成的噪声,以及齿轮轴承的噪声。

(3) 电磁噪声。由电磁场所引起的,如电动机、变压器的电磁造成的电气振动噪声。

船舶噪声源通常兼具上述三种性质,应加以系统分析判明何者为噪声级较大且频带较高的主噪声源,以便加以控制。

6.3.1.2 按噪声的传播途径分类

(1) 空气噪声。以空气作为传播媒质的噪声,如一切具有集中声源的舱室中的噪声,通过各种开孔、缝隙传至其他处所。

(2) 结构噪声。在结构中以波动传播机械振动的船体构件,如舱壁、列板、板格等称为二次噪声源,再以空气噪声形式辐射出来。由于船舶结构的主要材料是钢和其他金属,其内部阻尼很小,结构噪声传播时能量损失极微小,所以即使距离振源很远,当构件自振频率和振动频率相符合时,也会由于共振而引起很大的结构噪声。

6.3.1.3 按噪声频带的范围分类

(1) 低频噪声。频带在 300 Hz 以下,透过隔声物后呈嗡嗡声,对人的生理刺激不大。

(2) 中频噪声。频带在 300~800 Hz 之间,大部分非撞击作用的机械噪声,对听觉作用较大。

(3) 高频噪声。由撞击作用和高速气流造成,尖锐刺耳,对人的生理刺激极大。

6.3.1.4 按噪声频谱的状态分类

(1) 有调噪声。有明显的音调,大部分具有回转件的机组噪声。

(2) 无调噪声。由机件重复撞击物件敲击而引起,与机组的运转频率无关。

6.3.2 船舶噪声源及其声级估算

6.3.2.1 船舶的噪声源

(1) 船用主、辅机的噪声。这是船上最主要的噪声,且噪声随转速的增加而增强。这类噪声又可分为动力噪声和动力传动部分噪声。动力噪声有爆炸声、燃烧声、排气声、撞击声,往复运动和旋转运动的不均衡、接触、冲击等引起的空气噪声、固体振动噪声以及电流不均衡、电磁振动等引起的电磁噪声。

动力传动部分噪声主要由传动轴、轴承、齿轮、链、皮带等造成,这类噪声危害极大。

(2)辅助机械设备的噪声。这类噪声主要由船上各类电机、泵、通(鼓)风机及各种管道、甲板机械等造成。这类设备往往与船舶居住区起居处所交错在一起,影响较大,应加以控制。

(3)螺旋桨噪声。这类噪声级较小,影响范围也只限于船尾部分,但近期建造的货船绝大多数是尾机型船,螺旋桨噪声对这种船型影响较大,尤其在引起船体结构共振时会产生较严重的结构噪声。

(4)波浪冲击及船体振动形成的噪声。通常噪声级不大,在一般航行时,船中部噪声略大,并随着距船底高度的增加而渐减,到达上层建筑顶层的开敞空间又有所增强。

6.3.2.2　船舶噪声源的声级估算

(1)柴油机的噪声级:

目前,船用主机绝大多数是柴油机,柴油机的噪声级 L(dB)可按下式估算:

$$L = 30\lg n + 12\,1\lg N - 7.4 \tag{6.3.1}$$

式中　n——柴油机转速,r/min;

　　　N——柴油机功率,kW。

该式给出在正常工况下,不计增压装置影响时,柴油机的噪声级。

通常,柴油机噪声频谱中,最大强度是在每秒排气次数 f_1(Hz)及其成倍频率的区域附近。其范围可达到 $700\sim1\,000$ Hz。

$$f_1 = \frac{zn}{i \cdot 60} \tag{6.3.2}$$

式中　z——汽缸数;

　　　n——转速,r/min;

　　　i——定值,$i=0.5$(二冲程双动);

　　　　　　$i=1$(二冲程单动);

　　　　　　$i=2$(四冲程单动)。

(2)离心式增压器的噪声级:

离心式增压器的噪声级 L(dB)可按下式估算:

$$L = 55\lg U + 3 \tag{6.3.3}$$

式中　U——增压器叶片外径处圆周速度,m/s。

(3)通(鼓)风机的噪声级:

①一般中低压离心通风机的声功率级 L_W(dB)可按下式估算:

$$L_W = 44 + 10\lg(LH^2) \tag{6.3.4}$$

式中 L——通风机风量，m^3/h；

H——通风机全风压，Pa。

②轴流风机的声功率级 L_W（dB）可按下式估算：

$$L_W = 69 + 10\lg L + 25\lg H + \delta \qquad (6.3.5)$$

式中 L——风量，m^3/h；

H——风压，Pa；

δ——工况修正值，见表6-8。

表 6-8　轴流风机使用工况下的修正值 δ

轴流风机	L/L_g						
	0.4	0.6	0.8	0.9	1.0	1.1	1.2
$Z=4$　$\theta=15°$	—	3.4	3.2	2.7	2	2.3	4.6
$Z=8$　$\theta=15°$	−3.4	5	5	4.8	5.2	7.4	10.6
$Z=4$　$\theta=20°$	−1.4	−2.5	−4.5	−5.2	−2.4	1.4	3
$Z=8$　$\theta=20°$	4	2.5	1.8	1.9	2.2	3	—
$Z=4$　$\theta=25°$	4.5	2	1.6	2	2	4	—
$Z=8$　$\theta=25°$	9	8	6.4	6.2	8	6.4	—

注：表中 L_g 为最高效率时的风量，最好在 $L/L_g=1$ 下工作；Z 为叶片数；θ 为叶片倾斜角度。

多台风机噪声叠加运算时，先找出两台风机声功率级的分贝差 ΔL_W，再查表得出相应增值 $\Delta\beta$（dB），然后把增值加到分贝数较高的级值 L_{Wg} 上，然后再以此与第三台风机的声功率级叠加，以此类推。多台风机叠加的声功率级 L_W（dB）按下式计算：

$$L_W = L_{Wg} + \Delta\beta \qquad (6.3.6)$$

式中 L_{Wg}——声功率较高的一台风机声功率级，dB；

$\Delta\beta$——附加的声功率级，dB，具体可根据两台风机声功率级的差值（ΔL_W），查表6-9。

表 6-9　多台风机附加声功率级（两个声功率级叠加修正值）

ΔL_W/dB	0	1	2	3	4	6	9
$\Delta\beta$/dB	3.0	2.8	2.2	1.8	1.5	1.0	0.5

实例：某舱室中设有3台通风机，其声功率级分别为 $L_{W1}=90$ dB，$L_{W2}=90$ dB，$L_{W3}=97$ dB，求该舱室风机的总声功率级是多少？

解：$\Delta L_W = L_{W2} - L_{W1} = 90 - 90 = 0$ dB

查表得：$\Delta\beta = 3$ dB。

因而 L_{W2} 和 L_{W1} 两机叠加后的声功率级为

$$L_W' = L_{W2} + \Delta\beta = 90 + 3 = 93 \text{ dB}$$

再将 L_W' 和 L_{W3} 叠加得

$$\Delta L_W = L_{W3} - L_W' = 97 - 93 = 4 \text{ dB}$$

查表得：$\Delta\beta = 1.5$ dB，

$$L_W = L_{W3} + \Delta\beta = 97 + 1.5 = 98.5 \text{ dB}$$

即为所求的该舱室风机的总声功率级。

6.3.3　舱室防噪声措施

舱室防噪声设计应充分考虑噪声源的特点。对于噪声控制要求较高的舱室，尚需做必要的噪声计算，并在此基础上，合理运用各种防噪声材料及合适结构，从而经济有效地达到控制噪声的目的。

用于船舶舱室防噪声的材料大致可分为隔声、吸声、减振和防振四种类型，其基本性能和用途见表 6-10。对于各种性质不同的噪声，应选用合适的材料。

表 6-10　减振及降噪声材料的类型

材料类型	噪声类型	防噪声机能	材料性能	船舶适用的材料
隔声材料	空气声传播	反射声能	透过损失	钢板、衬板等
吸声材料	空气声传播	吸收声能	吸声率	岩棉、玻璃棉等
减振材料	结构声传播	吸收振动能	损失系数	减振涂料、减振粘贴材料等
防振材料	结构声传播	反射振动能	柔性系数	防振橡胶、岩棉等

船舶舱室的噪声源很多，包括各类机械设备运转不均匀引起的空气噪声，机械设备、船体振动引起的结构噪声等。图 6-7 为船舶舱室噪声传播途径的典型示意图。其中通过途径 1、2 和 3 传播的空气噪声，可采取适当的隔声或吸声措施降低噪声，而通过途径 4 传播的结构噪声，则需采取减振措施予以处理。

为了经济有效地达到控制噪声的目的，在船舶设计过程中，应先从总布置、结构设计、设备选型等方面考虑如何减振降噪，所谓的"主动降噪"即是通过减少振动噪声源以达到降噪的目的。

船舶在海上航行时，任何设备的运行都会发出噪声，再坚固的船体结构也会产生振动。因此，通过在船舶的甲板和围壁上敷设阻尼材料、隔声材料或吸声材料以减少振动和噪声传播的做法称为"被动降噪"。

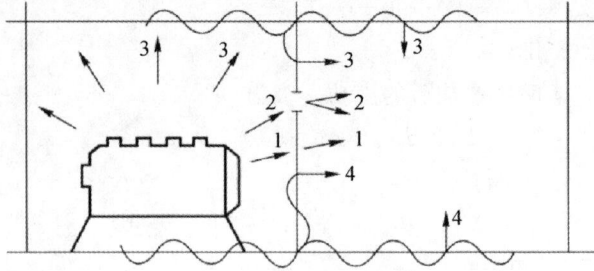

图 6-7　舱室噪声传播途径

6.4　舱室隔声

6.4.1　舱室隔声的基本概念

6.4.1.1　基本概念

描述物件的隔声性能要同时采用下述三种表达方式:平均隔声量、隔声频率特征曲线、隔声指数。

（1）隔声量

空气噪声在穿透屏蔽物或屏蔽结构时,其声能将被减弱,这种隔绝空气噪声的物理性能称为隔声。

如图 6-8 所示,当声波 E_i 投射在钢板等密实的材料表面的时候,大部分声波 E_r 被反射了回来,只有小部分声波 E_t 在钢板的振动下透射到了材料的另外一侧。透射过去的声波 E_t 反映了材料的隔声能力,其数值越小,表示材料的隔声能力就越强。材料的隔声量 TL 可按式（6.4.1）确定,隔声构件的透射损失由透射系数 τ 按式（6.4.2）确定。数值 τ 越小,显示结构隔声效果越好。

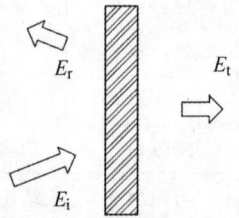

图 6-8　声音透射与反射示意图

$$TL = 10\lg \frac{E_t}{E_i} \tag{6.4.1}$$

$$\tau = \frac{E_t}{E_i} = 10^{-0.1TL} \tag{6.4.2}$$

式中　E_i——噪声的入射声能;

　　　E_t——噪声的透射声能。

实际上,船舶舱室隔声结构中除天花板和壁板外还有门、窗、盖等各种开孔,对于由壁板、天花板和各种开孔组成的复合隔声结构,其平均透射系数 τ 和平均隔声量 $\overline{TL}$ 分别用式(6.4.3)和式(6.4.4)表示。

$$\tau = \frac{\sum \tau_i \cdot S_i}{\sum S_i} \tag{6.4.3}$$

$$\overline{TL} = 10\lg \frac{\sum S_i}{\sum 10^{-0.1TL_i} \cdot S_i} \tag{6.4.4}$$

式中　$\overline{TL}$——平均隔声量,dB;

　　　τ_i——每个构件的透射系数;

　　　S_i——每个构件的面积,m²。

（2）隔声频率特性曲线

隔声频率特征曲线,是反映物体隔声量随频率变化的一组曲线,是分析研究构件隔声能力的重要组成部分。

（3）隔声指数

表示物体整体隔声性能的一个单一数值,单位为 dB。

求取隔声指数时,先将构件的隔声特性曲线绘制在坐标纸上,再将绘在透明纸上的空气隔声标准曲线(如图 6-9 所示)与之重合,并沿垂直方向以每步 1 dB 的步长上下移动,直至满足低于标准曲线的各个 1/3 倍频带的隔声量与标准曲线的差值总和尽量大但不得超过 32 dB。此时图中所示 1/3 倍频带的中心频率为 500 Hz 所对应的隔声量 R_w 即为隔声指数的读数。

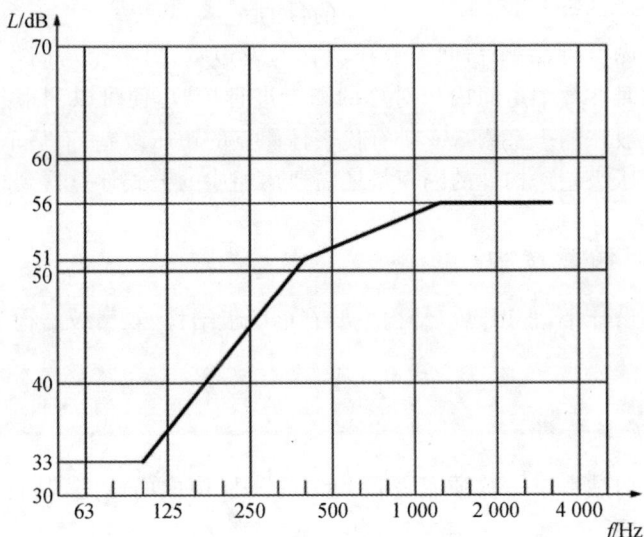

图 6-9　空气隔声标准曲线(1/3 倍频程)

对于由壁板、天花板和各种开孔组成的复合隔声结构的隔声指数,应先按式(6.4.4)计算每个频率的平均隔声量,先得到复合隔声结构的隔声频率特性曲线,然后再与空气隔声标准曲线相比较求取。

6.4.1.2 隔声测量

材料和构件的隔声量是通过隔声试验室来测量的,如图6-10所示。

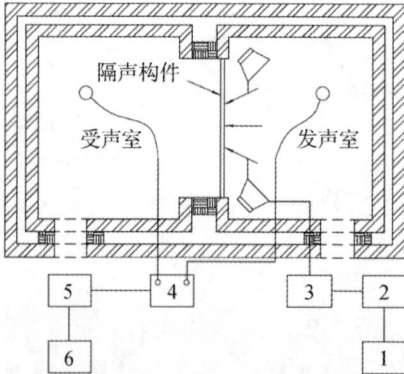

1—白噪声发生器;2—1/3倍频程滤波器;3—由扩大器送入发生室的喇叭系统;4—接受信号由电容传声器送入双向开关;5—声谱仪;6—记录器。

图6-10 隔声实验室示意图

图6-10所示的隔声实验室示意图和测试仪器设备的线路方框图,两个相邻房间在结构上几乎是完全脱开的。测试的隔声物件应和实物大小相符,如果是围护结构,如墙壁,按照 ISO 的规定,构件的标准面积应为 10 m²。构件砌筑在试件孔内,这样声能几乎是由发声的一边传透到物件的另一边,很少有其他声传透的途径,两个房间的墙面都是光滑的反射墙面,传声系数很小,这样的发声室里可产生较均匀的扩散混响声场。发声室和受声室的体积分别在 100 m³ 以上,房间可以做成不规则形状,或者要求矩形房间的长宽高的比例成调和级数,以达到试验室内声场比较均匀的目的。

进入隔声测试时,一个房间安放声源作为发声室,另一个房间作为受声室,用电容传声器同时在两个房间内相对称的测点进行接收,便可以测得各中心频率的声压级差。一般在隔声室测量 6 个有代表性测点的声压级差,而后取平均值,即为两室的平均声压级差。构件的隔声量还需要用相应的公式计算得到。

6.4.2 常用隔声结构

现代船舶设计中,常用隔声结构主要有单层板结构、双层板结构和复合结构三种形式。

6.4.2.1 单层板结构

单层板结构是由单一均质且厚度均匀的薄板构成的舱壁,其材料可分为钢、铝、胶合板、玻璃等。

对于单层板，入射声波的透过损失为：

$$TL = 10\log\left(1 + \frac{wm}{2\rho c}\cos\theta\right)^2 \qquad (6.4.5)$$

式中　w——噪声的固有速度，$w = 2\pi f$；

　　　m——分隔面的单位面积质量，kg/m^3；

　　　c——空气中之声速，$c = 340 \ m/min$；

　　　ρ——空气密度，$\rho = 1.25，kg/m^3$；

　　　θ——声音的入射角，（°）。对于不规则的入射声波，一般取 $\theta = 60°$，作为计算的入射角。

从透过损失公式可见，分隔壁的密度越大，即质量越大，结构的隔声量也越大，所以，当需要隔声时，一般均采用密度大的材料如钢板等作为隔声壁的主材料。常见船用单层板的隔声值见表 6-11。

表 6-11　船用单层板的隔声值　　　　　　　　　　单位：dB

材料及特性	厚度/mm	倍频程中心频率/Hz							
		63	125	250	500	1 000	2 000	4 000	8 000
钢 $\rho = 7.8 \times 10^3$ $E = 2 \times 10^{11}$	2	15	20	24	28	32	35	37	30
	3	19	23	27	31	35	37	30	39
	4	21	25	29	33	35	37	30	39
	5	23	27	31	35	37	30	39	43
	6	24	28	32	35	37	30	39	43
	8	25	29	33	35	37	30	39	43
	10	27	30	35	37	30	39	43	47
铝 $\rho = 2.8 \times 10^3$ $E = 7.2 \times 10^{10}$	2	10	14	16	20	24	28	31	32
	3	12	16	20	24	28	31	22	30
	4	14	18	22	26	28	31	22	30
胶合板 $\rho = 0.8 \times 10^3$ $E = 3.4 \times 10^9$	4	6	10	14	18	22	26	28	25
	6	10	14	18	22	26	28	25	30
	8	14	18	21	24	27	25	28	32

表 6-11 （续）

材料及特性	厚度/mm	倍频程中心频率/Hz							
		63	125	250	500	1 000	2 000	4 000	8 000
硅酸盐玻璃 $\rho=2.3\times10^3$ $E=0.5\times10^{11}$	3	14	18	22	26	30	32	30	36
	4	16	20	24	28	30	32	30	36
	6	21	25	27	30	32	30	36	40
有机玻璃 $\rho=1.5\times10^3$ $E=4.3\times10^3$	4	6	10	14	18	22	26	34	30
	6	7	11	15	19	23	26	34	30
	10	11	15	19	23	26	34	30	41

注：ρ—密度，kg/m³；E—弹性模数，N/m²。

从表中可以看出，单层板的隔声值在某一高频段范围内出现了低谷，这是由于声波的入射频率与单板的固有频率相吻合，出现了"吻合效应"，此时的频率称为板的临界频率。

控制匀质板振动的因素包括板的密度、板的刚度和板的内阻尼。匀质隔声单层板的隔声量与入射声波的频率关系如图 6-11 所示。

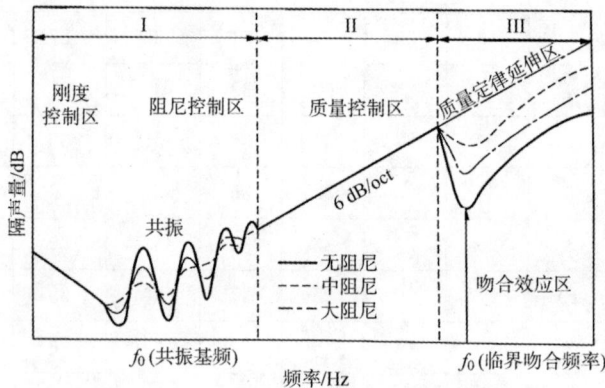

图 6-11 典型的匀质壁板隔声频率特性曲线

如图 6-11 所示，在可听声频率范围内单层匀质壁板的隔声频率曲线分为四个区域。

（1）刚度控制区

入射声波频率从 0 到 f_0 时，壁板振动受刚度控制，壁板的隔声量与刚度成正比。刚度增加，隔声量也增加；刚度一定时，频率上升，隔声量反而下降约 6 dB/oct；当 $f=f_0$ 时，壁板发生共振，隔声量降至低谷。

（2）阻尼控制区

当入射声波频率超过 f_0 后进入壁板的共振区。该区对共振的控制主要靠阻尼,抑制壁板共振。

（3）质量控制区

该区域内,隔声量与频率关系符合质量定律,隔声量与频率成正比关系,直线斜率为 6 dB/oct。隔声板面密度越大,隔声量越大。

（4）吻合效应区

单层壁板振动时有纵向压缩拉伸,又有横向弹性切变,从而产生弯曲波。壁板的运动主要表现为整体运动和弯曲运动。在前两个阶段区域,主要表现为板的整体运动,由板的纵波所控制,而吻合效应区则主要是受横波控制,壁板主要做弯曲运动。如图 6-12 所示,当入射声波波长 λ 在单层壁板上的投影和弯曲波的波长 λ_b 相等时,壁板弯曲波的振

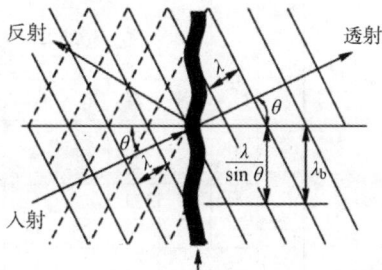

图 6-12 吻合效应的成立条件

幅达到最大,壁板的隔声量明显下降,这种壁板的运动和空气中声波运动高度耦合的现象称为"吻合效应"。

6.4.2.2 双层板结构

通过增加单层壁板面的密度或增加其板厚来增加板隔声的方法,虽然能增加隔声效果,但作用并不明显,而且耗材大。例如面密度增加一倍,隔声量仅增加 5 dB,特别在质量控制严格的船上,用增加板重来提高隔声量是不合适的。双层板的机理是当声波依次射入双层隔板结构时,透过特性阻抗完全不同的壁板与空气介质时,在 4 个阻抗失配的界面上造成声波多次反射,发生声波的衰减,并且由于空气层的弹性和附加作用,使振动能量大大衰减掉。

双层板结构是由两层单层板和中间的空气层构成,这两层板可采用相同材料,也可采用不同材料。

由不同材料组成的双层结构,在船上常见的是钢板＋衬板的形式,衬板通过声桥（能够传播声音的结构）或隔声声桥（阻隔声音传播的结构）和船体钢（铝）结构连接。声桥即固定衬板或面板的连接件,如螺栓、木档、轻钢龙骨等;隔声声桥则是具有隔声措施的连接件。

双层板结构的隔声量（见表 6-12）通常大于面质量相等的单层板的隔声量。

表6-12 船用双层板的隔声值

(dB)

序号	1/3倍频程中心频率/Hz																					
	63	80	100	125	160	200	250	315	400	500	630	800	1 000	1 250	1 600	2 000	2 500	3 150	4 000	5 000	6 300	8 000
1	21.1	15.1	13.2	10.5	11.9	12.2	15.8	18.5	21.9	26.8	34	35.5	38	40.9	45.3	47.1	46.3	55.4	52.6	54.4	55.4	55.9
2	17.2	13.8	13.4	8.0	14	10.2	12.4	14.7	18.4	21.7	24.6	25.2	28.4	32.3	29.2	41.3	44.9	48.5	50.0	52.9	56.1	55.4
3	23.2	21.6	19.1	22.4	28.9	35	39.6	39.4	39.4	39.5	47.4	41.3	43.9	48.9	50.9	49.9	51.4	53.3	53.6	56.7	58.3	59.2
4	18.9	19.5	19.3	23.4	30.6	34.8	41.3	41.3	39.3	41.4	47.4	42	41.8	50.1	51.5	51.5	51.7	54.4	55.1	55.9	59.1	
5	19.9	23.6	23.0	23.1	30.3	31.2	37.9	39.4	38.9	40.1	45.5	41.3	43.5	49.4	50.5	50.2	51.2	53.1	52.5	54.4	56.1	
6	29.7	24.7	26.5	24.7	28.6	29.3	32.2	32.9	32.5	33.9	37.9	36.4	39.4	41.9	44.1	44.7	43.0	40.1	39.9	44.4	46.1	48.7
7	23.4	23.4	26.5	22.8	29.9	29.2	31.6	33.3	33.1	35.5	39.0	38.5	40.6	43.7	45.8	47.2	47.9	45.9	43.8	47.6	51.2	54.3

注：表6-12中的双层板结构形式按序号叙述如下：

①带扶强材铝板1.5 mm＋空腔50 mm＋铝板1 mm＋超细玻璃棉50 mm＋航空胶板3 mm；

②铝板1.5 mm＋空腔50 mm＋铝板1 mm＋穿孔胶合板3 mm；

③铝板4 mm＋空腔50 mm＋钢板1.5 mm＋超细玻璃棉50 mm＋铝质穿孔板（贴玻璃布）；

④钢板4 mm＋阻尼涂层50 mm＋空腔50 mm＋阻尼涂层1.5 mm＋超细玻璃棉50 mm＋铝质穿孔板（贴玻璃布）；

⑤钢板4 mm＋阻尼涂层6 mm＋空腔50 mm＋钢丝网＋超细玻璃棉50 mm＋铝质穿孔板（贴玻璃布）；

⑥钢板4 mm；

⑦钢板4 mm＋阻尼涂层6 mm。

上述材料中,超细玻璃棉密度为20 kg/m³;钢板厚度均为4 mm;钢板背面设置扶强材(L50 mm×50 mm×4 mm),间距500 mm,共5挡,质量120.96 kg。面积2.8 m²;铝质穿孔板孔径5 mm,孔距15 mm。

空腔内空气层的隔声值见表 6-13。

表 6-13　空腔内空气层的隔声值

空腔厚度/mm	30	40	50	60	70	80	100
隔声值/dB	1	3.5	4.5	5.5	6	6.5	7

图 6-13 所示为双层板的隔声频率特性曲线。由该图可以看出，当入射波频率达到共振频率 f_0 后，隔声量出现低谷，当入射声波频率达到一定程度时，隔声曲线以每倍频程 18 dB/oct 的斜率急剧上升。频率再升高，隔声频率特性曲线转为平缓，大致以每倍频程 12 dB/oct 的斜率上升。频率再升高，然后出现吻合效应。

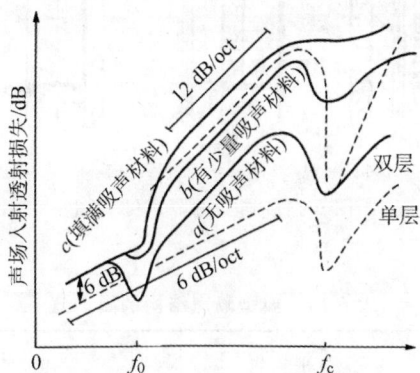

图 6-13　双层墙的隔声频率特性曲线

改善双层壁板隔声性能的措施主要包括以下几个方面：

(1) 双层板应选取不同的板厚，错开共振频率。

(2) 双层板间充填多孔吸声材料，减弱空气层耦合作用，改善共振时的低谷。

(3) 避免不必要的声桥，声桥处应采用弹性连接的形式。

6.4.2.3　复合结构

船舶舱室的内装材料品种繁多，结构复杂。诸如，在钢围壁上敷设隔声/吸声材料，再加上衬板或复合岩棉板等，从而构成由隔声量完全不同的材料组合而成的复合结构，如图 6-14 所示。

船用典型隔声结构的隔声量(TL)见表 6-14。复合岩棉板舱室系统的隔声指数(R_w)见表 6-15。

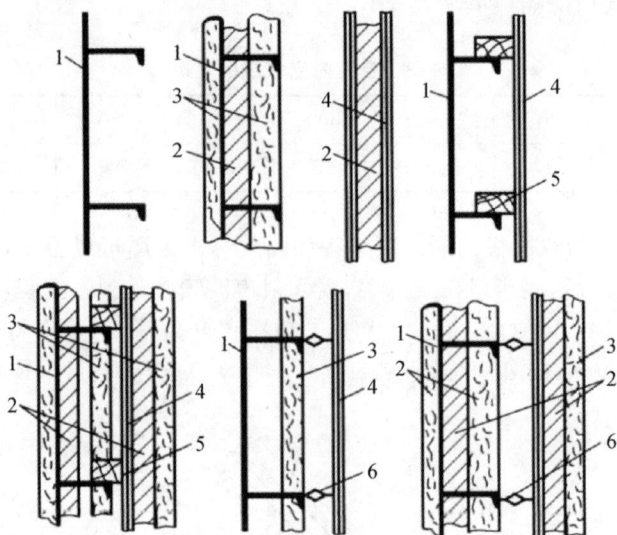

1—船体结构;2—减振阻尼材料;3—吸声材料;4—面板;5—声桥;6—隔声声桥。

图 6-14　典型的隔声结构图

表 6-14　典型隔声结构的隔声值

序号	构造	平均 TL/dB	不同频率的 T_L/dB						附注
			倍频程中心频率/Hz						
			125	250	500	1 000	2 000	4 000	
1	4.5 100×75×7	33.08	25.0	29.0	33.0	38.0	41.5	32.0	$fc≈3\,200$ Hz $TL_{fc}=29.5$ dB
2	4.5 50 GW ① 玻璃布	40.6	26.0	34.0	44.0	47.5	48.5	43.5	$fc≈3\,200$ Hz $TL_{fc}=40.5$ dB
3	4.5 8 PW	39.1	27.5	34.0	38.5	44.5	47.5	42.5	$fc≈3\,200$ Hz $TL_{fc}=40.0$ dB

表 6-14　（续 1）

序号	构造	平均 TL/dB	不同频率的 T_L/dB 倍频程中心频率/Hz						附注
			125	250	500	1 000	2 000	4 000	
4	4.5 / 6 PW / 50 GW②	43.0	29.5	37.5	43.5	48.5	51.0	48.0	$fc \approx 3\,200$ Hz $TL_{fc}=43.5$ dB
5	4.5 / 50 GW② / 4 柔性板③	40.3	33.0	41.0	42.0	43.0	41.5	41.5	$fc \approx 2\,500$ Hz $TL_{fc}=37.0$ dB
6	4.5 / 50 GW② / 6 穿孔板⑤	40.2	26.0	35.0	40.0	46.5	49.5	44.0	$fc \approx 3\,200$ Hz $TL_{fc}=41.0$ dB
7	4.5 / 50 GW② / 4 穿孔板④	38.8	27.0	32.5	39.5	44.5	44.5	44.5	$fc \approx 3\,200$ Hz $TL_{fc}=39.5$ dB
8	4.5 / 50 GW② / 6 穿孔板⑤	40.6	29.5	36.0	41.5	46.5	46.0	44.0	$fc \approx \dfrac{2\,500}{3\,200}$ Hz $TL_{fc}=40.0$ dB
9	4.5 / 50 GW② / 6 穿孔板⑤	38.8	27.0	33.5	39.5	44.0	46.5	42.5	$fc \approx 3\,200$ Hz $TL_{fc}=39.5$ dB

表 6-14 （续 2）

序号	构造	平均 TL/dB	不同频率的 TL/dB						附注
			倍频程中心频率/Hz						
			125	250	500	1 000	2 000	4 000	
10		42.7	35.5	40.0	43.5	46.5	44.5	46.0	$fc \approx 2\ 500$ Hz $TL_{fc} = 39.5$ dB
11		43.1	30.5	38.5	42.5	47.5	46.0	53.5	$fc \approx \dfrac{1\ 600}{2\ 000}$ Hz $TL_{fc} = 45.5$ dB
12		33.3	22.5	26.5	32.0	38.5	42.0	40.0	$fc \approx 3\ 200$ Hz $TL_{fc} = 37.5$ dB
13		38.4	28.5	35.0	38.0	42.0	45.0	42.0	$fc \approx 2\ 500$ Hz $TL_{fc} = 39.0$ dB
14		42.6	33.5	39.5	43.0	46.5	46.5	46.5	$fc \approx 2\ 500$ Hz $TL_{fc} = 43.0$ dB
15		33.9	26.0	32.5	32.5	36.5	41.0	35.0	$fc \approx 3\ 200$ Hz $TL_{fc} = 34.0$ dB
16		40.1	26.0	32.0	38.5	46.5	50.5	47.0	$fc \approx 3\ 200$ Hz $TL_{fc} = 44.5$ dB

表 6-14 （续 3）

序号	构造	平均 TL/dB	不同频率的 TL/dB 倍频程中心频率/Hz						附注
			125	250	500	1 000	2 000	4 000	
17	4 PW　10 PW 20 硬质发泡层 ⑥	25.8	20.0	21.0	24.0	23.5	29.0	37.0	$fc \approx 1\,000$ Hz $TL_{fc} = 23.5$ dB
18	25 PW	25.4	23.5	26.0	27.5	20.5	22.5	32.5	$fc \approx 1\,000$ Hz $TL_{fc} = 20.5$ dB
19	25 PW　4 PW 门:620 mm×1 510 mm 蜂窝状芯材	22.3	17.5	18.5	23.5	22.5	25.5	26.5	门四周的间隙, 用油黏土处理

注:GW 玻璃纤维板;PW 面板;fc 临界频率;TL_{fc} 临界频率时的隔声值。

①玻璃纤维板(密度 0.025 g/cm³)。

②玻璃纤维板(密度 0.015 g/cm³)。

③柔性板。

④穿孔吸声板(防火板,孔径 4.5 mm,间隔 15 mm,板厚 4 mm,密度 0.67 g/cm³)。

⑤穿孔吸声板(防火板,孔径 6 mm,间隔 20 mm,板厚 6 mm,密度 0.67 g/cm³)。

⑥硬质氨基甲酸乙酯泡沫层(超轻,密度 0.035 g/cm³)。

⑦乳胶系甲板敷料(密度 1.9 g/cm³)。

⑧波纹钢板(厚 4.5 mm,凹槽深 40 mm)。

表 6-15　复合岩棉板的隔声值

种类	厚度/mm	隔声指数 R_w/dB
高隔声板	50	≥42
带空气层高隔声双层板	25＋25＋25	≥45
独立围壁板	50	33～40
衬板或天花板	30	≥31
衬板或天花板	25	≥30

6.4.2.4 开孔及开、关闭设施对结构隔声性能的影响

舱室的围壁板和天花板除本体结构外,其上还存在门、窗、盖等各种开、关闭设施以及风管、电缆、管系、接线盒、开关、插座等开孔,这些开、关闭设施及开孔的存在会大大降低整个结构的隔声性能。

为改善这些开孔对隔声性能造成的不利影响,可采取如下措施。

(1) 门采用轻质多层复合结构的隔声门,在隔声门上,尽量避免采用回风格栅,或采用"烟道式"回风格栅。

(2) 窗采用双层或三层中空玻璃窗,改善在高频段"吻合效应"的影响。

(3) 加大双层或三层中空玻璃的间距,不仅可以提高低频段的隔声量,同时可使共振频率下移。

(4) 对于采用复合岩棉板独立围壁结构作为舱室分隔的隔声结构,复合岩棉板采用双层复合岩棉板中间设一定厚度空气层的形式,空气层厚度一般为 25～40 mm,这种结构不仅可提高隔声性能,还可避免电缆对穿和接线盒、开关、插座在单层板上开孔造成的漏声现象。

6.5 舱室吸声

6.5.1 舱室吸声的基本概念

船舶舱室大多是采用钢板等具有反射性能的材料围成的空间。当舱室内置有噪声源时,室内任意一个接收点除了听见直接来自噪声源的直达声外,还可听见舱室 6 个壁面(天花板、围壁和地板)声波经多次反射形成的混响声。直达声和混响声叠加可使舱室内的声级比相同噪声源置于舱室外时所形成的声级大为提高。当舱室跨距大时,还可能使噪声产生回声,使说话声难以听清。为解决这一问题,通常的办法是采用由吸声材料构成的吸声结构,可取得良好的消声效果。因此吸声措施是吸收内部噪声并降低其能量的措施,它与隔声措施性质上根本不同。

吸声减噪的主要措施是通过在舱室内的顶板或围壁的吸声处理(加装吸声材料),用以减少壁面的反射声,增加室内的总吸声量,提高舱室内的平均吸声系数,从而达到降低舱室内噪声的目的。在此需说明的是,吸声材料对混响声(反射声)有明显的消声作用,对于直达声并无效果。

描述物件的吸声性能的特征量有三个方面:吸声系数、吸声量、吸声频率特征曲线。

（1）吸声系数 α_s

在前述的图 6-8 中，如果物体为多孔吸声材料，一般情况下，反射回来的声波 E_r 将会很小，这是因为当声波 E_i 投射到物体上以后，在物体内部空腔内因声波和空腔通过摩擦和共振的作用，部分声能转化为热能，最终这部分热能被吸声材料所吸收。另外还会有一部分声波 E_t 透射到了物体的另一面。反射回来的声波 E_r 直接反映了物体的吸声能力，其数值越小，则物体的吸声能力越强。吸声系数 α_s 可用下式表示：

$$\alpha_s = \frac{E_i - E_r}{E_i} \tag{6.5.1}$$

（2）吸声量 A

材料结构的隔声量定义用下式表示：

$$A = \alpha_s s \tag{6.5.2}$$

式中　α_s——吸声系数；

s——吸声材料或结构的吸声面积，m^2。

舱室内 6 个舱壁面外，其他物体，包括人员等，也会吸声，因此舱室总的吸声量 A 可用下式表示：

$$A = \sum \overline{\alpha_i} s_i + \sum A_i \tag{6.5.3}$$

式中　$\sum \overline{\alpha_i} s_i$——所有舱壁面吸声量的总和；

$\sum A_i$——舱室内各个物体的吸声量的总和，一般忽略不计。

一般情况下，单独的多孔吸声材料并不能有效隔声，单独的钢板等密实材料也不能有效吸声。因此在船舶降噪设计中，一般都会在吸声材料背后设钢板等密实的材料，透过吸声材料的大部分声能因无法穿过钢板而又会反射回来。隔声和吸声所解决的问题是不同的，隔声是要求透过的声能小，让噪声封闭在某一空间内；吸声是要求反射回来的声能小，以保证舱室内良好的环境。

如图 6-15 所示，假如入射声波的 55% 被吸收了，其余 45% 被反射，则这个材料的吸声系数就等于 0.55。也就是说，只有当入射声能的 100% 被吸收了，而无反射时，吸声系数才等于 1。如门窗开启时，它的吸声系数相当于 1。其隔声效率为 0，即隔声量为 0 dB。对于又重又厚的钢板，单位面积质量大，声波入射时只能激发起钢板做小的振动，对另一空间辐射的声波能量很小，所以隔声量很大，隔声效果好。所以从理论上讲，材料的吸声系数的范围在 0～1 之间。

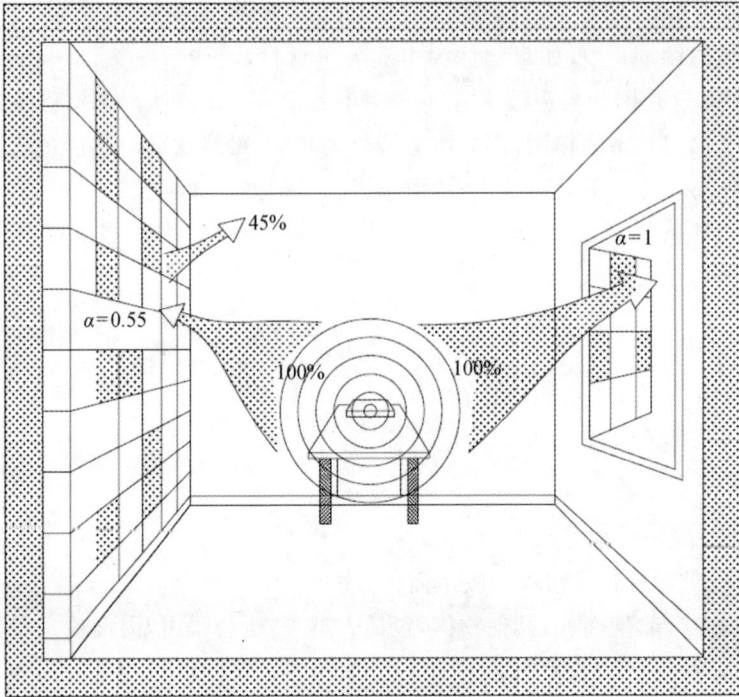

图 6-15　声音的吸收

6.5.2　常用吸声结构

吸声结构可分为多孔型、板振动型、穿孔板型等类型。图 6-16 所示为这 3 种结构的一般吸声特性。表 6-16～表 6-19 所列为各类材料的吸声系数。

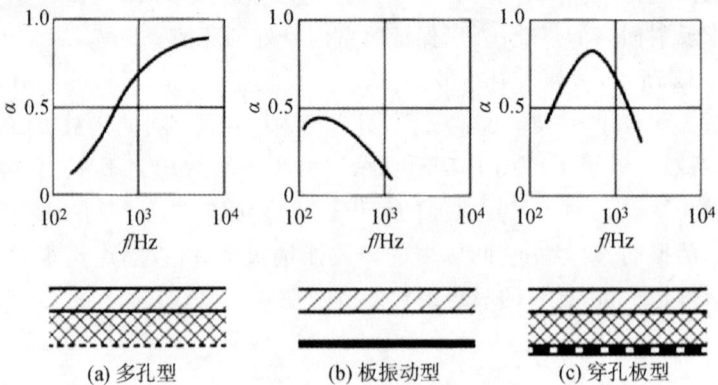

(a) 多孔型　　　　　(b) 板振动型　　　　　(c) 穿孔板型

图 6-16　吸声结构及其典型特性

表 6-16　纤维材料类吸声系数表(驻波管值)

材料	厚度/cm	密度/(g/cm³)	频率/Hz					
			125	250	500	1 000	2 000	4 000
超细玻璃棉	6.0	0.023 4	0.08	0.87	0.80	0.87	0.82	0.86
	7.5	0.010 8	0.11	0.71	0.95	0.85	0.85	0.88
	8.0	0.020 7	0.12	0.94	0.67	0.79	0.88	0.95
中粗玻璃纤维毡	5.0	0.094	0.07	0.23	0.60	0.95	0.90	0.95
超细玻璃纤维毡	2.0	0.03	0.03	0.04	0.29	0.80	0.79	0.79
树脂玻璃纤维板 (去掉表面硬皮层)	5.0	0.64	0.06	0.17	0.48	0.81	0.95	0.90
	2.5	0.36	0.04	0.07	0.16	0.34	0.63	0.87
酚醛玻璃纤维板 (去掉表面硬皮层)	2	0.1	0.05	0.08	0.22	0.42	0.78	0.90
	4	0.1	0.08	0.21	0.55	0.93	0.99	0.95
	6	0.1	0.15	0.37	0.75	0.95	0.99	0.95
	8	0.1	0.25	0.55	0.80	0.92	0.98	0.95
矿渣棉	6	0.24	0.25	0.55	0.79	0.75	0.88	0.91
	8	0.24	0.35	0.65	0.65	0.75	0.88	0.92
	8	0.30	0.35	0.43	0.55	0.67	0.78	0.92
	8	0.15	0.30	0.64	0.93	0.78	0.93	0.94
	7	0.20	0.30	0.63	0.76	0.83	0.90	0.92
玻璃丝	5	0.10	0.15	0.38	0.81	0.83	0.72	0.84

表 6-17　纤维制品类吸声系数(驻波管值)

材料	厚度/cm	密度/(g/cm³)	频率/Hz					
			125	250	500	1 000	2 000	4 000
玻璃棉板	5	0.64	0.06	0.17	0.48	0.81	0.95	0.90
沥青软木板	3.5	0.22	0.05	0.06	0.29	0.35	0.34	0.50
沥青玻璃棉毡	3	0.06	0.11	0.13	0.26	0.45	0.75	0.88
超细玻璃棉毡	4	—	0.08	0.24	0.89	0.69	0.77	—
泡沫玻璃	4	0.16	0.11	0.27	0.35	0.31	0.43	—

表 6-17　(续)

材料	厚度/cm	密度/(g/cm³)	频率/Hz					
			125	250	500	1 000	2 000	4 000
树脂棉板	5	0.34	0.06	0.17	0.48	0.81	—	—
工业毛板	2	0.37	0.07	0.26	0.42	0.40	0.55	0.56

表 6-18　塑料制品类吸声系数(驻波管值)

材料	厚度/cm	密度/(g/cm³)	频率/Hz					
			125	250	500	1 000	2 000	4 000
硬聚氯乙烯泡沫塑料板	2.5	0.01	0.04	0.04	0.17	0.56	0.28	0.58
酚醛泡沫塑料	2	0.16	0.08	0.15	0.30	0.52	0.56	0.60
聚胺甲醛酯泡沫塑料	2	0.04	0.11	0.13	0.27	0.69	0.98	0.79
微孔聚酯泡沫塑料	4	0.03	0.10	0.14	0.26	0.50	0.82	0.77
粗孔聚氨酯泡沫塑料	4	0.04	0.06	0.10	0.20	0.59	0.68	0.85
聚氯乙烯塑料	0.41	0.29	0.03	0.02	0.06	0.29	0.13	0.13
尿基米波罗	3	0.02	0.10	0.17	0.45	0.67	0.65	0.85

表 6-19　常用建筑材料吸声系数(混响室值)

材料	厚度/cm	频率/Hz					
		125	250	500	1 000	2 000	4 000
玻璃		0.04	0.04	0.03	0.03	0.02	0.02
地漆布		0.03	0.04	0.03	0.04	0.04	0.04
地毯(绒毛层厚 10 mm)		0.10	0.10	0.30	0.30	0.27	—
地毯(绒毛层厚 9 mm 铺在水泥地上)		0.09	0.08	0.21	0.26	0.27	0.37
橡皮地毯(铺在水泥地面)	0.5	0.04	0.04	0.08	0.20	0.08	—
门窗帘(绸 0.34 kg/m² 无皱档)		0.04	—	0.11	—	0.30	—
门窗帘(绸 0.5 kg/m² 有皱档)		0.07	—	0.49	—	0.66	—
门窗帘(长毛绒 0.65 kg/m² 有皱档)		0.14	0.35	0.55	0.72	0.70	0.65
胶合板(贴有裱糊纸)		0.12	0.12	0.06	0.08	0.09	0.12
木墙裙		0.10	0.10	0.10	0.08	0.08	0.11

表 6-19 （续）

材料	厚度/cm	频率/Hz					
		125	250	500	1 000	2 000	4 000
木镶板		0.08	—	0.06	—	0.06	—
木板地板		0.15	0.11	0.10	0.07	0.06	0.07
泡沫水泥地面	4	0.09	0.12	0.28	0.12	0.06	
大理石或抛光板		0.01	0.01	0.01	0.01	0.02	0.02
钢板		0.01	0.01	0.01	0.01	0.02	0.02
泡沫玻璃	4	0.15	0.35	0.70	0.50	0.58	—

6.5.2.1 多孔型吸声材料

多孔型吸声材料是目前船舶吸声处理中应用最广泛的一类材料,大多采用岩棉、玻璃纤维等无机材料,而且岩棉和玻璃纤维也可置于板与板之间作为复合隔声结构的内部填料。

（1）多孔型吸声材料的吸声原理

多孔材料具有大量内外连通的微小间隙和连续气泡,孔隙彼此贯通且与外界相连,因此具有一定的通气性。当声波入射到材料表面时,声波很快顺着微孔进入材料内部引起空隙间的空气振动,由于振动摩擦,空气黏滞阻力和空隙间空气与纤维之间的热传导作用,使相当一部分声能转化为热能而被吸收掉。所以多孔材料吸声的先决条件是声波能很容易地进入微孔内,因此不仅材料内部,而且在材料表面也应该多孔,所以当多孔材料的微孔被灰尘污垢或抹灰油漆等封闭时,会对材料的吸声性能产生不利的影响,不应作为吸声材料来考虑,只能作为保湿隔热和隔声材料来考虑。

（2）多孔型吸声材料的性能

典型多孔型吸声材料的频谱特性曲线如图 6-17 所示。其吸声性能有如下特点:

①多孔型吸声材料在低频段吸声系数较小,当频率提高时,吸声系数增大,并在第一共振频率 f_r 上出现第一个共振吸声峰值 α_r,α_r 称为峰值吸声系数。

②在 f_r 频率以上时,吸声系数在峰值和谷值的范围内起伏变化,即 $\alpha_a \leqslant \alpha \leqslant$

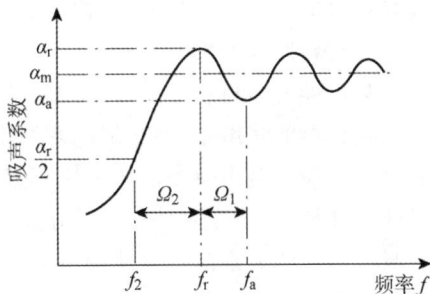

图 6-17 典型多孔型吸声材料的频谱特性曲线

α_r。随着频率的升高,起伏变化的幅值逐渐减小,趋向于一个随频率变化不明显的吸声值 α_m,α_m 称为高频吸声系数。这表明,多孔吸声材料并不存在吸声的上限频率,因此比共振吸声结构具有更好的高频吸声性能。

③f_a 为第一反共振频率,α_a 为第一谷值吸声系数,取吸声系数降至 $\alpha_r/2$ 时的频率 f_2 作为吸声下限频率,f_2 和 f_r 之间的倍频程数 Ω_2 称为下半频带宽度。

④从实用角度看,通常用第一共振频率 f_r 及相应的共振吸声系数 α_r、高频吸声系数 α_m、下半频带宽 Ω_2 这 4 个量的参数来描述多孔材料的吸声性能。

（3）影响多孔材料吸声性能的因素

多孔材料的吸声性能与材料本身的特征如流阻、孔隙率有关。在实际应用中,多孔材料的厚度和密度,材料背后是否有空气层以及材料表面的装饰处理等,都对材料的吸声性能有影响。

①流阻的影响

当稳定气流通过多孔材料,材料两面的静压差与气流线速度之比,定义为材料的流阻 R_f,材料单位厚度的流阻称为流阻率,记作 R_s。

$$R_f = \frac{\Delta P}{v} \tag{6.5.4}$$

$$R_s = \frac{R_f}{d} \tag{6.5.5}$$

式中　ΔP——材料两面的静压差,Pa;

v——材料中气流的线速度,m/s;

d——材料的厚度,m。

空气流阻反映了空气通过多孔材料时阻力的大小,它与材料的孔隙率和结构形式有关,反映了材料的透气性。

当材料的厚度不大时,流阻率越大,说明空气穿透量越小,吸声性能也越低;反之,流阻率小,空气穿透量就大,吸声性能上升。多孔材料存在一个最佳的流阻值,过高和过低都无法使材料具有良好的吸声性能。

②材料厚度的影响

吸声性能与材料的厚度密切相关,且吸声材料的低频吸声性能较差。任何一种多孔材料的吸声系数,一般随着厚度的增加而提高对中频和低频段的吸声效果,而对高频段的吸声效果的影响则不显著。但材料厚度增加到一定程度后,吸声效果的提高就不明显了。图 6-18 是密度为 27 kg/m³ 的超细玻璃棉不同厚度时频率与吸声系数的关系曲线。从图 6-18 可以看出,当材料厚度增加一倍时,第一共振频率约降低了一个倍频程。

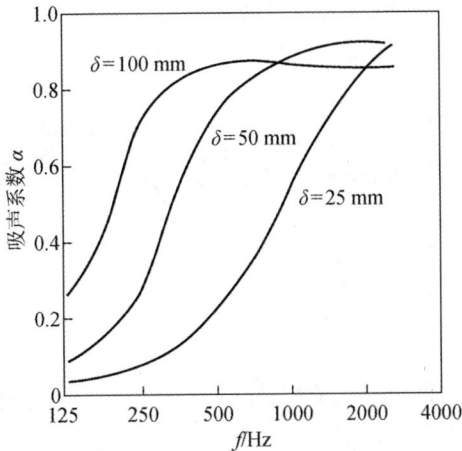

图 6-18　密度为 27 kg/m³ 不同厚度超细玻璃棉的频谱特性

通常情况下，多孔材料的第一共振频率 f_r 与吸声材料的厚度 δ 应满足如下关系：

$$f_r \cdot \delta = 常数(约为 c/4) \tag{6.5.6}$$

式中　c——声音在空气中的传播速度，约为 340 m/s。

所以为了提高材料的吸声性能无限制地增加厚度是不适宜的，材料的吸声性能存在一个最佳厚度。玻璃棉、矿物棉的使用厚度一般为 50～100 mm，纤维板的使用厚度一般为 13～20 mm，泡沫塑料的使用厚度为 25～50 mm。

③材料密度的影响

多孔吸声材料的流阻和材料的孔隙率、纤维直径等密切相关，而对于同种材料，孔隙率和纤维直径直接体现在材料的密度上。对同种材料而言，密度越大，孔隙率越小，流阻率就越大。

图 6-19 所示为厚度 50 mm 的超细玻璃棉在密度变化时，对吸声系数的影响。改变材料的密度可以间接控制材料的内部微孔尺寸。一般来说，多孔材料密度的适当增加，意味着微孔的减小，能使中低频吸声效果有所提高。因此，在一定条件下，材料的密度有一个最佳值，如超细玻璃棉合适的密度为 15～25 kg/m³，玻璃棉合适的密度为 45 kg/m³ 左右，岩棉合适的密度为 100 kg/m³，矿棉为 120 kg/m³ 左右。合理选择吸声材料的密度对求得最佳的吸声效果是十分重要的，密度过大或过小都会对多孔材料的吸声性能产生不利的影响。

④材料背后空气层的影响

多孔吸声材料置于舱壁前一定距离，即材料背后具有一定深度的空气层时，其作用相当于加大材料的有效厚度，与该空气层用同样的材料填满的吸声效果近似。

同时中低频吸声性能都会有所提高,其吸声系数会随空气层厚度的增加而增加,但增加到一定厚度之后,效果不明显。如图 6-20 所示。

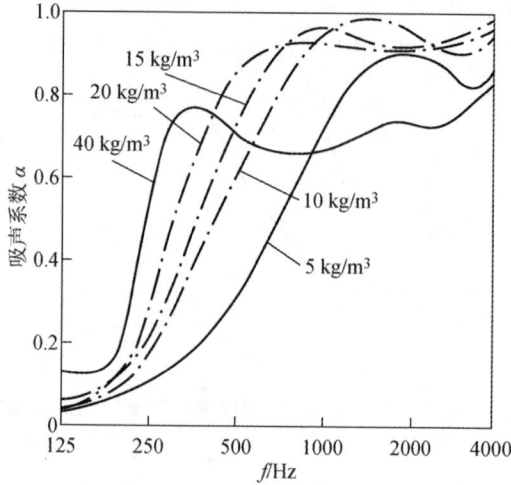

图 6-19　50 mm 厚超细玻璃棉密度变化对吸声系数的影响

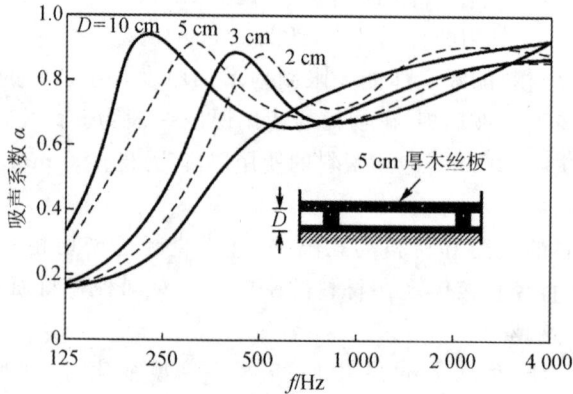

图 6-20　空气层对吸声性能的影响

　　一般情况下,当空气层深度为入射波的 1/4 波长时,具有共振吸声结构的作用,吸声系数最大;当空气层深度为 1/2 波长时,吸声系数最小。对于中频噪声推荐空气层厚度为 70～100 mm;对于低频噪声,则可增大至 200～300 mm,这在陆上建筑吸声中可选用,但不适合船上舱壁的吸声。

　　⑤材料表面处理的影响

　　大多数多孔吸声材料的整体强度性能差,表面疏松易受外界侵蚀,易受潮或尘埃侵蚀,因此在实际使用中往往需要在材料表面上覆盖一层护面材料,以提高其使用寿命。

从声学角度看,由于护面层本身也具有声学作用,因此对材料层的吸声性能也会有一定影响。为了尽可能保持材料原有的吸声性能,护面层应具有良好的透气性。要求材料的护面层的穿孔率>20%,穿孔率越大,穿孔护面层对吸声性能的影响越小。常用的护面层有各种网罩、纤维透气布、塑料薄膜和穿孔板等。

6.5.2.2 板振动型吸声材料

这类结构通常是在钢壁处安装薄板(膜)或胶合板之类的内衬板,两者之间留有适当的空隙,形成共振的声学空腔,有时在空腔中还填充多孔吸声材料。

(1)板振动型吸声材料的吸声机理

薄板(膜)类材料可与其背后封闭的空气层形成共振系统,导致薄板(膜)产生弯曲变形,由于板的阻尼和板与固定点的摩擦而将振动能转化成热能消耗掉,起到吸声的作用。

(2)共振吸声频率

薄板(膜)共振吸声结构的固有频率 f_0 可按下式确定:

$$f_0 = \frac{1}{2\pi} \sqrt{\frac{\rho_0 c^2}{M_0 D}} \approx \frac{600}{\sqrt{M_0 D}} \qquad (6.5.7)$$

式中 M_0——薄板(膜)的面密度,M_0=板厚×板密度,kg/m^2;

D——薄板(膜)与刚性舱壁面之间的空气层厚度,cm。

薄膜吸声结构的共振频率通常在 $200 \sim 1\,000\,Hz$ 之间,最大吸声系数为 $0.3 \sim 0.4$,一般作为中频范围的吸声材料。

薄板结构共振频率在 $80 \sim 300\ Hz$ 之间,其吸声系数为 $0.2 \sim 0.5$,因而可以作为低频吸声结构。如果在板内侧填充多孔材料或涂刷阻尼材料,可增加板振动的阻尼消耗,提高吸声效果。

6.5.2.3 穿孔板共振型吸声结构

这类结构设在钢围壁处,装饰钻有许多小孔的胶合板或金属板,两者之间留有空腔,如图 6-21 所示。小孔区域与空腔内部的空气产生共振,在共振频率处存在明显的共振峰值,共振频率附近吸声效果明显。

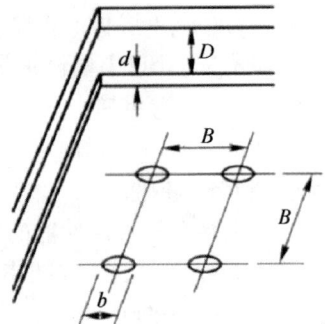

d—板厚;D—空腔厚度;B—孔距;b—孔径。

图 6-21 穿孔板型

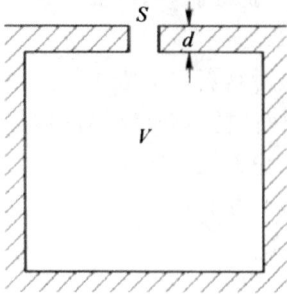

图 6-22　单腔共振吸声结构（亥姆霍茨共振器）

（1）板振动型吸声结构的吸声机理

单腔共振吸声结构是一个中间封闭，有一定空腔，并通过有一定深度的小孔和外面的声场相连的结构，如图 6-22 所示。当孔的深度和孔径及腔深比声波波长小很多时，该结构类似一个弹簧的振动系统，称为亥姆霍茨共振器。其共振频率 f_0 为

$$f_0 = \frac{c}{2\pi} \sqrt{\frac{S}{V(l+\delta)}} \qquad (6.5.8)$$

式中　S——孔径面积，kg/m^2；

　　　V——空腔容积，m^3；

　　　l——孔径长度，即穿孔板厚度，m；

　　　δ——孔口末端修正量，m，对于直径为 d 的圆孔，$\delta = \pi d/4 \approx 0.8d$。

如图 6-16（c）所示，单腔共振吸声结构只有在共振频率处才有最大的吸声系数，当吸声系数为最大系数的一半时的频率差值称为共振吸声结构的吸声频带宽度。它反映了共振吸声结构的吸声频率范围。

（2）单层穿孔板共振吸声结构

单层穿孔板共振吸声结构如图 6-21 所示，可看作是由单腔共振吸声法并联而成的吸声结构，其共振频率 f_0 按下式确定：

$$f_0 = \frac{c}{2\pi} \sqrt{\frac{S}{AD(l_0+\delta)}} = \frac{c}{2\pi} \sqrt{\frac{P}{D(l_0+\delta)}} \qquad (6.5.9)$$

式中　A——每个共振单元所占薄板面积，cm^2；

　　　D——单层板后空气层厚度，cm；

　　　l_0——单层板的板厚，cm；

　　　δ——孔口末端修正量，m，对于直径为 d 的圆孔，$\delta = \pi d/4 \approx 0.8d$；

　　　P——穿孔率。

由式（6.5.9）可知，板的穿孔面积越大，共振吸声频率越高；空腔深度或板厚越大，吸声频率越低。

（3）穿孔板吸声性能的影响因素

①板厚度、孔径、穿孔率和腔深度的影响

图 6-23～图 6-26 分别给出了穿孔板板厚度、孔径、穿孔率和腔深度对穿孔板吸声性能的影响。穿孔板吸声结构在共振频率附近有最大的吸声系数，偏离共振峰越远，吸声系数越小。

穿孔板厚度主要影响吸声结构的高频吸收性能，厚度增加，共振频率稍向低频方向移动。

穿孔板孔径影响吸声峰值的频段,孔径变小,吸声峰值频带向高频移动,高频吸声性能增加,且频带宽度增加。

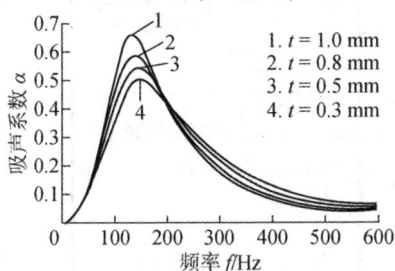

图 6-23　穿孔板厚度 t 对吸声性能的影响

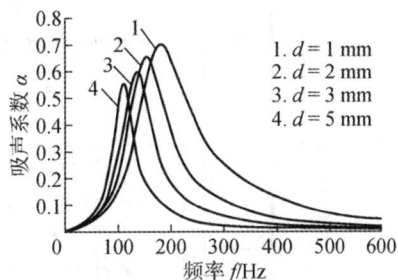

图 6-24　穿孔板孔径 d 对吸声性能的影响

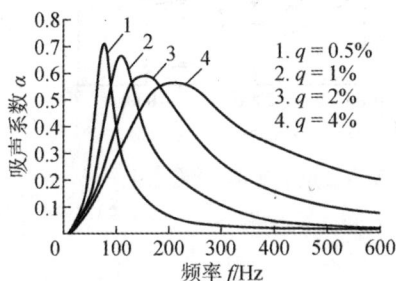

图 6-25　穿孔板穿孔率 q 对吸声性能的影响

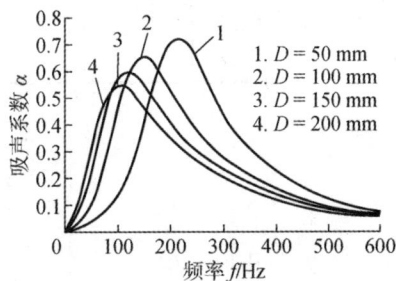

图 6-26　穿孔板腔深度 D 对吸声性能的影响

穿孔板穿孔率越大,高频吸声性能越好,随着穿孔率的增大,共振频率向高频端偏移;当穿孔板的孔径大小和板厚度一定时,可通过改变穿孔率的大小来改变共振频率。用于吸收低频为主的穿孔板吸声结构的穿孔率不宜太大,一般应不大于 10%。穿孔率较大的穿孔板一般作为透声的饰面板使用,其低频共振吸声的作用较弱。

穿孔板腔深度主要影响共振频率及其对应的吸声峰值。随着腔深度的增加,共振频率向低频端移动,相应的频带宽度基本不变。当穿孔板本身的板厚度、孔径及穿孔率一定时,可通过改变腔深度来获得需要的共振频率。

②空腔内填充多孔材料对吸声性能的影响

如图 6-27 所示,当在空腔内填充多孔吸声材料后,共振频率向低频带移动。吸声系数提高,有效吸声频带的宽度也得到拓展。当多孔吸声材料与穿孔板相对位置不同时,穿孔板结构的吸声性能也不同,吸声材料直接紧贴在穿孔板上时,吸声性能最佳。

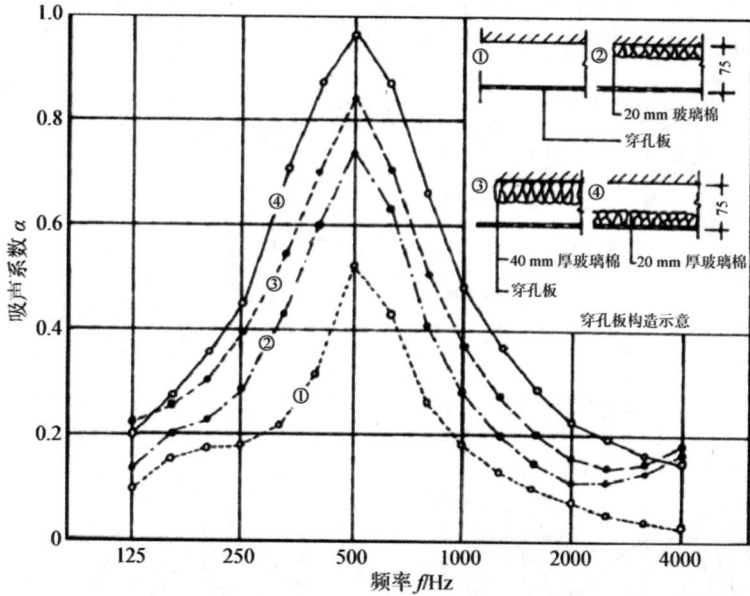

图 6-27　空腔内填充材料对吸声性能的影响

（4）微穿孔板结构

微穿孔板结构一般指穿孔直径小于 1.0 mm，穿孔率小于 5%，板厚度小于 1.0 mm，和背后空气层组成的共振吸声结构。由于微穿孔板的穿孔率及孔径均比较小，不仅可以克服普通穿孔板结构与空气特性阻抗较难匹配的问题，还克服了多孔吸声材料低频吸声不足的问题。

微穿孔板可用薄钢板、薄铝板、不锈钢薄板、塑料板等材料制作。背后空气层内可不充填多孔吸声材料，具有耐潮、防光、耐高温、耐腐蚀的特点，且清洁无污染，是一种较为理想的共振吸声结构。

6.5.2.4　其他吸声结构

（1）空间吸声体

悬挂在室内或大厅内，距壁面有一定距离的空间中的吸声材料或吸声结构或吸声物体，称为空间吸声体。

由于空间吸声体是悬挂在室内或大厅的上空或侧面空间，声波可以从不同角度射入吸声体中，其吸声效果比相同的吸声体紧贴在刚性舱壁面要好得多。因船舶舱室空间比较紧张，一般很少使用这种吸声结构，但在大型邮轮的公共场所，因空间较大，且又可塑造优美的艺术环境，应用较多。

（2）纺织品吸声

船舶舱室内有大量装饰性的软隔断和幕帘等纺织品，当其厚度达到一定程度时，具备一定的吸声作用，其吸声性能具备以下几个特点：

①中高频吸声明显，具有吸声峰值频率。

②因物体吸声性能与吸声面积有关，幕帘吸声性能随打褶程度的增加而增大。

③幕帘距壁板一定距离，即背后留一定空腔时，吸声性能显著提高。

6.5.2.5　吸声系数的测量

材料的吸声系数计算涉及较复杂的数学分析，一般都是在实验室条件下，通过驻波管法或混响室法测定获得。驻波管是由一端放扬声器，另一端装饰件管子组成的测定正入射吸声系数（α_0）的仪器；混响室是一个具有扩散声场的封闭声学实验室，测得的吸声系数（α_r）是声波无规则入射情况下的平均值。因此，混响室法测得的吸声系数 α_r 与工程实际情况比较接近，所以在实用方面比较重要。但由于测量技术等方面的原因，目前各种资料介绍的 α_r 值大约有 10% 的误差。驻波管法测定比较简单，并能得到理论上精确度较高的测定值，因此 α_0 对各种材料的吸声性能进行比较研究是十分有用的。

6.6　减振材料和隔振设施

6.6.1　振动的一般概念

物体的振动除了向周围辐射空气声外，还通过与其相连的船体结构传递声波，简称固体声，也称为结构噪声，特别是当引起固体共振时，会辐射出很强的噪声。因此，对固体声的隔绝控制是噪声控制技术的重要组成部分。

（1）振动的传递特性

振动系统的力传递率是表征隔振效果的常用物理量，通常记作 T_f。定义为通过隔振元件传递过去的力的幅值 F_{B0} 与总扰动力的幅值之比，如下式所示：

$$T_f = \frac{F_{B0}}{F_0} = \frac{传递力振幅}{扰动力振幅} \tag{6.6.1}$$

$$\zeta = \frac{R_m}{R_c} = \frac{系统的阻尼系数}{临界阻尼系数} \tag{6.6.2}$$

图 6-28 所示为振动传递率曲线图，力传递率 T_f 的频率特性分为以下三个区域：

①弹性控制区。当扰动力频率和振动系统固有频率的比值 $f/f_0 < 0.4$ 时，减振器力传递率约为 1，说明外界扰动力全部传递给基座，系统无隔振作用。

②阻尼控制区。当 $0.4 < f/f_0 < \sqrt{2}$ 时，系统进入共振区，隔振装置不仅不起隔振作用，反而放大了振动的干扰，当 $f = f_0$ 时，振动最大。在此阶段，阻尼控制尤为重要，增大系统阻尼有利于控制振动。

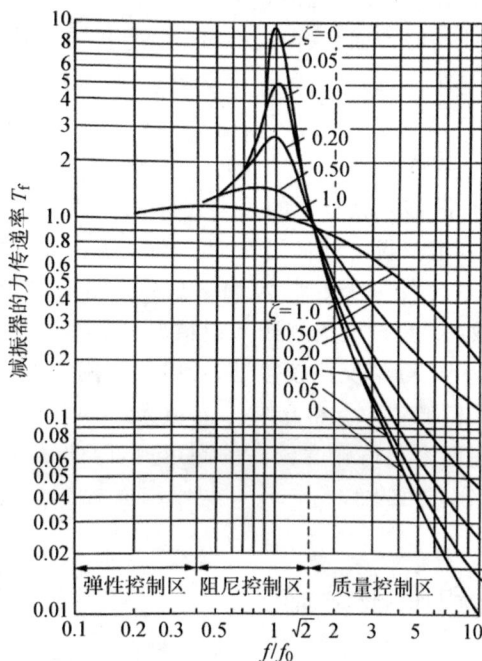

图 6-28　振动传递率曲线

③质量控制区。当 $f/f_0 > \sqrt{2}$ 时，隔振系统起明显隔振作用，f/f_0 越大，系统隔振效果越明显，此阶段，阻尼对控制振动不利，阻尼越小，隔振效果越好。

（2）减小及控制振动的措施

①从振源设计上加以控制，改善系统动态性能，减小不平衡激振力的扰动。

②采用附加阻尼减振降噪措施。利用阻尼的耗能机理，从敷设附加阻尼材料的角度发挥阻尼的减振降噪能力，防止共振现象的出现。

③采用隔振元件，减少或阻挡振动的传播。

6.6.2　阻尼减振

船体结构一般采用钢板和铝板等金属板制成，对于薄金属板，其阻尼损耗因子都比较小，声辐射率很高。要减小声辐射，只有加大板厚，或在薄板上加装加强筋等措施提高船体结构的刚度，这些都会大幅度增加船体质量，既不经济，也不利于控制船体质量,因此在薄板上粘贴或喷涂一层附加阻尼材料,或将薄板做成夹层结构都是降低薄板声辐射的途径之一。

（1）阻尼减振的机理

物体内部存在的能阻碍物体做相对运动,并把这种相对运动的能量转变为热能的物理效应被称为物体的阻尼因子或内阻力。不同的材料有不同的阻尼因子,大多数金属的阻尼因子都很小,为 10^{-4} 数量级,木材为 0.01,橡胶为 0.1。所以,金属板容易激发振动并辐射噪声;木材则次之,而且一旦外力消失,振动也就很快停止。由此可见,阻尼因子越大,就越不易激发振动及产生辐射噪声,实践证明,阻尼因子大于 0.4 的材料用作阻尼材料具有较好的减振降噪效果。

（2）阻尼结构

在振动的板件上附加阻尼层的方法主要有自由阻尼层结构和约束阻尼层结构两种,如图 6-29 所示。

薄板受力后发出声音是由板的弯曲振动引起的,使用阻尼材料可降低噪声。图 6-29(a)所示为涂有阻尼层金属板的断面示意图。当金属板因振动弯曲时,阻尼层也因受力而弯曲,但是阻尼层的内阻力大,阻止金属板的弯曲,并吸收金属板弯曲产生的振动能,将其变成热能,这就是阻尼材料能减振降噪的原理。

如果在阻尼层上再贴一层薄的金属板如图 6-29(b)所示,用以约束阻尼层的表面和增加阻尼层的能量消耗,则可进一步发挥阻尼层的减振降噪作用。

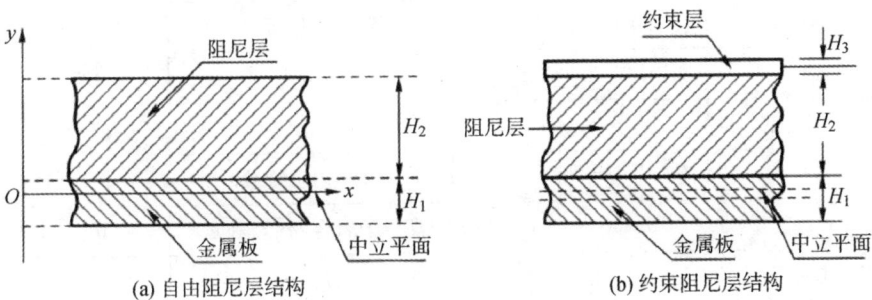

图 6-29　带有阻尼层与约束阻尼层金属板的示意图

自由阻尼层及约束阻尼层必须与金属板共同作用才能发挥阻尼层的效果,因此阻尼材料必须有良好的黏结性,同时还应有一定的强度要求。

要使阻尼层承受较大的剪切变形,应使阻尼层与基层板之间有一定的厚度比,至少使阻尼层的厚度大于基层薄板的厚度,合理的厚度比即阻尼层的厚度为基层薄板的 1.5～2 倍。

阻尼有助于降低船体结构或板架结构的共振振幅,从而避免材料因结构性疲劳而被破坏,如图 6-30 所示。

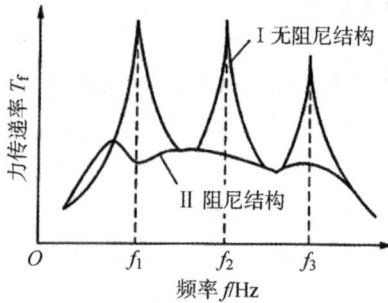

图 6-30　阻尼对降低结构共振的作用

（3）阻尼损耗因子

阻尼大小通常用阻尼损耗因子 η 来表示,它表征了板结构共振时,单位时间振动能量转变成热能的大小。材料的阻尼损耗因子越大,其阻尼特性越好。

各种阻尼材料的损耗因子差距极为悬殊,表 6-20 列出了常用材料的阻尼损耗因子。

表 6-20　常用材料的阻尼损耗因子 η

材料名称	阻尼损耗因子	材料名称	阻尼损耗因子
钢	0.000 1～0.000 6	木纤维板	0.01～0.03
铝	0.000 1	混凝土	0.015～0.05
黄铜、青铜	<0.001	软木	0.13～0.17
铜	0.002	橡胶（阻尼橡胶）	0.1～5
玻璃	0.000 6～0.002	高分子聚合物（大阻尼）	0.1～10
木材	0.01～0.05	石膏板	0.006～0.02
塑料	0.005～0.01	一般黏弹性材料	0.2～5

（4）阻尼材料

目前船舶舱室使用的减振材料有阻尼涂料、黏弹性阻尼板材和复合阻尼金属板材等几种类型。

① 黏弹性阻尼板材

黏弹性阻尼板材是目前在船上应用最为广泛的阻尼材料,尤其是高分子聚合物的弹性材料,是船上常用的阻尼材料,其材料的成分和结构满足特定的温度及频率要求,并有足够的阻尼损耗因子。

② 阻尼涂料

阻尼涂料由高分子树脂加入适量的填料以及辅助材料配制而成,是一种可涂敷在各种金属板状结构表面上,具有减振、绝热和一定的密封性能的涂料。涂料可直接涂在结构表面上,施工方便,多层涂料的涂刷,每次不宜过厚,等干透后再涂下一层。

③ 复合阻尼金属板材

在两块钢板或铝板之间夹有一层非常薄的高分子黏弹性材料,就构成了复合阻尼金属板材,也称夹心钢板或夹心铝板。金属板弯曲振动时,通过高分子黏弹性材料的剪切变形,发挥其阻尼作用,它不仅阻尼损耗因子大,而且在常温或较高的温度下均能保持良好的减振性能。

复合阻尼金属板的主要优点是:①扭动衰减性能好。阻尼损耗因子一般在0.3以上,耐热耐久性能好,阻尼钢板采用特殊的树脂,即使在140 ℃连续加热1 000 h,各种性能也不恶化。②力学性能好。复合阻尼金属板的屈服点、抗拉强度等力学性能与同厚度的板材大致相同。③焊接性能好。复合阻尼金属板还具有阻燃、耐腐蚀、耐水、耐油、耐寒、耐冲击等优点。

(5) 环境因素对阻尼材料的影响

大多数阻尼材料的阻尼损耗因子随环境条件变化而变化,特别是温度和频率对损耗因子有重要的影响。图6-31和图6-32是阻尼损耗因子 η、剪切模量 G 随温度变化的典型曲线图。

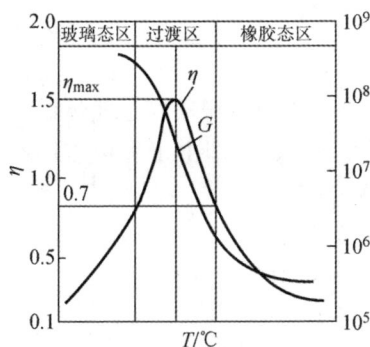

图 6-31　温度的影响

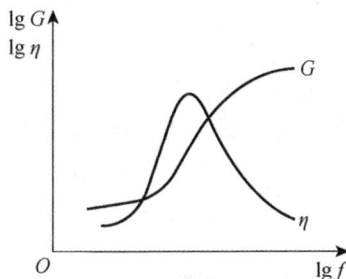

图 6-32　频率的影响

从图6-31、图6-32中可以看出,阻尼和剪切模量随温度的变化,可以划分为3个温度区,温度较低时表现为玻璃态,模量高而损耗因子小;温度较高时,表现为橡胶态,剪切模量较低且损耗因子也较低;这两个区域中间有一个过渡区,过渡区内材料的剪切模量急剧下降,而损耗因子较大,损耗因子最大处称为阻尼峰值,达到阻尼峰值的温度称为玻璃态转变温度。

频率对阻尼材料性能有很大影响,其影响主要取决于材料的使用温度,在一定温度条件下,阻尼材料的模量大致随频率的增高而增大。

6.6.3　隔振设计

隔振设施可用于隔断振动力的传播,从而防止和抑制从振动源释放的通过船体(构架)传播的振动和噪声。目前船上采取的防振设施多数是采用弹性支撑来隔断或减少振源的振动力,如防振橡胶、盘状弹簧、弹性板、减振器、浮阀、浮动地板等。

6.7　舱室防噪声设计

6.7.1　船舶总体设计与噪声控制

6.7.1.1　舱室噪声的组成

船舶舱室的噪声主要由 3 部分组成:

(1)设置在舱室内部的声源辐射出来的直接噪声;

(2)相邻舱室通过隔舱壁透射过来的噪声;

(3)舱室围壁振动时辐射的噪声。

第(1)和(2)部分的噪声主要是空气噪声。第(3)部分为振动辐射噪声,它由两种成分组成,其一为一次固体噪声或称结构噪声,是由声源的振动经过船体结构传到舱壁而直接产生的,如主机的振动;其二为二次固体噪声,即由于噪声作用在声源舱室的周围构件上,从而在船体结构中产生的振动噪声。

从上述这些噪声类型可以看到舱室的防噪声设计务必从船舶总体设计、结构设计直到舱室设计都必须采取相应的措施,以降低噪声对舱室的影响。

6.7.1.2　全船噪声控制方式

全船噪声控制方式如图 6-33 所示,对噪声控制的程序和处理要点如下:

(1)主机的选型

从降噪声角度,尽可能选用平衡性能好、转速相对较低而无噪声传动的机型,也可采取减振器或浮阀安装。

(2)机组的配置安排

避免噪声级相近的机组置于一处。

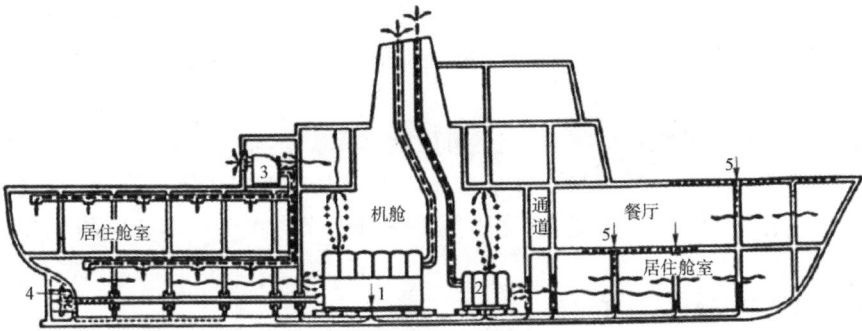

(a) 噪声源及其传播

噪声源:1—主机；2—辅机；3—通风机；4—螺旋桨；5—踏步噪声。

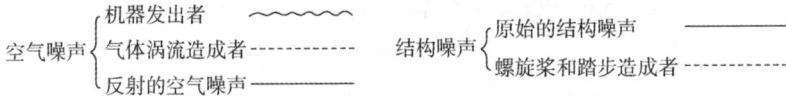

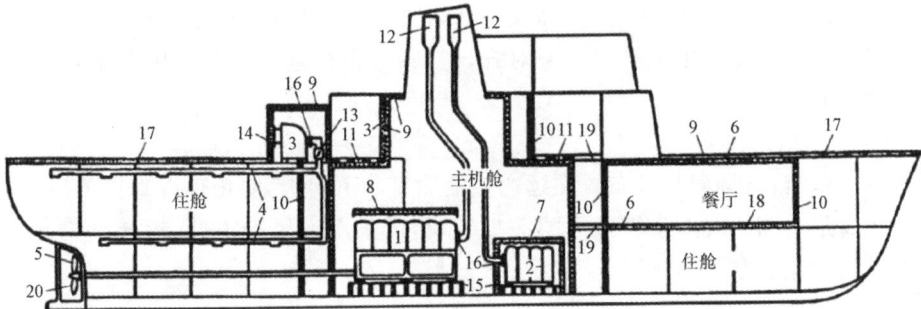

空气噪声 { 机器发出者 ～～～～～
气体涡流造成者 ----------
反射的空气噪声 ————

结构噪声 { 原始的结构噪声 ————
螺旋桨和踏步造成者 ----------

(b) 噪声控制示意图

a. 噪声源：1—主机；2—辅机；3—通风机；4—通风管；5—螺旋桨；6—踏步。

b. 空气噪声防阻：7—隔声罩；8—阻声屏；9—甲板和壁的隔声；10—隔阻噪声壁；11—阻声衬板；12—排气管口的消声器；13—通风机管道的消声器；14—进风口消声器。

c. 结构噪声防阻：15—缓冲装置；16—弹性衬垫。

d. 踏步噪声防阻：17—钢甲板上用噪声隔阻材料；18—弹性衬板；19—涂层。

e. 螺旋桨噪声的防阻：20—防阻涂层。

图 6-33　全船噪声控制方式示意图

（3）总布置

在设计船舶总体布置时,力求使一切居住舱室和其他要求环境安静的舱室尽可能远离噪声源,将噪声要求低的处所如盥洗室、贮藏室、修理间、工具室等布置为中间隔声舱。对于一些噪声大的舱,如通风机舱之类的布置尽量远离需要安静的处所。

机舱围井内的机械噪声比较大,最理想的方式是避免通过居住区,尽可能远离居住区。如果布置上不可避免通过居住区,则其尺寸务必尽量减少接触表面。在围井与居住舱室相邻的围壁上敷设隔振降噪的衬层,并尽可能在围壁四周布置隔声区。

桥楼区域的布置设计,要使烟囱尽可能远离桥楼处,也可加高烟囱以降低排气管噪声的影响。为防止排气噪声在驾驶室内形成驻波而造成室内高噪声级,驾驶室的尺寸应在设计时慎重考虑,使之不要等于排气噪声主要频率相应的半波长的整数倍。

(4)舱室管道、门、窗开口等综合设计

有噪声源的舱室尽可能减少开口,必要的门和窗采用隔声门和隔声窗,并避免其开口正对着住舱以免形成噪声直接通道。船舶居住舱室可采用双层玻璃的窗(中间空气层为 6~10 mm),以减少海浪等外界噪声对船舶的影响。

(5)结构设计

尾部适当加强,让构件保持连续性,使尾部受力分散,并减少螺旋桨的影响。

机舱部分设强横梁,使之与纵向结构形成框架,减少主机引起的振动。

尽量使上层建筑中上下的围壁对齐,桅杆、起重机基座等落在围壁上,从而使力传到下面的围壁上。

(6)空调设计

冷水机组、空调器尽量布置在远离生活舱室的下甲板,防止噪声直接传播。

在满足空调工况及系统阻力的前提下,尽量采用通风噪声低,运转平稳,振动小的变频调速的空调通风机。

通风机、水泵的进出口管道采用弹性连接,风机、水泵及电机安装在减振基座上。

6.7.2　舱室防噪声设计要点

在舱室防噪声设计中可采取下列各种措施。

6.7.2.1　弹性上层建筑

船舶主机、螺旋桨等推进系统的噪声和振动都相当大,对于在空间传递的空气噪声可以采取各种隔声、吸声措施,但振动在船体内传递极快,可以传导到想不到的远离部位,导致物体产生振动且发出噪声,特别是产生共振时,噪声极大。因此,船舶动力设备选型、船体结构设计时务必采取防振措施,特别要求充分考虑防声的防振措施。

舱室防振措施应从大处着手,其方法之一是在上层建筑和主船体之间采取振动隔阻措施,即弹性安装的上层建筑。这种隔振措施可降低由主机和螺旋桨传递的结构噪声。这种在船体结构上采取的措施要求上层建筑安装在两组纵向轨道上,即对称于船体中心线分别在左、右舷各置一组,每组纵向轨道通常用上部和下部两根相连的钢质轨道组成,其间嵌设矩形橡胶元件,并在上轨道和下轨道间的橡胶减振件上装设安全角度限位器,防止橡胶减振件超负荷。在上层建筑布置机舱围井时,排气烟道与上层建筑结构之间也必须是弹性安装,使之不会降低上述弹性安装的上层建筑的减振功效,如图 6-34 所示。

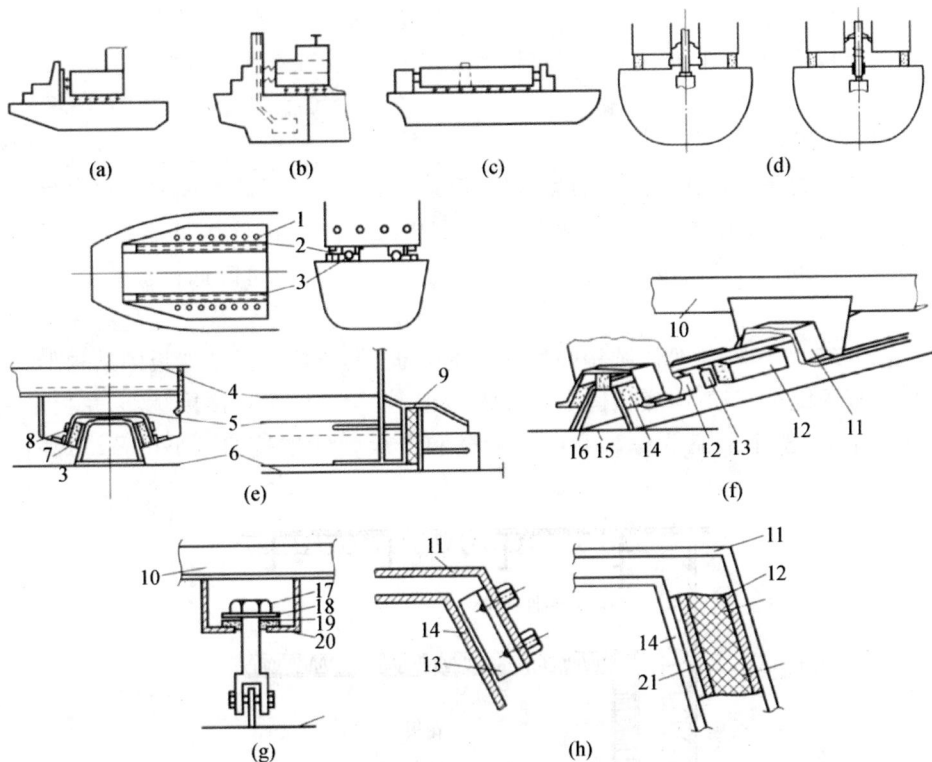

1—保险螺栓;2—橡胶元件;3—下部箱型轨道;4—上层建筑的下部甲板;5—上部箱型通道;6—主甲板;7—减振器;8—橡胶垫块;9—纵向保险橡胶元件;10—上层建筑;11—上轨道;12—减振器;13—角钢;14—下轨道;15—主甲板;16—轨道座;17—螺母;18—垫圈;19—间隙;20—连接件;21—黏结剂。

图 6-34　弹性上层建筑示意图

注:(a)(b)为烟囱与居住舱室分离的支承形式;(c)(d)为烟囱穿过居住舱室的支承形式;(e)为有两根箱型轨道的弹性支承;(f)为安全装置;(g)为限位器;(h)为隔振器的固定。

6.7.2.2　主要设备降噪结构

船舶内部主要的振源有主机、辅机、舵机、侧推装置等设备,当未采用弹性连接上层建筑时,主要采用如下措施进行降噪:

（1）在基座和船体结构之间或设备与基座之间采取隔振设施。

（2）在基座的支架结构上敷设阻尼材料。

（3）对进气和排气进行消声处理。

6.7.2.3　舱室降噪结构

对于空气噪声，可采取前面章节所述的隔声、吸声措施来降低舱室的噪声，而对于直接与船体结构相连的甲板和舱壁在舱室中辐射出的结构噪声，除了在这些壁面敷设衬板外，为了减少传递到衬板上的噪声，衬板与船体结构间应采用弹性连接——隔声声桥。

（1）衬板与天花板

衬板与天花板可达到一定的隔声量，但是衬板与船体结构之间略有接触（即声桥）即会降低其降噪效能，所以衬板与船体结构间的连接件尽可能采用弹性连接——隔声声桥，以降低结构噪声的直接传递，弹性吊装也可降低衬板敷设噪声的能力。

图 6-35 为一种与船体结构弹性连接的衬板、天花板和浮动地板的结构形式。围壁衬板固定在底槽内，底槽固定在浮动地板上，与甲板无直接接触，天花板采用减振件吊装，整个舱室为一种和刚性舱壁和甲板弹性连接的"boxinbox"式隔声结构。

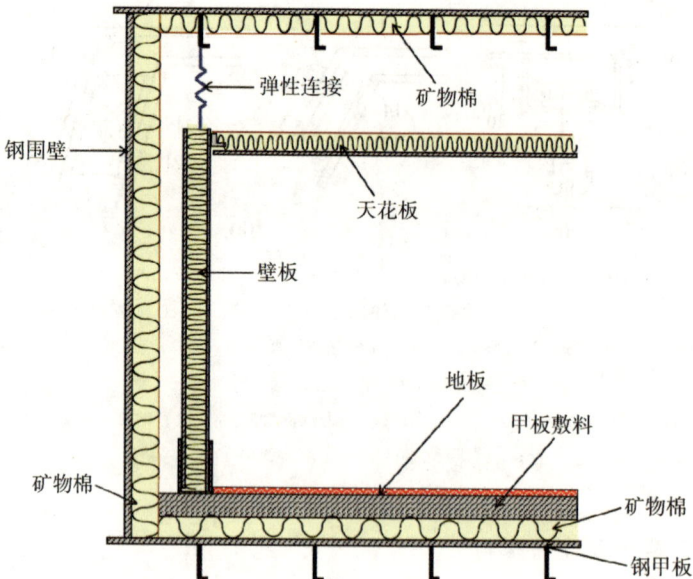

图 6-35　生活舱室隔声结构

近年来许多船舶内装要求采用不燃材料,所以橡胶减振层已不适用。最近开发了金属网吊装天花板和利用金属网加工成与橡胶减振件形状相仿的减振件,以及用不燃材料制成的织品带减振件。图 6-36 为用金属网吊装天花板的典型结构。

（2）浮动地板

浮动地板是防止固体传播声——结构噪声的有效手段,浮动地板的典型结构如图 6-37 所示。在钢甲板上固定由抗压陶瓷棉或岩棉及覆盖其上的抗膨胀材料构成的弹性垫,在弹性垫上再敷设地板面层。

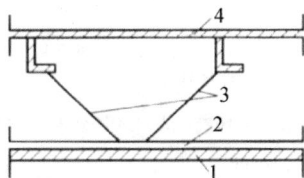

1—天花板;2—型钢;3—带状金属丝网;4—甲板。

图 6-36　用金属网吊装天花板

地板面层应采用刚性较好的材料,本身还必须作为固定舱室家具的基础。地板与钢舱壁间的空隙可用岩棉类弹性材料充填。施工时必须注意的是钢甲板和管路等与浮动地板平面不能直接接触,否则会形成"声桥"失去减振降噪的意义。

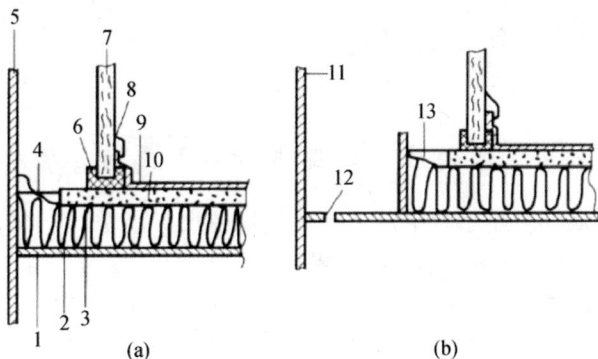

1—钢甲板;2—陶瓷棉;3—防湿层;4,13—间隙;5—钢舱壁;6—橡胶;7—衬板;8—踢脚板;9—PVC 地板;10—浮动地板;11—外舱壁;12—排水孔。

图 6-37　浮动地板结构

（3）阻尼材料

对于科考船、公务船、特种船舶及高速船等对空船质量敏感的船舶,有时还采用阻尼材料＋吸/隔声材料的形式作为浮动地板的替代设计来防止结构噪声的传播。阻尼材料的厚度一般为钢板的 1.5～2 倍。

（4）给排水系统

舱室的生活、卫生系统给水管,疏排水系统的管路的设计务必合理,否则管道中流动的水会产生喧嚣的噪声。在具体设计中,给排水系统的管理应尽量减少流通截面的突变,管道通过舱壁处与管子接头之间应加垫弹性垫,与船体结构间的支架连接应采用弹性支撑,以隔绝结构噪声。

(5)空调通风系统

在考虑舱室噪声级时,各种空调、通风系统的噪声也至关重要,通风机机组的噪声、风管传递的结构噪声、风管中的空气噪声、进风口的噪声,都会影响舱室的噪声级。为减少空调、通风系统的噪声,在舱室空调、通风设计时务必注意下列问题:

①在甲板上的进风口和风机的出口上装设消声器;

②弹性安装通风机和空调机组;

③风管支架与船体结构弹性连接;

④通风机与风管挠性连接;

⑤通风机、空调机组舱室敷设吸声材料;

⑥主风管的布置力求避免大转弯和直角分支;

⑦通向居住舱室的出风口必要时考虑装设消声器;

⑧空气通过通风格栅的速度要低;

⑨合理安装抽风装置及其管道;

⑩选用低噪声抽风设备。

6.7.3 舱室隔声绝缘的应用范围与材料厚度推荐值

国内外有关规则对船舶舱室最大噪声允许值做了规定,为了达到规定的允许值,这些舱室需用绝缘材料做适当的降噪处理。

目前国内外最常用的隔声绝缘材料是岩棉,其吸声系数见表 6-21。

表 6-21 岩棉吸声系数表

序号	密度/ (kg/m³)	厚度/ cm	频率/Hz						
			100	125	250	500	1 000	2 000	4 000
1	80	2.5	0.03	0.04	0.09	0.24	0.57	0.93	0.97
2	150	2.5	0.03	0.04	0.10	0.32	0.65	0.95	0.95
3	80	5.0	0.06	0.08	0.22	0.90	0.93	0.98	0.99
4	100	5.0	0.09	0.13	0.33	0.64	0.83	0.89	0.95
5	120	5.0	0.08	0.11	0.30	0.75	0.91	0.89	0.97
6	150	5.0	0.08	0.11	0.33	0.73	0.90	0.89	0.96

表 6-21　（续）

序号	密度/ (kg/m³)	厚度/ cm	频率/Hz						
			100	125	250	500	1 000	2 000	4 000
7	80	7.5	0.21	0.31	0.59	0.87	0.83	0.91	0.97
8	150	7.5	0.23	0.31	0.58	0.82	0.81	0.91	0.96
9	80	10	0.27	0.35	0.64	0.89	0.90	0.96	0.98
10	80(毡)	10	0.19	0.30	0.70	0.90	0.92	0.97	0.99
11	100	10	0.33	0.38	0.53	0.77	0.78	0.87	0.95
12	120	10	0.30	0.38	0.62	0.82	0.81	0.91	0.96
13	150	10	0.34	0.43	0.62	0.73	0.82	0.90	0.95

　　不同密度且不同厚度的岩棉吸声系数是不相同的。但在"中频"时,相同密度、不同厚度的岩棉的吸声系数相当接近,而相同厚度、不同密度的岩棉的吸声系数也很接近。所以考虑到船舶的实际情况及舱室布置、内装施工等综合因素,同时也考虑到经济性方面的因素,对船舶舱室所用的吸声材料厚度有一个实用的推荐值。常用的吸声材料除了岩棉外,还有超细玻璃棉,其密度比岩棉小很多,但价格比岩棉贵,一般用于高速船等噪声控制要求严格的船舶上。

　　表 6-22 为舱室隔声绝缘厚度推荐值,岩棉和超细玻璃棉必须选用船用防潮型产品,否则一旦受潮,其吸声系数将大大下降。

表 6-22　隔声绝缘厚度推荐值

场所(位置)	施工要求			备注
	位置	材料	厚/mm	
面对办公室、业务室、公共卫生间的住房	壁	岩棉、玻璃棉	25	
面对机舱、升降机室的住房、公用室	壁	岩棉、玻璃棉	50	
床与床邻接	壁	岩棉、玻璃棉	50	
公用室、业务室下面的住室	顶部	岩棉、玻璃棉	50	

表 6-22 （续）

场所（位置）	施工要求			备注
	位置	材料	厚/mm	
通风机室、冷冻机室、空调机室上的住室	甲板下	岩棉、玻璃棉	75	
通风机室、应急发电机室	壁、天花板、地板	岩棉、玻璃棉	50	作为噪声源，非露天部位进行吸声处理
集控室	壁、顶部、地板	岩棉、玻璃棉	75	地板建议用浮动地板

注：如已安装防火绝缘材料或隔热材料一般不另设隔声绝缘。

附录　参考资料[①]

[1]　中国船舶工业集团公司,中国船舶重工集团公司,中国造船工程学会.船舶设计实用手册:舾装分册.3版.北京:国防工业出版社,2013.

[2]　IMO.国际海上人命安全公约综合文本(2009).中国船级社,译.北京:人民交通出版社,2009.

[3]　中华人民共和国海事局.国际航行海船法定检验技术规则(2014).北京:人民交通出版社,2014.

[4]　中华人民共和国海事局.国际航行海船法定检验技术规则2016年修改通报.北京:人民交通出版社,2016.

[5]　中华人民共和国海事局.国内航行海船法定检验技术规则(2020).北京:人民交通出版社,2020.

[6]　中国船级社.钢质海船入级规范(2018).北京:人民交通出版社,2018.

[7]　ILO.国际劳工会议通过的第92号公约《1949年船员起居舱室公约(修正)》.

[8]　ILO.国际劳工大会通过的《2006年海事劳工公约》.

[9]　CB 7386.1—1987 船舶起居舱室的尺度协调-元件和组件尺寸的选择及组装.

[10]　中国船级社.船舶与海上设施起重设备规范(2007).北京:人民交通出版社,2007.

[11]　丁婷,董跃.船用电梯安全空间保证技术研究.船舶工程,2016(5):42-44.

[12]　CB/T 3567—2011 船用乘客电梯.

[13]　CB/T 3878—2011 船用载货电梯.

[14]　CB/T 3013—2016 船用升降机.

---

①　由于本书的第一版出版较早,且许多是引用的国外的资料,因此有些规范、规则、标准查不到出处。为了方便读者查阅,已尽量查询资料的相关出版信息,查不到的资料仅保留了作者提供的信息。本书仅对国内出版的图书类文献进行了格式的规范处理,对其他文献并未对格式进行规范处理;对于国际规则、国标类文献,标注了规则号、国标号,方便需要的读者查询。

［15］ IMO. MSC. 61(67)决议.《通过国际耐火试验程序应用规则(FTP 规则)》.
中国船级社译.

［16］ IMO. A754(38)决议.《关于"A"、"B"和"F"级分隔试验程序的建议案》.中
国船舶检验局,译.北京:人民交通出版社,1994.

［17］ IMO. MSC./Circ. 917 通函.《起居区域结构防火安全导则》.中国船级
社,译.

［18］ IMO. A799(19)决议.《经修正检测船用结构材料不燃性试验方法的建议
案》.中国船级社,译.

［19］ CB/T 3518—2009 复合岩棉板耐火舱室.

［20］ GB/T 13409—1992 船舶起居处所空气调节与通风设计参数和计算方法.

［21］ IMO. A687(17)决议.《甲板基层敷料可燃性耐火试验程序》.中国船级
社,译.

［22］ GB 5979—1986 海洋船舶噪声级规定.

［23］ 中国船级社.船舶舒适性//钢质海船入级规范(2018):第 16 章.北京:人民
交通出版社,2018.

［24］ GB/T 4594—2000 船上噪声测量.

［25］ IMO. 468(Ⅻ)决议. 船上噪声级标准.

［26］ ISO. 2923:1996. 船上噪声测量.